12개 주제로 생각하는

# 기독교와
# 통일
# 그리고
# 북한

안인섭·김병로·박현선·여현철·임상순·정은찬
정지웅·조은식·채경희·최규빈·현인애·홍석훈

박영사

# 서 문

"우리의 소원은 통일 ~ 꿈에도 소원은 통일 …"

이 노래를 눈물을 글썽이며 부르던 청소년들은 이제 기성세대가 되었다. 물론 그들 자신은 분단을 직접 경험하지는 않았다. 그러나 그들의 부모님들이 거의 대부분 일본의 식민지배와 분단을 체험했었기 때문에 자연스럽게 통일은, 민족은 물론 그들 개인의 목표가 될 수 있었다.

그러나 지금은 2000년을 넘어 2020년 이후 시대다. 분단된 지도 70년을 훌쩍 넘어 버렸다.

이제는 왜 통일이 되어야 하는지부터 설명해야 하는 때가 되었다. 기독교인들에게 통일이 왜 중요한 비전인지도 성경적인 관점을 가지고 설득하는 것이 중요하다. 너무나 오랜 세월 다르게 살아왔던 북한을 이해하는 것은 더 어렵게 되었다. 더구나 이 모든 이슈들을 정치적인 이념이라는 선입관에 치우쳐짐 없이 객관적이고 체계적으로 바라보는 것은 더더욱 절실한 것이 오늘의 현실이다.

이런 맥락에서 이번에 출판되는 책은 이 시대를 살아가는 대학생과 일반 독자들에게 기독교적 관점에서 통일과 북한에 대해 안내하는 꼭 필요한 책이라고 강조해서 말하고 싶다. 북한과 통일에 대한 사전 지식이 없는 사람들도 누구나 쉽고 재미있게 이해할 수 있도록 저술되었다.

물론 그동안 통일에 대한 많은 책들이 이미 출판되어 있다. 그렇다면 이 책이 가지고 있는 독특한 특징과 장점은 무엇일까? 여기에 대해서 몇 가지로 생각해 볼 수 있다.

첫째, 기독교적 관점을 가지고 통일을 향해 가는 길을 체계적으로 제시해 주는 책이다.

둘째, 그동안 밖으로 거의 알려져 있지 않았던 북한의 정치와 사회와 교육 등에 대해서 객관적으로 이해할 수 있도록 안내해 주는 책이다.

셋째, 복잡한 구조 속에 있는 북한과 통일에 대한 주제를 순차적으로 이해할 수 있도록 자상하게 설명해 주고 있다.

저자를 선정하고 책의 저술 방향을 잡을 때부터 이와 같은 목적을 염두에 두었다.

그러면 이런 특징을 가지고 있는 이 책은 어떤 구조를 가지고 있는지를 살펴보자.

이 책은 크게 세 가지 꼭지로 구성되었다. 첫째는 서론적인 부분이고, 둘째는 북한에 대한 이해이며, 셋째는 통일에 대한 이해다.

첫째 도입 부분은 이 분야 최고의 전문가들이 분단과 통일의 과정을 기독교적으로 조명해 주고 있다. 먼저 제1장에서는 왜 하나이던 나라가 분단되었는지 그 역사적인 과정을 쉽게 정리해 주고 있다. 통일을 말하고 북한을 이해하려면 당연히 왜 이런 분단 상황이 생겼는지를 이해하는 것이 필요하다.

제2장은 분단을 넘어 통일로 가는 길을 기독교적인 시각으로 그려 주고 있다. 먼저 통일을 위해서 한국 교회가 어떤 노력을 기울여 왔는지를 보여 준다. 그리고 성경의 관점을 가지고 통일과 북한을 어떻게 바라보아야 하는지 그 방향을 잘 제시해 주고 있다.

두 번째는 북한에 대한 이해다. 북한에 대해 가장 정통한 학자들이 저술한 이곳에서 독자들은 너무 다르게 살아왔던 북한을 쉽게 이해할 수 있을 것이다.

북한의 정치제도(제3장), 경제제도(제4장), 교육제도(제5장), 대외정책(제6장), 여성과 가족(제7장), 군사정책(제8장) 그리고 종교(제9장)

에 대해서 가장 정확한 정보들이 소개되어 있다. 이 내용들만 잘 이해해도 북한에 대한 객관적인 최신의 정보를 얻을 수 있어 매우 유익할 것이다.

세 번째는 현실적인 분석 위에서 기독교적인 관점으로 통일을 전망하는 내용이 나온다. 독자들은 탁월한 기독교 통일학자들이 제시하는 통일의 길을 발견할 수 있을 것이다.

제10장은 우리 주변 국가의 통일사례를 분석해서 우리가 가야 할 길을 제시해 준다.

제11장은 통일을 위한 정책을 분석해 준다.

제12장은 기독교는 통일 한반도를 어떻게 바라보아야 할지를 설명해 준다.

그러므로 이 책은 다음과 같은 용도로 활용될 수 있을 것으로 기대한다.

첫째, 기독교적 관점에서 북한과 통일에 대해 어떤 관점을 가져야 할지 알고 싶은 사람들에게 큰 도움이 될 것이다. 특히 각 장마다 끝에 몇 개의 토의 주제들이 나와 있어서 소그룹 공부용으로도 매우 유익하다.

둘째, 각 대학의 교양과목 가운데 통일과 북한에 대한 과목을 강의하거나 수강하는 학생들이 교재로 사용하기에 적절할 것이다. 그래서 각 장들도 한 학기의 강의 분량에 맞게 할애되어 있다.

셋째, 이 책은 북한과 통일에 대해 특별한 사전 지식은 없지만, 이 주제에 대해서 제대로 알고 싶은 일반 대중들에게 큰 도움이 될 수 있을 것이다.

　　이 프로젝트는 성경적인 관점을 가지고 통일의 길을 모색하는 기독교통일학회가 모태가 되어 시작할 수 있었다. 진행 과정에서 전체적으로 기획하고 추진한 임상순 교수님과 채경희 교수님의 헌신이 없었다면 이 책은 출판될 수 없었을 것이기에 감사의 마음을 전한다. 특히 연구와 강의로 바쁜 일정 가운데도 너무나 좋은 글들을 써 주신 각 분야 최고의 전문가인 저자분들께 진심으로 감사드린다. 무엇보다 소명감을 가지고 이 책을 흔쾌히 출판해 주신 박영사의 안상준 대표님과 박송이 대리님, 김한유 대리님께 감사드린다. 이 분들 덕분에 이 책이 완성될 수 있었다.

　　아무쪼록 이 책이 널리 사랑받고 사용되어서 평화로운 통일의 날이 속히 임하기를 역사의 주권자 되시는 하나님께 간절히 기도드린다.


저자들을 대표해서
안인섭 교수
(총신대/기독교통일학회 회장)

# 목 차

| | |
|---|---|
| 도<br>입 | 이 주제와 관련 동영상<br>〈5분사탐-한국근현대사-16강 광복과 분단〉<br>출처: EBS Learning<br><br> |
| 교<br>육<br>목<br>표 | 1. 일제 식민지에서 해방된 후 한반도에 미군과 소련군이 주둔하게<br>   된 배경을 이해한다.<br>2. 미군정과 소군정 시기 활동했던 남북 주요 정치인들의 입장과 견<br>   해를 파악한다.<br>3. 남북 정부 수립으로 분단이 공고화되어 가는 과정을 역사적 관점<br>   에서 고찰한다.<br>4. 우리가 남북 분단과정에 살고 있었다면, 어떻게 판단하고 행동했<br>   을 것인지에 대해 탐구한다.<br>5. 남북 분단이 한반도에 살고 있는 기독교인들과 교회에 주는 의미<br>   가 무엇인지 고찰한다. |

# 분단과정에 대한 역사적 이해

내
용
요
약

　　1945년 8월 15일 일본의 항복으로 제2차 세계대전이 종료되었고, 한반도는 34년 11개월 만에 일제의 식민지배에서 해방되었다. 해방 직후, 미국이 제시하고 소련이 수락한 38도선 한반도 분할 안에 따라 북한 지역에는 소련군이 그리고 남한 지역에는 미군이 주둔하면서 남북한의 분단이 시작되었다.

　　남한에 주둔한 미군은 미군정을 선포하였고, 미군정은 1948년 8월 15일 대한민국 정부가 수립될 때까지 지속되었다. 1948년 7월 17일 헌법이 공포되었고, 3일 후인 7월 20일 국회에서 대통령 간접선거가 실시되었다. 이 선거에서 이승만이 재석의원 196명 가운데 180명의 지지를 받아 대통령에 당선되었다. 부통령에는 임시정부의 원로인 이시영이 선출되었다. 8월 4일 국회 본회의에서는 국회의장 이승만의 대통령당선으로 공석이 된 국회의장직을 보충하기 위해 선거가 실시되었고, 부의장 신익희가 국회의장에 선출되었다. 8월 5일 국회 제40차 본회의에서는 대법원장 김병로의 인준안이 가결되었다. 이로써 입법부, 행정부, 사법부 등 헌법기관의 구성이 완료되었다. 1948년 8월 15일, 이승만 대통령이 대한민국 정부 수립을 발표하였고, 미군정은 즉시 폐지되었다.

　　소군정하 북한에서는 1946년 북조선임시인민위원회, 1947년 북조선인민위원회가 창설되어 사실상의 정부 역할을 했다. 하지만 소련군정이 종식되고 북한에 정부가 출범한 것은 1948년 9월 9일이다. 1948년 9월 2일 평양에서 초대 대의원들이 참가한 가운데 '제1차 최고인민회의'가 개최되었고, 9월 8일에 헌법이 최종적으로 채택되었으며, 9월 9일 김일성을 수상, 박헌영을 부수상으로 하는 내각이 구성되었다. 김일성은 조선민주주의인민공화국의 창건을 공식적으로 선포하였다.

## 01

# 한반도 독립과 미·소에 의한 분할

1945년 8월 15일 일왕 히로히토가 연합군의 포츠담 선언을 수락하는 형태로 항복하면서 제2차 세계대전이 종료되었고, 한반도는 34년 11개월 만에 일제의 식민지배에서 해방되었다.

포츠담 선언은 1945년 7월 17일부터 8월 2일까지 독일 베를린 교외 포츠담에서 열린 연합국 정상회담에서 발표된 대일 공동선언이다. 포츠담 회담은 1945년 5월 8일 독일이 항복한 뒤, 일본의 항복 문제와 전후처리 문제를 논의하기 위해 열린 회담으로서 미국의 트루먼 대통령, 영국 처칠 수상, 중국 장제스 총통이 참여하였다. 3개국 정상은 일본 정부를 향하여, 완전한 무장해제와 무조건적인 항복을 요구하면서, 이러한 요구가 받아들여지지 않을 경우 일본은 즉각적이고, 완전한 파괴에 직면하게 될 것이라고 경고했다. 그리고 한반도와 관련하여 포츠담 선언은, 1943년 카이로 회담에서 채택된 '카이로 선언의 요구조건들이 실행될 것'이라고 밝혔다.

카이로 회담은 1943년 11월 27일에 이집트 수도인 카이로에서 개최되었으며, 이 회담에 참여한 미국 루즈벨트 대통령, 영국 처칠 수상, 중국 장제스 총통은 "일본이 1914년 제1차 세계대전 개시 이후에 탈취 또는 점령한 태평양의 도서 일체를 박탈할 것과 만주, 대만과 같이 일본이 청나라에서 빼앗은 지역 일체를 중국에 반환하기"로 하면서, "한국민의 노예상태에 유의하여 적당한 시기에 한국을 자주 독립시킬 것

(in due course Korea shall become free and independent)"을 결의했다. 이 회담에서 한국을 즉시 독립시키지 않고 '적당한 시기'에 독립시키기로 한 것은 당시 루즈벨트 대통령이 한국민들의 자치 능력을 의심했기 때문이었다.

위의 포츠담 회담, 카이로 회담과 함께 한반도 운명에 중요한 영향을 미친 회담이 얄타 회담이다. 얄타 회담은 1945년 2월 4일부터 11일 사이에 흑해 연안 도시인 얄타에서 개최되었는데, 이 회담에는 미국 루즈벨트 대통령, 영국 처칠 수상, 소련 스탈린 서기장이 참여했다. 이 회담에서 소련은 "독일 항복으로 유럽에서 전쟁이 종료된 후 2~3개월 이내에 대일 전쟁에 참여"하기로 했으며, 연합국은 이에 대한 대가로 소련이 "러일 전쟁 때 잃은 쿠릴열도와 사할린 등 영토를 반환"해 주기로 합의했다. 당시 소련은 일본과 상호 불가침조약을 맺고 있었는데, 얄타 회담으로 인해 소일 상호불가침조약이 파기되었다.

얄타 회담에서 미국 루즈벨트 대통령은 스탈린에게 한국을 미국, 소련, 중국이 신탁통치하는 다국 신탁통치 구상을 내놓았다. 신탁통치 기간은 필리핀 사례에 비추어 20~30년이 적당할 것이라고 제안했다. 스탈린은 한국 신탁통치에 영국이 참여해야 한다고 주장하면서, 신탁통치 기간은 짧을수록 좋다는 의견을 제시했다. 미국이 이 의견을 받아들이면서, 미국과 소련은 한국에 대한 다국 신탁통치안을 구두로 합의하였다.

1945년 5월 9일 독일이 항복함으로써 유럽전쟁이 종료되었고, 이후 정확히 3개월이 되는 1945년 8월 8일 소련은 일본에 선전포고를 했으며, 대일 선전포고와 함께 소련 공산당 서기장 스탈린은 '포츠담 선언'에 서명하였다. 다음날인 8월 9일 새벽 소련군은 미국과 합의한 대로 만주를 향해 진격해서 일본의 관동군을 격파했으며, 한반도 동북부 쪽을 향해서 진군했다. 소련이 빠른 속도로 한반도 북부지역을 점령해 나가고 있던 8월 11일, 미국 3성(국무성, 전쟁성, 해군성) 조정위원회의 실무자들은 북위 38도선을 경계로 한국을 소련과 함께 공동 점령하는 계획을 입안하였다. 이것은 빠르게 남진하는 소련군이 한반도 전체를 점령하는 사태를 막기 위한 견제책이었다. 당시 미군은 한반도에서 600마일 가량 떨어진 일본의 오키나와에 주둔하고 있었기 때문에, 소련군이 한국의 수도 서울을 점령하기 전에 한반도에 진출하는 것은 불가능했다. 3성 조정위원회 실무자들이 마련한 38도선 한반도 분할 안은 트루먼 대통령에게 보고되었고, 대통령의 승인을 받아 맥아더 사령관에게 전달되었다.

1945년 8월 16일 소련은 미국이 제시한 38도선 한반도 분할 안을 수락하였고, 이에 따라 미국과 소련의 한반도 분할 점령안이 확정되었다. 미국과 소련의 이러한 합의내용은 9월 2일 미국과 일본 사이의 항복문서 조인식 때 공개되었고, 맥아더 장군의 '포고령 제1호' 발표로 공식화되었다.

# 미군정과 대한민국 정부 수립

## 1) 건국준비위원회와 인민공화국의 설립과 해체

　　1945년 8월 9일 나가사키에 원자폭탄이 투하된 다음날 일본은 연합군에 포츠담 선언 수용의사를 통보했다. 이 시기 조선총독부는 해방 후에 닥쳐 올 사태에 대비하기 위한 작업에 들어갔다. 조선총독부의 제일 중요한 과제는 일본인들을 안전하게 일본 본토로 이동시키는 것이었다. 이를 위해 한국인 가운데 영향력 있는 인물과의 협상을 추진했고, 그 대상으로 선정된 인물이 여운형이다. 여운형은 이미 1944년에 비밀 조직인 '조선건국동맹'을 결성해 놓고 있었다.

　　해방 전날인 8월 14일 밤 조선총독부의 실권자인 정무총감 엔도 류사코는 여운형에게 연락하여, 다음 날 새벽 6시 30분에 필동의 정무총감 관저에서 회담을 갖자고 제안했고, 여운형은 이 제안을 받아들였다. 이 회담에서 엔도는 한국, 일본 두 민족의 충돌방지를 위한 치안유지를 요청했다. 이에 대해 여운형은 단순한 치안유지권 이양을 넘어서 전국의 정치범과 경제범의 석방, 3개월 간의 식량확보, 치안유지와 건국을 위한 정치활동에 간섭하지 말 것, 민족해방의 추진력이 되는 학생의 훈련과 청년의 조직에 간섭하지 말 것, 노동자와 농민의 건국사업 동원에 간섭하지 말 것을 요구했다. 조선총독부는 여운형이 제시한 5가지 조건을 수용하였고, 여운형은 곧바로 '조선건국준비위원회(이하 건준)'를 출범시키는 작업에 착수하였다.

　1945년 8월 15일 오후에 '조선건국준비위원회' 결성식이 열렸고, 이 자리에서 여운형은 위원장에 그리고 안재홍은 부위원장에 선임되었다. 1945년 8월 28일 건준은 건국사업의 방향을 제시하는 강령을 발표하였다. 강령에 의하면, 건준은 완전한 독립국가의 건설을 기하며, 전 민족의 정치적, 사회적 기본 요구를 실현할 수 있는 민주주의 정권의 수립을 기하며, 일시적 과도기에 있어 국내질서를 자주적으로 유지하여 대중생활의 확보를 기하는 조직이었다. 이후 건준은 조직과 영향력을 확대하여, 8월 31일에 이르러 12부 1국의 체제를 갖춘 준정부적인 조직으로 확대, 개편되었고 전국에 145개 지방 지부를 설립하였다.

　1945년 9월 6일 건준은 600여 명으로 구성된 '전국인민대표자대회'를 서울 경기여자중학교 강당에 소집하여, 조선인민공화국(이하 인공) 임시 조직법안을 상정하여 통과시켰다. 이로써 '조선인민공화국'이 출범하였고, 인공 출범 다음 날인 9월 7일 건준은 발족한 지 20여 일만에 해체되었다. 건준이 인공을 갑작스럽게 출범시킨 것은 남한 지역에 주둔하게 될 미군과의 교섭력을 높이기 위해서 '국가형태의 조직'을 갖출 필요가 있다는 판단 때문이었다.

　인공은 9월 14일 내각을 구성하여 발표했는데, 이중 주석 이승만, 내무부장 김구, 외교부장 김규식, 군사부장 김원봉, 체신부장 신익희는 모두 당시 해외에 있어서 상의도 할 수 없는 상황이었고, 국내에 있던 재정부장 조만식, 사법부장 김병로, 문교부장 김성수 또한 동의를 하지 않은 상태에서 임명이 발표된 것이었다.

　결국 충분한 준비 없이 출범한 인공은 1945년 10월 10일 아놀드 미 군정장관으로부터 '조선인민공화국, 조선인민공화국 내각은 권위와 세력과 실재가 전혀 없는 것'이라는 판단을 받았고, '38도선 이남 지역의 유일 정부는 미군정뿐'이라는 미군정의 확고한 방침하에서 유명무실해지고 말았다.

## 2) 미군정의 시작과 신탁통치안의 찬반 논쟁

일본의 항복의사를 접한 미군은 8월 11일 미 10군에 한국 점령을 통보했다. 8월 15일 일본의 항복 직후 맥아더 사령관은 오키나와에 주둔중인 24군단에게 한반도 상륙 임무를 부여했다. 하지 중장이 이끄는 미 24군단은 9월 9일 인천으로 상륙했고, 미군정이 1945년 9월 7일 맥아더 사령관의 포고령 제1호의 발표와 함께 시작되었다. 태평양 방면 미 육군 총사령관 명의의 포고령 제1호를 통해서 맥아더 사령관은, "미군 사령관에 의해서 북위 38도 이남의 조선과 조선 주민에 대한 군정이 실시"된다고 선언했다. 그리고 "모든 사람은 미군 사령관의 모든 명령과 권한하에 발한 명령에 복종하여야 하며, 점령부대에 대한 모든 반항행위 혹은 공공안녕을 문란케 하는 모든 행위에 대하여는 엄중한 처벌이 있을 것"이라고 경고했다.

24군단장인 하지 중장은 미국 합참본부와 맥아더 사령관으로부터 일본군 항복접수와 일본 제국주의 제거, 질서유지와 정부수립 기반 조성, 한국인들의 국가운영 자치능력 향상 협력 등의 임무 수행을 명령받았다. 하지 중장이 인천에 상륙한 9월 9일 오후 3시 45분 조선총독부 제1회의실에서 일본의 항복 조인식이 진행되었으며, 조선총독부에서 일장기가 내려지고, 미 성조기가 게양되었다.

미군은 9월 19일 '재조선미육군사령부 군정청' 설치를 발표하고, 총독부 건물을 군정청 청사로 사용하기 시작했다. 미군정은 남한 내 유일한 정부임을 강조하면서 인민공화국뿐만 아니라 중국에서 귀국한 대한민국 임시정부 등 일체의 권력구조를 인정하지 않았다.

미국과 소련이 한반도를 분할 점령한 상황에서, 한반도 문제의 근본적인 해결 방안을 모색하기 위해 모스크바에서 미국, 영국, 소련 외무장관이 참여한 '모스크바 3상회의'가 개최되었다. 1945년 12월 16일부터 26일까지 계속된 이 회의에서 미국은 '한반도 신탁통치 10년 안'을 제안하고 관철시키려고 하였으나 소련의 소극적인 태도로 미국의 주장은 상당히 후퇴했다. 최종결론은 "첫째, 한국을 완전한 독립국으로 발전시키기 위해 임시정부를 수립한다. 둘째, 한국 임시정부를 수립하기 위해 미국과 소련의 양군사령부 대표로 미소공동위원회를 2주일 이내에 구성한다. 셋째, 한국의 완전한 독립을 목표로 미국, 소련, 영국, 중국 4개국에 의한 최고 5년간의 신탁통치안을 협의한다"는 것이었다. 신탁통치 기간이 최고 5년으로 제한되었고, 경우에 따라서는 신탁통치가 생략될 수도 있는 것처럼 암시되기도 하였다. 그런데 동아일보의 오보로 모스크바 3상회의에서 '소련이 신탁통치를 주장했고, 미국이 즉시 독립을 주장'한 것으로 알려졌다.

모스크바 3상회의의 신탁통치안이 알려진 직후, 남한 내 좌익과 우익 모두 신탁통치에 대해서 반대 입장을 분명히 했다. 특히, 우익 진영에서 신탁통치에 대한 반대가 더욱 강력했다. 김구, 이승만, 김성수 등이 "신탁은 식민지 노예 상태로 들어가는 치욕적인 처사"라고 규탄했으며, 1945년 12월 28일 수백 개의 우익 사회단체들이 모여 '신탁통치반대 국민총동원위원회'(중앙위원 76명, 상무위원 21명)를 만들고 지속적으로 반탁운동을 전개했다.

그러던 중 1945년 12월 28일 박헌영은 38도선을 넘어 평양으로 향했고, 1945년 12월 30일부터 1946년 1월 2일까지 평양을 방문해 소련 군정 지도자들과 김일성으로부터 모스크바 3상회의의 진행상황에 대한 설명을 들은 뒤 '3상회의 결과지지'로 입장을 바꾸었다. 서울로 돌아온 박헌영은 담화문을 통해 3상회의 결정에 대해 "조선 문제 해결에 큰 진전이며, 이는 조선을 위해 가장 적당한 것이니 그 결정을 지지한다"고 발표했다. 이 담화문 발표 이후 남한 내 좌익세력들은 "3상회담 내용이 임시정부 수립을 실현하는 것이므로 절대 지지한다"고 하면서 신탁통치 찬성입장으로 돌아섰다.

1946년 새해가 시작되자마자 신탁통치안 반대와 찬성으로 갈라진 민족 내부의 입장은 즉시 우익과 좌익의 진영대결 양상으로 변해갔다.

우익진영은 2월 14일 반탁을 구호로 이승만을 의장, 김구, 김규식을 부의장으로 하는 '대한민국 대표 민주의원(약칭 '민주의원')'을 발족시켰고, 좌익진영은 찬탁을 내세우며 여운영, 박헌영, 허헌, 김원봉 등을 공동의장으로 하는 '민족주의 민족전선'을 결성했다. 서울에서 이 두 진영 간의 군중집회 대결이 거듭되었고, 서로에 대한 맹렬한 비난과 적대감정이 고조되었다. 해방 후 처음 맞이하는 3·1절 기념식도 좌우익이 따로 개최했다. 좌익은 남산에서 3·1운동 기념행사를 진행했고, 우익은 동대문 운동장에서 기미독립선언 기념행사를 가졌다.

## 3) 미소 공동위원회 결렬과 유엔의 남한 단독선거 결정

국내 정치세력들이 신탁통치 문제를 둘러싸고 격렬하게 대립하는 가운데, 모스크바 3상회의 결정에 따라 1946년 1월부터 1947년 10월까지 미소 공동위원회가 개최되었다. 미소 공동위원회 1차 회의는 1946년 3월 20일 서울 덕수궁에서 시작되었다. 미소 공동위원회의 임무는 남북한 제 정당 및 사회단체와 협의하여 민주주의 임시정부를 수립하고 임시정부 참여하에 4개국 신탁통치 협약안을 작성하는 것이었다.

1차 회의가 개막되자 소련 대표는 임시정부 수립을 위한 한국 내 협의대상으로 모스크바 3상회의의 결정을 지지하는 정당과 사회단체만을 선정해야 한다고 주장한 반면, 미국 대표는 신탁통치를 반대했다고 해서 주요 정당이나 사회단체를 배제하는 것은 부당하다고 맞섰다. 결국 양측의 타협안이 마련되었는데, 그것은 "지금까지 반탁을 주장했을 지라도 앞으로 모스크바 협정에 지지를 표시하는 선언에 서명을 할 경우에는 협의 대상에 포함시킨다"는 것이었다. 그런데 이 타협안의 '모스크바 협정 지지'가 신탁통치를 찬성하는지 여부를 두고 미소 양측이 충돌하면서 미소 공동위원회 1차 회담은 결렬되었다.

한편, 1947년 3월 12일 미국의 트루먼 대통령은 의회에 보낸 교서를 통해서, 미국이 소련 전체주의 세력의 유럽 확장을 저지해야 한다는 '트루먼 독트린'을 발표했다. 이 독트린 선언으로 미국과 소련 공산주의 세력 사이의 냉전이 본격화되기 시작했다. 독트린 발표 직후인 1947년 5월 21일 미소 공동위원회 2차 회의가 재개되었다. 회의가 재개되자 이승만과 김구 측 정당 및 단체를 제외한 남한 내 거의 모든 정당과 사회단체가 미소 공동위원회에 참가 청원서를 제출했다. 미소 공동위원회는 6월 25일 서울에서 남한의 정당 및 사회단체와 합동회의를 가졌다. 그리고 6월 말에는 평양으로 자리를 옮겨 본회의와 '북한의 정당 및 사회단체와 연석회의'를 개최했다. 이렇게 순조롭게 진행되던 미소 공동위원회는 협의대상이 될 정당 및 사회단체의 자격문제를 둘러싸고 다시논쟁이 벌어짐으로써, 회의가 더 이상 진전되지 못하고 교착상태에 빠졌다. 결국 10월 21일 소련 대표단이 철수함으로써 미소 공동위원회 2차 회의는 아무런 성과도 내지 못한 채 막을 내리고 말았다.

미소 공동위원회가 교착상태에 빠져 있던 1947년 9월 16일 미국정부는 유엔 사무총장에게 '한국 독립 문제(The problem of the independence of Korea)'를 의제로 상정해 줄 것을 서면으로 요청했다. 유엔 총회는 소련의 반대에도 불구하고, 1947년 11월 14일 112차 전체회의에서 미국이 제시한 '한국 독립 문제'를 안건으로 상정하여 찬성 43, 반대 9, 기권 6으로 통과시켰다. 이 결의에 따라 호주, 캐나다, 중국, 엘살바도르, 프랑스, 인도, 필리핀, 시리아, 우크라이나 대표로 '유엔한국임시위원단'이 구성되었고, 이 '유엔한국임시위원단'에는 1948년 3월 말까지 한반도에서 총선거를 실시하여 전국적인 의회와 정부가 수립되는 것을 도울 임무가 부여되었다. 그리고 한반도에 새 정부가 수립된 후 가능한 한 90일 이내에 미군과 소련군이 철수하도록 권고되었다.

'유엔한국임시위원단'은 1948년 1월 8일 서울에 도착하였고, 1월 12일 첫 회의를 개최하여 인도대표 메논을 임시의장으로 선출했다. 위원단은 유엔 결의에 따라 남북한 지역에서 자유 총선거를 실시하고 통일정부를 수립하기 위한 작업에 착수했다. 하지만 소련은 1948년 1월 23일 유엔 소련대표의 서한을 통해, 유엔한국임시위원단의 북한지역 방문을 정식으로 거부했으며, 결국 1948년 2월 26일 유엔 소총회는 찬성 31, 반대 2, 기권 11로 '한반도 내의 상황진전을 고려하여, 유엔한국임시위원단이 임무를 수행할 수 있는 지역에서만 총선거를 실시하도록' 결의했다. 이 결의에 근거하여 1948년 3월 1일 하지 중장은 1948년 5월 9일에 남한지역에서 총선거를 실시하겠다고 발표하였다. 이후 미군정 당국은 5월 9일에 일식이 있을 수 있다는 이유로 총선거 날짜를 5월 10일로 변경했다.

## 4) 남한 단독 총선거와 대한민국 정부 출범

남한 단독 정부 수립에 대한 정치 지도자들 간의 의견 차이는 이미 분단 초기에 시작되었다. 북한 지역에 사실상의 정부역할을 하는 북조선 '임시인민위원회'가 조직된 직후인 1946년 6월 3일 이승만은 정읍에서 한 연설(일명, 정읍연설)을 통해, 남측만이라 임시정부 혹은 임시 위원회 같은 것을 조직하여 38도선 이북에서 소련이 철퇴되도록 세계공론에 호소해야 한다고 주장했다. 이에 대해 김구는 통일된 조국을 세우려다가 38도선을 베고 쓰러질지언정 단독정부를 세우는 데는 협조하지 않겠다고 강조했다. 이러한 배경하에, 하지 중장의 남한 단독 선거 실시 발표 이후 법적, 행정적 절차가 진행되기 시작하자 김구, 김규식, 김창숙, 조소앙, 홍명희 등 민족주의 진영 인사를 중심으로 남한 단독선거, 단독 정부 구성에 불참하겠다는 선언이 이어졌다.

한편, 유엔한국임시위원단의 북한 방문이 거부된 직후인 1948년 2월 16일 김구와 김규식은 김일성에게 서한을 보내 "남북 정치 지도자간의 정치협상"을 제안했다. 그들은 서한에서 "남북의 정치지도자들이 정치협상을 통하여 통일정부의 수립과 새로운 민족국가의 건설에 관한 방안을 토의하자"고 주장했다. 북한은 이에 대해 1948년 3월 25일 "4월 14일에 남북 정당 및 사회단체 연석회의"를 개최하자고 제안해 왔다. 북한이 제안한 연석회의에 대한 부정적인 견해가 많았음에도 불구하고, 김구와 김규식은 이 연석회의에 참가하기 위해 각각 4월 19일, 4월 21일 북한으로 들어갔다. 김구 일행은 4월 19일부터 23일까지 평양에서 열린 연석회의에 참석하였으며, 4월 26일과 30일에 김구, 김규식, 김일성, 김두봉의 4김 회담이 개최되었다. 이 4김 회담에서 "(1) 외국군 즉시철수 (2) 남북 정당 사회단체 협의회를 소집하여 임시정부 수립 (3) 총선거를 통해 입법기관을 선출한 다음 헌법을 제정하고 통일정부를 세울 것 (4) 남한의 단독선거 반대"에 합의하고 공동 성명서를 채택했다. 하지만 이것은 분단을 저지시킬 방안이 될 수는 없었다.

　　1948년 5월 10일, 남한 전역에서 제헌의원을 선출하기 위한 국회의원 선거가 진행되었다. 김구, 김규식 계열의 불참 그리고 좌익세력의 단독선거 반대 투쟁에도 불구하고 유권자의 80% 이상이 등록한 가운데 95.5%의 높은 투표율을 보였다. 선거결과는 무소속 85석(42.5%), 이승만의 대한독립촉성국민회 55석(27.5%), 김성수의 한민당 29석(14.5%), 이청천의 대동청년단 12석(6%), 이범석의 민족청년단 6석(3%), 기타 13석(6%)으로 나타났다.

　　1948년 5월 20일 기존의 남조선과도입법의원이 해산되고, 5월 31일 5.10총선거로 선출된 198명의 국회의원으로 구성된 제헌의회가 개원했다. 6월 10일 국회의장단이 구성되었는데 초대 국회의장에는 이승만, 부의장에는 신익희와 김동원이 선출되었다. 신익희는 중경 임시정부 내무부장 출신으로 대한독립촉성국민회 소속이었다. 6월 3일 조직된 헌법기초위원회는 16차례 회의를 거쳐 6월 23일 내각책임제의 요소가 반영된 대통령 중심제 헌법 초안을 본회의에 제출했다. 제출된 헌법 초안에 대한 수정작업이 진행되었으며, 7월 7일 국회 본회의는 헌법 초안에 대한 심의를 종료했다. 7월 12일 제28차 본회의에서 전문과 10장 103조로 구성된 헌법안이 만장일치로 가결되었고, 7월 14일 국회의장 이승만의 서명을 거쳐 7월 17일 공포 시행되었다.

헌법이 공포된 지 3일 후인 7월 20일 국회에서 대통령 간접선거가 실시되었다. 이 선거에서 이승만이 재석의원 196명 가운데 180명의 지지를 받아 대통령에 당선되었다. 부통령에는 임시정부의 원로인 이시영이 선출되었다. 8월 4일 국회 본회의에서는 국회의장 이승만의 대통령 당선으로 공석이 된 국회의장직을 보충하기 위해 선거가 실시되었고, 부의장 신익희가 국회의장에 선출되었다. 8월 5일 국회 제40차 본회의에서는 대법원장 김병로의 인준안이 가결되었다. 이로써 입법부, 행정부, 사법부 등 헌법기관의 구성이 완료되었다. 1948년 8월 15일, 이승만 대통령이 대한민국 정부 수립을 발표하였고, 미군정은 즉시 폐지되었다.

# 소군정과 조선민주주의인민공화국 정부 수립

## 1) 소련군정의 시작과 김일성의 공식 등장

1945년 8월 9일 전쟁을 개시한 소련은 이틀 후인 8월 11일 한반도로 진출하였고, 8월 12일 소련 태평양 함대 소속 해병대가 웅기항에 상륙했다. 8월 14일에 소련군은 청진을 점령했고, 다음 날인 8월 15일 일본군 사령부는 한반도 주둔 일본군의 항복을 선언했다.

1945년 8월 25일 소련군 선발대가 평양에 입성했고, 다음 날인 8월 26일 소련군 제25군 사령관인 치스차코프 대장이 수송기를 타고 평양비행장에 도착했다. 치스차코프 대장은 평양 도착 직후 일본군 사령관을 만나 무장해제 절차를 논의한 뒤, 조만식을 비롯한 조선건국준비평남위원회 측, 그리고 조선공산당 평남도당을 대표하는 현준혁 일파와 회담을 가졌다. 조만식은 회담이 시작되자마자 치스차코프에게 "소련군은 해방군인가? 점령군인가?"를 물었다. 정치 문제나 주민들의 민생 문제 등에 대해서 전문지식이 부족했던 치스차코프 대장은 "곧 평양에 올 레베데프 정치사령관에게 물어보라"고 하면서 대답을 미루었다. 이 자리에서 건준과 공산당을 동수로 하여 새로운 인민위원회를 구성하는 것이 합의되었다. 인민위원회가 각 지방에서 사회질서 유지와 주민 생활 안정을 위해서 활동하는 가운데 각 도 사이의 협력과 연계 필요성이 증대되었다. 이 문제를 해결하기 위해서, 10월 8일 평양에서 개최된 5도인민위원회 연합회의에서, 소련군정 사령부는 정권 체계를 갖출 것을 지시하였다. 이에 따라 1945년 10월 11일 이북지역에서 면 인민위원회 선거가 진행되었고, 선출된 인민위원회 대표들은 소련군정의 지시를 받아들여 일제 잔재 청산, 사회질서 유지, 생활안정 등을 적극 해결하기 위해 1945년 11월 19일, '북조선 행정 10국'을 창설하였다. 행정 10국의 국장은 조선인들이 맡았지만, 국장 곁에는 소련군정 사령부 대표가 각각 배치되었다. 각 국과 인민위원회들은 군사령관의 위임에 따라 산업, 운수, 상업, 재정, 농업 등을 복구하고 주민들의 식량 공급 사업을 진행하는 임무를 수행했다.

한편, 스탈린은 김일성이 입북하기 보름 전인 1945년 9월 초순, 김일성을 비밀리에 모스크바로 불러 크렘린궁과 별장에서 단독으로 만나 그를 북한의 최고 지도자 후보로 낙점했다. 김일성과 그의 빨치산 동료들은 소련군의 '입북하라'는 공식명령에 따라 1945년 9월 19일 원산항을 통해 귀국했다. 치스차코프 대장은 원산시 주둔 사령관에게 김일성을 평양으로 보내라고 지시했다. 소련군정은 김일성이 입북하기 전에 원산과 평양에서 그를 맞이할 만반의 준비를 해놓고 있었다.

김일성 귀국 직후 소련군정은 김일성과 조만식의 만남을 주선했을 뿐만 아니라, 서울의 박헌영을 평양으로 불러들여 김일성과 함께 조선공산당 문제를 논의하도록 했다. 1945년 10월 8일 저녁에 시작된 회담에서 김일성과 박헌영은, 서울에 이미 존재하는 '조선공산당 중앙'과는 별개로 38선 이북 지역의 공산주의 활동을 책임지는 '조선공산당 북조선 분국'을 평양에 설치하는 데 합의하였다. 이러한 배경하에서, 1945년 10월 10일부터 13일까지 4일간 평양에서 '조선공산당 서북 5도 책임자 및 열성자 대회'가 개최되었으며, 대회 마지막 날인 10월 13일 '조선공산당 북조선분국' 설치가 최종 결정되었다. 북한은 오늘날까지 '조선공산당 서북 5도 책임자 및 열성자 대회'가 개최되었던 10월 10일을 '조선로동당' 창건일로 기념하고 있다.

소련군은 김일성을 북한 정치무대에 본격적으로 등장시키기 위해서 '김일성 장군 환영 평양시민대회'를 조직했다. 김일성 환영대회는 10월 14일, 평양 공설운동장에서 개최되었다. 김일성은 소련 제25군 정치사령관 레베데프 소장, 조만식에 이어 세 번째로 연단에 나와서 소련군정이 작성해 준 연설원고를 읽었다. 김일성은 이 환영대회와 관련해서, "내가 연단에 나설 때 '조선독립 만세!'를 부르는 군중들의 함성과 환호성은 고조에 달했다. 그 환호성을 듣는 순간 나의 심신에서는 스무 해 동안 쌓이고 쌓인 피곤이 한꺼번에 다 달아나버렸다. 민중의 환호성은 열풍이 되어 내 몸과 마음에 뜨겁게 와 닿았다. 내 일생에서 가장 행복한 순간이었다"고 회고했다.

## 2) 북조선 임시인민위원회의 민주개혁과 북조선로동당의 등장

소련군정은 민족지도자 조만식과 협력관계를 유지하기 위해 10여 차례 접촉하면서 북한의 정치 현안에 대해서 논의했다. 하지만 소련군정의 이러한 노력은 조만식의 신탁통치 반대에 부딪쳐 좌절되었다. 12월 30일 치스차코프 사령관은 로마넨코, 그로모프 등 소련군 정치장교 5명이 배석한 가운데 조만식을 사령관실로 불러 모스크바 3상회의의 '신탁통치'를 지지하는 성명을 내줄 것을 설득했다. 하지만 조만식은 끝까지 소련군정의 설득을 받아들이지 않았다. 소련군정은 조만식을 숙소인 고려호텔에 연금하고 외부와의 연락을 완전히 단절시켰다.

한편, 소련 군정의 후원을 받은 김일성은 북한 정치의 중심으로 부상했다. 제1차 미소공동위원회가 열리기 전날인 1946년 2월 7일, 북한 지역의 정당 및 사회단체 간부, 도인민위원회 위원장, 행정국장 등 32명이 모여 각 지방 인민위원회를 총괄하는 중앙권력기구인 '북조선임시인민위원회' 구성에 합의했다. 그리고 다음 날인 2월 8일에는 '북조선 각 정당 및 사회단체, 행정국, 각 도·시·군 인민위원회 대표 확대협의회'

가 열려 '북조선임시인민위원회' 수립이 정식으로 결정되었고, 23명의 임시인민위원회 위원이 선출되었다. 김일성은 임시인민위원회의 최고직 책인 위원장에 선출되었다.

김일성을 중심으로 한 임시인민위원회는 일련의 개혁작업을 통해 대중적 지지를 확보했다. 가장 먼저 실시한 개혁은 '토지개혁'이었다. 임시인민위원회는 3월 5일 '토지개혁법령'을 통해 기존의 토지소유관계를 전면 부정하고 무상몰수, 무상분배 원칙에 따라 토지를 재분배하였다. 토지개혁의 핵심 원칙은 친일파와 일제가 소유했던 토지, 5정보 이상의 지주 토지, 계속 소작을 주고 있던 토지를 무상으로 몰수하여 토지가 없거나 적은 농민들에게 무상으로 분배하는 것이었다. 이러한 원칙 아래 실시된 토지개혁은 실시 불과 26일 만에 완료되었다. 물론, 평양에 있는 공산당위원회 건물에 수류탄이 투척되고, 황해도 사리원에서 토지개혁과 김일성을 반대하는 전단이 살포되는 등 일부 저항이 있긴 했지만, 임시인민위원회의 치밀한 계획과 준비, 그리고 토지 소유에 대한 농민들의 강한 열망이 작용하여 토지개혁은 단기간에 마무리되었다.

임시인민위원회는 1946년 6월 24일, 일반 기업소와 사무 기관의 노동자, 사무원의 8시간 노동제를 규정한 '노동자 및 사무원에 대한 법령'을 발표했고, 1946년 7월 30일에는 봉건적인 남녀간 불평등관계를 개혁해 여성의 정치, 경제, 사회, 문화적 생활을 보장할 것을 목표로 하는 '남녀평등권에 관한 법령'을 제정했다. 1946년 8월 10일에는 일본과 일본인 개인 및 법인 등의 소유 또는 민족반역자의 소유로 되어 있는 일체의 운수, 체신, 기업소, 광산, 발전소, 은행, 상업 등을 전부 무상으로 몰수하여 국유화하는 '산업, 교통, 운수, 체신, 은행 등의 국유화에 관한 법령'을 공포 시행했다. 이 법령에 의해 당시 북한 지역의 90%에 달하는 기업소와 공장이 국유화되었다.

임시인민위원회의 개혁작업이 한창이던 1946년 8월 북조선공산당과 조선신민당이 합당하여 '북조선로동당'이라는 새로운 정당이 창립되었다. 북조선공산당은 '조선공산당 북조선 분국'이 1946년 5월 말에 그 명칭을 바꾼 것이고, 조선신민당은 일제 강점기 때 모택동의 중국공산당과 함께 항일투쟁과 중국혁명에 참여했던 박일우, 김두봉, 최창익, 한빈 등 이른바 연안파 공산주의자들이 결성한 정당이었다. 두 정당의 합당은 양당 지도부의 사전 합의하에, 조선신민당이 북조선공산당에 합당을 제의하는 형식으로 이루어졌다. 합당대회는 6개 도에서 801명의 대표가 참여한 가운데, 1946년 8월 28일부터 30일까지 평양에서 개최되었다. 대회 마지막 날 13개 항의 당 강령과 41개조의 당규약이 채택되었고, 당 중앙위원회 위원 43명, 후보위원 12명, 검열위원 11명이 각각 선출되었다. 당의 최고권력기구인 당 중앙위원회는 당 규약에 따라 "일상적 정치지도를 위하여" 5명으로 구성된 '정치위원회'를 조직했다. 정치위원에는 김두봉, 김일성, 주녕하, 최창익, 허가이가 선출되었는데, 이중 김두봉이 위원장, 김일성, 주녕하가 부위원장으로 선정되었다. 비록 김일성이 부위원장이긴 했지만, 정치위원회 위원장인 김두봉이 연설에 앞서 '우리의 지도자 김일성 장군 만세'를 불렀을 정도로 김일성이 '북조선로동당'의 주도적 인물이었다. 북조선로동당의 창당으로 인해 북한 지역 내에서 정당간의 경쟁이 사라지고, 김일성 중심의 공산당 일당 독재의 기틀이 마련되었다.

## 3) 북조선 인민회의와 북조선 인민위원회 구성 및 활동

소련군정과 김일성의 임시인민위원회는 남북한이 분단된 상황에서 선거과정을 거친 '정통성'과 '합법성'을 갖춘 권력기관의 설립을 추진했다. 먼저, 김일성은 1946년 9월 5일 열린 임시인민위원회 제2차 확대위원회에서 선거를 통해 각급 인민위원회를 법적으로 공고히 할 것을 제안했다. 이 제안에 따라 임시인민위원회는 1946년 9월 13일 중앙확대위원회를 개최하여 인민위원회 선거를 보통, 직접, 평등, 무기명 투표 원칙에 따라 실시할 것과 '흑백함 투표'로 진행할 것을 결정했다. 임시인민위원회는 이러한 결정 한 달 전인 1946년 8월 2일 선거에 필요한 공민증을 주민들에게 만들어 주기 위해서 '공민증 교부에 관한 결정서' 제57호를 채택하고, 9월 1일부터 보안서와 공민증 교부사무소를 통해 만 18세 이상의 주민에게 공민증을 교부했다.

이러한 준비과정을 거쳐 1946년 11월부터 1947년 3월까지 북한 전역에서 각급 인민위원회 선거가 실시되었다. 도, 시, 군 인민위원회 선거는 11월 3일, 리(동) 인민위원회 선거는 1947년 2월 24일 ~ 25일, 면 인민위원회 선거는 1947년 3월 5일 각각 실시되었다.

도, 시, 군 인민위원회 선거를 통해서 선출된 3,459명의 인민위원회 위원들 중에서, 1,159명의 대표 위원들이 1947년 2월 17일부터 20일까지 평양에서 진행된 '도, 시, 군 인민위원회 대회'에 참가하였다. 대회 2일째인 1947년 2월 18일, 대회 참가자들은 북조선 임시인민위원회가 과거 1년간 제정 실시한 북한 민주개혁 법령인 '토지개혁법령', '산업국유화법령', '노동법령', '남녀평등권 법령' 등을 정식으로 승인했다. 그리고 마지막 날인 2월 20일에는 '북조선인민회의 규정에 관한 법령'을 통과시켰으며, 이 법령에 근거해서 전체 인민위원 가운데서 237명의 '북조선인민회의' 대의원을 선출했다.

1947년 2월 21일 '북조선인민회의' 1차 회의가 개최되었다. 이 회의에서 '북조선인민회의 상임위원회'가 조직되었는데 위원장에는 김두봉, 부위원장에는 최용건, 김달현이 선출되었다. 이와 함께 인민회의 1차 회의에서 '미소공동위원회에서 통일적 임시정부가 수립될 때까지'라는 조건 하에서 '북조선 인민위원회'구성을 승인했다. '북조선 인민회의'는 최용건의 제안을 받아들여 김일성을 '북조선 인민위원회' 위원장으로 추대했고, '북조선 인민위원회' 조직에 관한 모든 권한을 김일성에게 위임했다. 김일성은 인민위원회 부위원장, 기획국장, 내무국장, 외무국장, 상업국장, 교육국장, 노동국장, 사법국장, 인민검사국장, 선전국장 등 총

22개 부서의 국장을 선임했다. 이러한 과정을 거쳐 1947년 2월 22일 '북조선 인민위원회'가 정식으로 출범했다. 외무국의 신설에서 나타나듯이 북조선 인민위원회는 대내외적으로 실질적인 정부로서의 기능을 수행했다. 1947년 당시 북조선 인민위원회는 위원장 김일성과 외무국장 리강국 명의로 여권을 발행했고, 소련정부와 조소 해운회사 설립과 관련하여 '3개 항구의 양도에 관한 협약'을 맺었다. 북조선 인민위원회는 1947년 3월 19일 김일성 명의로 남한 미군정장관 브라운 소장 앞으로 서한을 보내어, 북한이 보내 주고 있는 전기에 대한 요금 지불에 관한 교섭을 요구하였다. 미 군정은 이 요구를 정치적 공세로 받아들여 교섭을 거부하였으며, 미 군정의 정식 교섭당사자는 어디까지나 북한 지역 점령 책임자인 소련군정이라는 입장을 취했다. 하지만 21일 소련군정 사령관인 치스차코프 대장은 소련 외무상이 '소련 정부의 위임에 의해서' 북조선 인민회의 1차 회의 대표단에 보내온 축전을 북조선 인민회의에 전달했다.

## 4) 조선민주주의인민공화국의 창건과 남북 분단 공고화

1947년 11월 14일 유엔에서 한반도 총선거 실시를 돕기 위한 '유엔 한국임시위원단' 구성이 결정된 직후인 11월 18일, 북한에서 제3차 '북조선인민회의'가 개최되었다. 이 회의에서 '전 조선에 적용할 헌법'을 만든다는 명분하에 김두봉을 위원장으로 하는 '조선임시헌법 제정위원회'가 구성되었다. 이 위원회에서 작성한 헌법 초안은 1948년 2월 7일 북조선인민회의 제4차 회의에 제출되었고, 북조선인민회의는 이 임시헌법 초안을 '전인민적 토의'에 붙이기로 결정하였다. 1948년 2월 28일부터 4월 25일에 걸쳐서 진행된 임시헌법 초안에 대한 '전인민적 토의'를 통해서 5,800여 통의 지시결정서와 2,238통의 수정 및 첨가 안들이 접수되었다. 이러한 과정을 거쳐 수정된 헌법 초안은 1948년 4월 28일 ~ 29

일에 열린 북조선인민회의 특별회의에서 만장일치로 통과되었다.

북한 지도부는 임시헌법 초안 작성, 수정과 함께 남북연석회의 개최를 추진했는데, 1948년 4월 19일부터 23일까지 김구, 김규식 등이 참여한 가운데 평양에서 '남북 정당 및 사회단체 연석회의'가 개최되었다. 그리고 그 연장선상에서 6월 29일부터 7월 5일까지 해주에서 '제2차 남북조선 제정당 사회단체 지도자협의회'가 열렸고, 이 자리에서 "남북조선 양 지역에서 선거를 실시하여, 남북조선 대표에 의해 조선중앙정부를 수립할 것"이 결정되었다. 이 결정에 따라 북한 지역에서는 총선거를 통하여 조선최고인민회의 대의원을 선출하기로 하였고, 남한 지역에서는 공개선거가 불가능한 '특수한' 상황을 고려하여 이중 비밀 지하선거를 실시하기로 하였다.

제2차 남북지도자협의회가 끝나고 4일이 지난 7월 9일, 북조선인민회의는 제5차 회의를 열어 인민공화국 수립 일정과 방법을 논의했다. 이 회의에서 최고인민회의 선거를 1948년 8월 25일 실시하기로 결정하였고, 대의원 선거규정과 중앙선거위원회 조직문제가 마무리되었다.

1948년 8월 25일 북한 정권 수립을 위한 '최고인민회의' 대의원 선거가 실시되었다. 212개 선거구에 227명이 입후보했으며, 선거방식은 흑백 찬반투표로 진행되었는데 최종 투표율은 99.97%로 집계되었다. 이와 함께 남한 지역 대표를 선출하기 위한 '남조선 인민대표자대회'가 8월 21일부터 26일까지 해주에서 개최되었다. 이 해주 대회에는 7월 중순부터 남한 지역에서 철저한 비밀선거를 통해 선출된 1,080명의 남한 대표가 참석했는데, 그 가운데서 360명이 대의원으로 선출되었다. 이러한 과정을 거쳐 북한지역 대표 212명, 남한지역 대표 360명 총 572명의 초대 '최고인민회의' 대의원들이 결정되었다.

1948년 9월 2일 평양에서 초대 대의원들이 참가한 가운데 '제1차 최고인민회의'가 개최되었다. 이 회의는 9월 9일까지 6일 일정으로 진행되었는데, 9월 8일에 헌법이 최종적으로 채택되었고, 회의 마지막 날인 9월 9일 김일성을 수상, 박헌영을 부수상으로 하는 내각이 구성되었다. 김일성은 조선민주주의인민공화국의 창건을 공식적으로 선포하였다.

토의주제

1. 한반도에 2개의 정부가 수립되면서 남북 분단이 공고화되었다. 남북 분단의 일차적인 책임이 미국과 소련에게 있는가, 아니면 남북한의 주요 정치지도자들에게 있는가?

2. 1946년 북한지역에 임시인민위원회라는 사실상의 정부가 수립된 상황에서, 남한지역에도 이러한 기관을 만들자고 했던 이승만의 '정읍발언'에 대해 어떻게 생각하는가?

3. 김일성이 북한 최고지도자가 된 핵심 요인이 스탈린과 소련군정의 협력이라고 생각하는가, 아니면 김일성과 그의 빨치산 전우들의 능력이라고 생각하는가?

4. 평양 대부흥 운동이 일어났던 북한 지역에 하나님과 교회를 핍박하는 사회주의 정권이 출범했다. 우리 기독교인들은 이러한 역사적 현실을 어떻게 이해하고 판단해야 하는가?

이 주제와 관련 동영상
〈"교회에서 시작된 독일통일 이야기를 아십니까?"〉
출처: CTS뉴스

1. 해방 이후 현재까지 남북한의 역사 속에서 남북한 교회가 어떤 관계로 발전해 왔는지를 설명할 수 있다.
2. 기독교적인 통일의 기초는 성경과 하나님의 나라임을 말할 수 있다.
3. 예수 그리스도의 화해의 복음에 근거해서 교회는 남북한의 화해자가 되어야 함을 이해할 수 있다.
4. 하나님의 형상인 인간의 자유와 인권을 위한 디아코니아의 정신이 교회에 필요하다는 것을 설득시킬 수 있다.
5. 기독교인으로서 청지기의 정신으로 통일을 위해 헌신할 것을 다짐한다.

# 통일과정에 대한 신학적 이해

내용요약

　　분단 이후 6·25전쟁(1950-1953)을 통해서 남북의 적대감이 커졌고 반공과 반북한주의가 강화되었다. 역사적인 1972년 7.4 남북 공동 성명에서 자주적, 평화적, 민족적 대단결 원칙을 선언한 후, 남한의 진보적 교회는 1988년 2월 통일 운동의 준거가 되는 통일 선언을 발표했다. 1990년대 이후 남한의 보수적 교회는 "민족적 디아코니아"를 지향하면서 진보적인 교회들과 연대하여 남한과 북한의 교회들이 상호 협력하는 경험을 하게 되었다.

　　2000년대 들어 남북 정상회담(2000.6.15., 2007.10.4., 2018. 4.27/5.22/9.20), 북미정상회담(2018.6.11.)과 함께 남북한 교회들은 한반도를 평화의 길로 인도하려는 다각도의 노력을 했다. 현재 남북한의 평화 통일의 길은 북핵문제, 북미관계, 미국과 중국의 관계 등의 변수와 미국의 미국 우선 정책과 관련해서 혼란한 상태에 있다. 그러나 기독교인들은 역사의 주관자가 되시는 하나님에 대한 믿음을 가지고 기도하며 성경적인 통일을 위해 최선의 노력을 다해야 할 것이다.

　　기독교인은 통일의 원칙과 방법을 성경에서 찾아야 한다. 세계의 모든 역사적 과정이 그렇듯이 한반도의 분단과 통일도 하나님의 나라 신학으로 종말론적으로 바라보아야 한다. 타락한 인간을 하나님과 화해시킨 그리스도는 교회를 통일을 위한 화해자로 부르신다.

　　한국 교회는 국가가 한반도의 평화를 지키는 그 고유의 역할을 다할 수 있도록 협력하고 격려하는 매개자가 되어야 할 것이다. 그리고 한국 교회는 남북한의 관계에서 한반도의 분단과 긴장 때문에 인간의 존엄성이 무시되지 않고 보호될 수 있도록 능동적인 역할을 수행해야 할 것이다.

　　한국 교회가 이와 같은 통일의 길을 가기 위해서는 먼저 복음의 본질로 돌아가서 영적으로 건강한 교회로 회복되어야 한다. 평화 통일로 가는 과정에서 한국 교회는 자연스러운 연합과 연대를 이루게 될 것이다. 물리적인 기구적 통합은 또 다른 정치적인 폐단을 낳게 되므로 한국 교회는 북한 선교를 위한 사역적 연대를 통해서 점진적으로 연합을 이루어야 한다.

# 01

# 남북관계 발전과 한국 교회

## 1) 해방 직후부터 통일선언(1988)까지

통일의 과정을 생각해 보면 앞으로 갔다가 뒤로 돌아가기를 되풀이하고 있는 것처럼 보인다. 그럼에도 불구하고 기독교인들은 역사를 주관하시는 분이 하나님이라고 믿기 때문에 혼돈 가운데서도 흔들리지 않는 믿음을 가지고 통일을 향한 길을 향해 다시 희망의 발을 내디딘다.

분단 이후 지금까지 통일을 향한 한국 교회의 노력을 돌아보자. 6 · 25전쟁(1950–1953)을 겪으며 남북의 적대감이 커졌고 북한에서 월남한 기독교인들을 포함한 남한의 교회에는 반공과 반북한주의가 강화되었다. 이런 현상은 이후 한국 교회의 성격을 형성하는 데 큰 영향을 미쳤다. 전후 복구기간에는 남북한 간의 모든 교류가 계속 단절되었으며, 전후에 북한 사회는 극단적인 반미 반기독교의 성격을 보였다.

1970년대에 남한 사회는 경제적인 급성장을 하고 있었고, 통일 문제는 다른 가치보다 뒤로 밀려 있었다. 그러나 역사적인 1972년 7.4 남북 공동 성명의 자주적, 평화적, 민족적 대단결 원칙과 더불어 남북한 교회는 상호 입장에 일대 전환기를 맞게 되었다. 1980년대 남한의 교회는 대북한 관점에 있어서 선명하게 이분화되었다. 진보적인 교회들은 반정부적 시각을 바탕으로 당시 세계 교회와 활발히 접촉하고 있었던 북한의 기독교와 대화하면서 통일을 위한 활동을 은밀하게 전개했다.

1988년 2월 민간 차원에서 나온 최초의 통일 정책 선언이자 이후 통일 운동의 준거가 되는 통일 선언이 발표되었다. 자주, 평화, 민족대단결, 인도주의, 민주적 참여를 그 골자로 하는 이 선언으로 남한의 진보적 교회와 북한 교회의 관계는 새로운 국면으로 접어들었다. 그러나 한국 교회의 다수를 차지하고 있는 남한의 보수적인 교회들은 이 통일선언의 과정에 참여하지 못했고 더욱 반공의식을 강화하게 되었다.

보수적인 교회는 기존 남한교회의 반공 전통을 이어가면서 북한 선교라는 방향으로 나갔다. 남한의 보수적인 교회들은 88선언에 의해서 각성되어 통일과 교회의 연합에 대해 더욱 노력하게 되었다. 이 무렵 1989년에 형성된 보수적인 교회의 자생적인 연합체는 북한을 경제적으로 돕기 위해서 북한 교회와 관계를 형성하기 위한 시도를 하고 있었다.

북한 교회는 북한 정부의 종교 정책에 절대적으로 의존하게 되어 국가의 공식적인 입장을 대변하는 서양의 국가교회적인 모델과 유사한 성격을 갖게 되었다. 따라서 북한 교회는 "금욕적 참여주의(ascetic participationalism)"라고 할 수 있는데, 한편으로는 공산주의 정부의 입장을 대변하며 정치에 참여하면서도, 다른 한편으로는 1930~1940년대의 한국 교회의 신앙 성격을 보이고 있다고 평가할 수 있기 때문이다.

## 2) 1990년대 이후

1990년 독일과 예멘의 통일에서 자극을 받아, 남한의 보수적인 교회들도 북한 교회와 활발한 접촉을 시도하게 되었다. 1993년에 남한 교회들이 북한을 경제적으로 돕기 위한 운동을 벌이기 시작했다. 북한이 경제난을 겪자 남한 교회는 보수와 진보가 연합해서 북한 물질 지원운동을 활발하게 전개하였다. 이 운동은 이념적 통일운동에서 실천적 통일운동으로 전이되면서, 남한 교회에 큰 도전과 자극을 주었다. 이 운동은 "민족적 디아코니아"를 지향하면서 남한의 보수적이고 진보적인 교회들이 연대해서 준비되었고 남한과 북한의 교회들이 상호 협력하는 경험을 하게 되었다.

2000년대 들어 2000년의 남북한 정상회담과 6.15 남북공동선언, 그리고 2007년의 남북정상회담과 10.4 선언이 이어지며 남북한 교회들의 관계는 발전해 왔다. 그러나 그 직후부터 약 10년간 큰 진전을 보지 못하고 있었다. 2018년 평창 동계올림픽에서 시작된 남북 관계의 재개는 북한의 비핵화 관련해서 연속해서 중요한 발전으로 이어졌다. 2018년 4.27 남북정상회담과 판문점 선언이 있었고 2차(5.22)와 3차(9.20)에 걸친 남북정상회담이 개최되었다. 북미관계도 역동적이어서 2018년 싱가포르에서 6.11 북미정상회담이 열렸다. 한반도를 전쟁과 핵의 위협으로부터 획기적인 평화의 길로 인도하려는 다각도의 노력이 진행되었던 것이다. 그러나 북핵문제, 북미관계, 미국과 중국의 관계 등의 변수와 미국의 미국 우선정책과 관련해서 여전히 남북한의 평화 통일의 길은 혼란한 상태에 있는 것이 현실이다. 기독교인들은 누구인가? 역사의 주관자가 하나님이시라고 믿는 자들이다. 따라서 이러한 상황 속에서도 하나님께서 가장 적절한 시기에 평화 통일을 허락해 주실 것을 믿음의 눈으로 바라보면서 기도하며 최선의 노력을 다해야 할 것이다.

## 3) 남북한 교회의 유형과 성경적 통일의 길

위와 같은 남북한 관계의 발전을 따라서 현재 한국 교회를 대략 네 가지의 유형으로 구분할 수 있다. 첫째 남한의 보수적인 교회, 둘째 남한의 진보적인 교회, 셋째 북한의 공산주의 하의 국가 교회, 그리고 북한의 지하교회 등이다. 이 가운데 남한과 북한 모두를 경험한 탈북민 출신의 기독교인들이 균형 있는 시각을 형성하여 통일 과정과 통일 이후의 과정에 촉매의 역할을 감당할 것으로 기대한다. 남북한의 교회들이 성경적인 통일관의 토대 위에서 서로 기도하고 협력하면서, 종말론적인 하나님 나라의 성취를 지향하는 것이 중요하다.

2000년대에 접어들면서 한국 교회 안에서는 신학적으로는 성경 중심적인 보수적인 신앙을 견지하면서도 정치적 이데올로기에 치우치지 않고 균형 있는 관점을 제시하려는 시도들이 나타나고 있다. 그럼에도 불구하고 지금까지 한국 교회가 통일에 대해서 하나된 소리를 내지 못하는 것은 첫째 한국 교회가 통일을 향해 달려갈 수 있는 동력 자체가 부족하기 때문이다. 통일에 대한 헌신은커녕 교회 자체의 생존을 위한 활력 자체가 쉽지 않은 현실이다. 둘째로는 한국 교회 전체가 동의하며 함께 달려갈 수 있는 신학적 공감대가 아직 형성되지 못했기 때문이다. 신학적 보수와 진보의 색채가 정치와 통일에 대한 입장과 혼돈되면서 누구나 믿고 동의할 수 있는 통일관이 아직 형성되지 못했다. 기독교적 평화 통일론은 모든 신앙과 삶의 나침반인 성경에 근거하여, 정치적 성향에 따른 양극단의 논리를 초월해야 한다. 통일 신학은 한국 기독교인 전체가 동의하고 그 방향으로 움직일 수 있는 신학이어야 한다. 통일신학은 신학적 특수성을 염두에 두면서도 동시에 시대적 보편성을 담아내야 한다는 것이다.

성경적 통일의 길

# 성경: 통일의 교과서

기독교적 사상의 출발점은 하나님이 창조주이자 구속주가 된다는 것과, 인간은 그 하나님의 형상(Imago Dei)으로 창조되었다는 것이다. 그런데 창조주요 구속주인 하나님과 인간, 그리고 세상에 대한 지식은 오직 성경을 통해서만 얻을 수 있다. 하나님의 말씀을 들음은 기독교인의 경건한 삶의 기초가 되는 것이며 이런 의미에서 인간은 말씀 앞에 열려 있는 존재라고 할 수 있다. 하나님의 말씀인 성경은 창조주이자 구속주이신 하나님과 그의 형상으로 지음을 받은 인간과의 교제를 지탱해주는 틀이 된다.

성경은 기독교인의 모든 사상과 삶의 기준이요 교과서와 같다. 평화 통일에 대한 관점도 당연히 성경에 기초해야 한다. 통일에 대해 정치적으로 절대화된 이데올로기는 그것이 어떤 것이든 성경의 가르침을 넘어설 수 없다. 오직 성경만이 통일 논의의 기준이 되어야 한다.

기독교인의 삶의 교과서와 같은 성경은 성령(Holy Spirit)과 불가분의 관계를 갖는다. 성령은 성경을 통해서 기독교인들의 삶을 인도한다. 기독교인들은 남북한의 평화통일의 길도 성령께서 이끌어 주실 것으로 믿음으로 고백하는 것이다.

성경 = 통일의 교과서

## 03

# 통일과 하나님 나라

　통일에 대해 신학적으로 바라보는 태도는 창조부터 종말까지 지속되는 역사를 하나님 나라의 눈으로 바라보는 시각에서 시작된다. 하나님의 나라와 세상의 나라는 마치 예루살렘과 바벨론처럼 선명하게 대조되는 성격을 갖지만, 이 세상(saeculum)에서는 서로 섞여서 하나님의 나라가 완성될 때까지 종말을 향해서 진행되고 있다.

　하나님의 나라 신학으로 보면 세계의 모든 역사적 과정은 하나님의 섭리 아래에서 진행된다. 한반도의 분단과 통일이라는 사건도 마찬가지다. 지정학적으로 보면 한반도는 미국과 일본 등의 해양 세력과 중국과 러시아 등의 대륙 세력이 서로 세력 다툼을 하는 접전 지역이다. 그 한 가운데 위치하고 있는 한반도의 분단은 자본주의와 공산주의라는 이데올로기의 대결이 빚은 20세기 역사의 비극이다.

　그러나 이런 역사적 상황 또한 하나님의 나라 흐름 속에서 해석되어야 한다. 한반도의 분단으로 인해 북한의 동포들이 고난을 겪고 하나님 나라의 복음을 전해들을 수 있는 기회가 원천적으로 막혀 있는 현실을 보면 세상의 나라가 더 우월해 보일 수도 있다. 그럼에도 불구하고 하나님의 나라는 세상 나라의 도전 앞에서 단 한 번도 중단되지 않고 역사 속에서 종말을 향해서 진행되어 왔다. 비록 현실에서는 한반도의 분단으로 세계 평화가 위협을 받고, 북쪽에는 비인간적인 삶의 조건이 여전히 존재하고 있으며, 그곳에 있는 하나님의 나라의 시민들은 신앙의 자유 없이 계속되는 고난이나 핍박 가운데 있다. 그러나 하나님의 나라는 종말론적으로 반드시 승리하게 될 것이다. 통일과 한반도의 평화는 이런 하나님 나라의 신학으로 바라보아야 한다.

# 04

# 예수 그리스도의 복음과 교회의 화해자 사역

## 1) 화해자(Reconciler) 그리스도

인간은 타락함으로 본래적인 선한 것을 상실하게 되었다. 인간 자신과 사회에 죄악과 그로 인한 비참한 결과가 초래된 것은 본래의 창조에서 기인하는 것이 아니라 인간의 죄 때문이다. 이렇게 타락하여 악하게 된 인간은 하나님께 대항하게 되었고, 인간 사회에도 하나님이 창조하신 본래의 아름다움은 다 파괴되었다.

인간은 하나님과 분리되어 멸망할 수밖에 없는 사람들이었지만, 하나님이 우리를 화해시키고 하나님의 자녀로 삼아 주신 것은 예수 그리스도를 통해서 온 것이다.

우리는 예수 그리스도 안에서 새롭게 지음을 받고 회복된다. 오직 하나님의 은혜를 통해서만 죄와 그 저주에서 해방될 수 있다. 예수 그리스도는 하나님과 인간 사이의 중보자로서 하나님의 은혜를 받아들이게 하고 죄를 씻게 하신다. 하나님은 그리스도를 통해서 우리를 용납하시고 당신의 자녀로 인정해 주셨다. 우리는 그리스도를 통하여 죄와 그 비참함에서 구원을 받아 새로운 생명을 얻는다.

예수 그리스도가 우리에게 보내진 것은, 우리가 하나님 아버지와 화해하며, 하나님의 형상대로 회복되기 위함이다. 우리의 구원은 전적으로 그리스도의 손에 달려 있다. 이것이 예수 그리스도를 통한 인간과 하나님과의 화해다. 그리스도께서 자신의 죽음을 통해, 그렇지 않으면 다른 방법이 없었던 우리를, 하나님과 화해하게 하신 것이다. 우리가 진노의 자식들임에도 불구하고 우리를 하나님께로 이끌어 그 분과 화해하도록 하며, 그 분을 아버지라고 부르게 한다. 하나님이 예수 그리스도 안에서 우리를 용서해 주셨다. 그리스도께서 우리의 평화가 되셔서 소망을 주셨다.

## 2) 교회의 화해자 사역

한반도 통일의 과정에서 중요한 것은 하나님과 인간을 화해시킨 중보자되시는 예수 그리스도께서 그의 몸인 교회에 화해자의 사명을 부여하셨다는 점이다(고린도후서 5장 18~19절).((18절) 모든 것이 하나님께로서 났으며, 그가 그리스도로 말미암아 우리를 자기와 화목하게 하시고, 또 우리에게 화목하게 하는 직분을 주셨으니, (19절) 곧 하나님께서 그리스도 안에 계시사 세상을 자기와 화목하게 하시며 그들의 죄를 그들에게 돌리지 아니하시고 화목하게 하는 말씀을 우리에게 부탁하셨느니라.) 그리스도에 의해서 하나님과 화해된 기독교인들은 세상과 사회 안에서 화해자로서 살도록 부름을 받았다. 하나님을 사랑하는 것과 이웃을 사랑하는 것은 서로 배타적이 아니다. 우리가 타인에게 사랑을 베풀 때 우리는 하나님에 대한 우리의 사랑을 보이는 것이다. 기독교인으로서 하나님을 섬기고 싶다면 이웃 앞에서 정의로운 삶을 살아야 한다. 이것을 통일의 문맥에서 적용해 보자면 북한의 형제자매들을 사랑하고 통일을 위해 헌신하는 것은 우리가 예수 그리스도에 의해서 구속되고 화해되었다고 하는 것을 증명해 주는 것이다.

화해 신학에 의하면 사람은 서로 인내하며 살아야 한다. 서로 관용하지 않으면 세계의 평화가 흔들리게 된다. 우리를 비난하는 원수들까지도 하나님께서 정하신 원칙에 근거하여 여전히 우리의 이웃이다. 이런 맥락에서 한국 교회가 북한을 바라볼 때도 북한이 과거 불신을 주었던 행동만을 생각해서 화해를 주저해서는 안 된다(로마서 12장 19~20절). ((19절) 내 사랑하는 자들아 너희가 친히 원수를 갚지 말고 하나님의 진노하심에 맡기라. 기록되었으되 원수 갚는 것이 내게 있으니 내가 갚으리라고 주께서 말씀하시니라. (20절) 네 원수가 주리거든 먹이고 목마르거든 마시게 하라. 그리함으로 네가 숯불을 그 머리에 쌓아놓으리라.)

빛의 열매는 착함과 의로움과 진실함이라는 바울의 설명(에베소서 5장 8~9절)은 다른 사람에게 해를 끼치지 말라는 것과, 이웃과 바르고 명예롭게 살아야 한다는 것뿐 아니라, 서로에게 동정심을 갖고 서로 인내하며 도움이 필요한 사람에게 도움을 주어야 한다는 것이다. 하나님께서 우리를 너무나 사랑하신 나머지 독생자를 보내 주셨듯이 우리는 "전심"으로 북한의 동족들, 그리고 이미 남한에 와 있는 3만 명의 탈북민들에게 선한 양심으로 베풀어야 한다. 어느 누구도 우리를 이웃과 결합시킨 연합을 파괴할 수 없다. 외국인이나 우리의 가족 또는 친척이 아닌 사람들이라 하더라도 그들은 우리의 이웃이다. 기독교인들은 이미 하나님의 은총을 경험한 자들이기 때문에 교회 공동체를 위해서 헌신해야 한다. 그뿐 아니라 개인은 타자들 없이는 아무것도 할 수 없다는 사실을 인지해야 한다. 그래서 이웃과 더불어 화평한 삶을 살아야 하는 것이다.

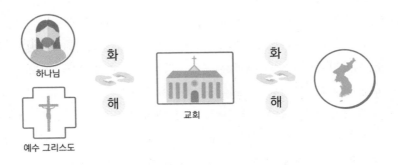

# 05

# 평화통일의 매개자로서의 교회

　한반도에 이룩되어야 하는 평화는 상대적인 평화이며 현실적인 개념이라고 할 수 있다. 즉 한반도에 완전한 평화가 이루어져야 한다는 평화지상주의를 의미하는 것이 아니다. 기독교인들은 오직 하늘 나라에서 "향유(frui)"할 수 있는 영원한 하나님의 평화(pax aeterna Dei)를 갈망한다. 그러면서 또한 이 땅의 평화(pax terrena)를 "사용(uti)"한다.

　국가가 제공해 주고 보호해 주는 평화라는 개념은 현실적이고 상대적이다. 그것은 곧 다른 사람에 대한 폭력을 줄이고 현실적인 평화와 질서를 유지하자는 의미의 평화라고 할 수 있다. 국민을 보호하고 평화롭고 인간다운 삶을 보장해 주기 위해서는 반드시 국가의 역할이 중요하다. 또 이 목적을 위해서 국가가 수행하는 전쟁은 인정될 수 있다.

　그러나 국가가 인간의 이기적인 탐욕과 권력욕을 가지고 영토를 넓히고 다른 국가 위에 군림하려고 전쟁을 한다면 그것은 인정될 수 없다. 기독교 역사에서 가장 중요한 교부 가운데 하나인 어거스틴(354~430년)은 이런 국가를 "강도의 집단"이라고 묘사하고 있다. 그러므로 신학적으로 볼 때 통일은 국가지상주의나 경제지상주의적으로 접근하지 않는다. 통일된 국가는 국민이 인간다운 삶을 살 수 있도록 평화를 유지해 주는 국가여야 한다. 이런 맥락에서 국가 지도자는 하나님으로부터 그 권위를 위임받은 것이다.

　전쟁으로 평화를 얻으려는 것보다 평화에 의해서 평화를 유지하는 것이 더 좋은 것이다. 독일의 통일을 위해서 독일 교회도 이런 역할을 감당했었다. 그러므로 평화 사상에 의하면 하나님 나라의 시민인 기독교인들은 한반도의 분단을 극복하고 평화를 이루기 위해서 그 책임을 다해야 한다.

그렇지만 이 평화는 아무 대가 없이 주어지는 것이 아니며 안보도 저절로 이루어지는 것이 아니다. 실제적으로 한반도에 평화로운 통일이 이루어지려면, 남북한이 서로 신뢰하고 교통하고 교류해야 한다. 한반도의 평화 통일을 위해서 유념해야 할 것은 남한과 북한 모두 경제력과 군사력으로 상대를 위협하려는 것이 아니라, 상호 신뢰와 평화로운 대화와 교류 속에서 통일의 과정을 진행해야 한다는 것이다.

그러므로 이런 평화 사상에 근거할 때 한국 교회는 평화의 사절이 되어야 한다는 점이 중요하다. 국가가 이 세상에서 평화를 유지하고 보호하는 역할을 감당하도록 세워진 기관이라면, 교회는 국가가 이 본연의 책임을 다하도록 격려하고 협력하고 경우에 따라서는 비판해야 해야 할 사명이 있다. 남북한의 긴장이 고조되어 전쟁의 위협이 존재한다면 그것은 하나님 나라의 평화에 어긋나는 것이다. 한국 교회는 한반도의 평화가 위협받지 않기 위해서 국가가 그 고유의 역할을 다할 수 있도록 파트너십을 발휘하는 매개자가 되어야 한다.

# 06

# 하나님의 형상(Imago Dei)과 자유와 인권의 보장

평화 통일이 되어야 하는 기독교적 이유 가운데 하나는 북한 주민들의 기본적인 인권을 보장해야 하기 때문이다. 북한 주민들이 인간답게 살 수 있도록 교회는 통일을 위해 노력해야 한다. 하나님의 형상으로서 창조된 인간은 그리스도를 통해 구속되어 타락으로 왜곡되었던 하나님의 형상이 회복된다. 이것은 본래적 자아를 발견한다는 의미다. 하나님의 형상인 인간은 창조주와 구속주이신 하나님을 예배할 수 있는 신앙의 자유를 가져야 한다. 이 신앙의 자유는 기본적인 인권이다. 그러므로 북한의 지하 교회 성도들과 시민들의 신앙의 자유를 보장하기 위해서 한국 교회는 통일을 위해 헌신해야 한다.

타자 안에 존재하는 하나님의 형상(Imago Dei), 바로 그것이 우리가 "전심을 다해서" 타자를 사랑하고 존중해야 할 이유이다. 그 아름다운 형상에 마음이 이끌려서 타자를 동정(compassion)하는 것이다. 기독교인들은 타자 안에 하나님의 형상이 있기 때문에 전심으로 이웃을 사랑하고 존중해야 한다. 타자가 비천한 상황에 있을지라도 그가 가지고 있는 하나님의 형상을 바라보아야 한다. 그 형상 때문에 타자를 동정할 수 있다면 그는 경건한 기독교인이라고 할 수 있다. 타자의 상황과는 별도로 그를 향한 동정과 사랑의 마음을 가져야 한다는 것이다.

인간이 하나님의 형상이라는 신학은 왜 남한의 기독교인들이 북한에게 사랑을 베풀어야 하며, 북쪽의 형제 자매들을 존중해야 하는지를 알게 해 준다. 북한의 주민들 안에도 하나님이 형상이 존재하기 때문에 우리는 경제적인 계산을 초월해서 그들을 도와주고 섬겨야 할 사명이 있으며 그들의 자유와 인권을 보호할 책임이 있다. 마치 창조주 하나님 이 그 피조물에 대한 사랑 때문에 자신의 독생자를 아낌없이 보내 주셨 듯이 남한의 기독교인들은 북쪽의 이웃들을 향해서 적극적으로 사랑의 섬김을 실천해야 할 것이다.

한국 교회는 남북한의 관계에 있어서 인간의 존엄성이 보호되도록 능동적인 역할을 수행해야 한다. 한반도의 분단과 긴장으로 인해 하나 님의 형상으로 창조된 인간의 존엄성이 보호되기 어려웠다. 특히 북한 의 경우는 두 가지 경우에서 그랬다. 첫째, 북한 체제의 경직성에서 비 롯되는 인간의 자유와 신앙의 자유에 대한 억압으로 인해 인간의 존엄 성이 크게 위협받아 왔다. 두 번째로 북한 주민들의 가난의 문제에서 야기되는 인간의 존엄성의 심각한 위협이다.

남한과 북한의 당국은, 북한의 주민들이 생명을 유지하고 인간으로 서의 기본적인 존엄성을 유지할 수 있도록 보호해야 하는 책임이 있다. 따라서 한국 교회는 정부가 인도적인 차원에서 인간의 존엄성을 보호할 수 있도록 국가와 적극적인 파트너십을 발휘해야 한다. 만에 하나라도 남북한의 정부가 인간의 존엄성의 증진이라는 그 본질적인 역할을 다하 고 있지 못하다면, 한국 교회는 국가가 그 사명을 다하도록 자극하고 격려해야 할 책임이 있는 것이다.

# 07

# 디아코니아의 정신

하나님과 인간의 화해는 성경에 근거한 전체적 신학의 핵심적인 구심점이며 삶과 통합되는 개념이다. 이 사상은 일차적으로 하나님에 대한 기독교인들의 태도와 관계되면서, 동시에 하나님에 대한 신앙에 기초하여 이 세상을 살아가는 인간들의 상호 관계까지 제시해 준다. 타자를 위한 사랑은 구원의 전제 조건은 아니다. 그러나 이웃을 섬기는 디아코니아의 정신은 중생의 상징이며 성령의 특별한 열매라고 할 수 있다. 기독교인의 삶은 결국 타자를 위한 사랑으로 구체적으로 표현되는 것이다. 자신의 이기심을 포기하고 타자를 유익하게 할 때 비로소 자아의 중생이 증명된다고 할 수 있다. 그리스도 안에서 새롭게 된 삶은 타인을 사랑하는 삶으로 표현되며 이것은 새롭게 거듭난 기독교인의 새로운 삶의 원리가 된다.

하나님을 사랑하는 것과 이웃을 사랑하는 것은 서로 배타적이 아니다. 우리가 타인에게 사랑을 베풀 때 하나님에 대한 우리의 사랑을 보이는 것이기 때문이다. 기독교인으로서 하나님을 섬기고 싶다면 이웃 앞에서 공정한 삶을 살아야 한다. 기독교인들은 서로의 사랑을 통해서 하나님께 참된 봉헌과 헌신을 드려야 한다. 바울은 예수 그리스도와 연합하여 어려운 자들을 동정하고 이웃의 악행과 연약함을 인내하며 도움이 필요한 자를 도우면서 예수를 따르라고 가르쳤다. 기꺼이 예수를 좇아가고 있다는 것을 드러내 보이는 것을 의미한다. 이웃이 어려움이 빠졌을 때 그들에게 연민을 가져야 한다고 말한다. 왜냐하면 우리는 같은 근원에서 나왔고, 우리는 그들을 하나님의 형상으로 인식해야 하기 때문이다.

로마서 15장 26절에 보면 헬라 지역(마게도냐와 아가야)의 기독교인들이 당시 자신들을 멸시하고 있었던 유대 기독교인들이 기근으로 가난하게 되자 기쁜 마음으로 구제 헌금을 걷어 섬기는 디아코니아의 모범을 보여 주고 있다.

기독교인은 통일의 과정과 통일 이후의 과정에서 디아코니아의 정신으로 민족을 섬겨야 한다. 현재 북한의 주민을 돕고 북한과 평화적인 통일을 이루어 내기 위해서 그 기본에 섬김의 신학, 즉 디아코니아(Diakonia)의 정신이 요구되는 것이다.

사실 이 디아코니아의 정신은 전형적인 기독교적 개념이다. 그것은 사도행전(특히 2장 43~47절)에 나오는 초대교회나, 종교개혁시대 스위스 제네바 등에 나타나는 교회의 사역에서 두드러지는 방법이라고 할 수 있다. 하나님을 사랑하면서 동시에 이웃을 자신의 몸과 같이 사랑해야 한다는 것은 복음의 핵심이다. 따라서 교회는 마땅히 북한에 살고 있는 형제자매들도 사랑하며 섬기는 실천을 강조하게 된다.

## 08

# 청지기 신학

　기독교인들이 소유하고 있는 모든 것은, 하나님의 영광과 이웃의 이익을 위해서 나누어 주라고 하나님께서 위탁하신 것이다. 인간의 신체 기관들은 그 기관 자체를 위해서 존재하는 것이 아니라 다른 기관들을 위해서 존재하고 있다. 경건한 기독교인들도 마찬가지다. 우리는 하나님께서 우리의 이웃을 도울 수 있도록 우리에게 주신 모든 것을 관리하는 청지기이다. 이 청지기의 유일한 자격 조건은 사랑이다. 이 사랑에는 자아와 타자의 유익이 일치되는 면도 있겠지만, 더 중요시해야 할 것은 타자를 위한 삶이다.

　기독교인들은 자신의 이기적인 삶만을 추구하지 말고 필요한 사람들을 도와주고 위로하는 데 최선을 다해야 한다. 낙심하지 말고 꾸준하게 선을 행하라는 바울의 권면(갈 6:9)에 대해서 우리는 우리에게 무엇인가 있을 때 그것을 우리 이웃의 부족한 분량을 충당하기 위해서 사용하라는 의미로 받아들여야 한다.

　가난한 자들의 어려움이 우리에게 보이는 것은, 우리가 동정과 연민으로 감동받아 그들에게 선을 행하도록 하기 위함이다. 종교개혁자 존 칼빈(John Calvin, 1509~1564)은 하나님은 우리를 테스트하기 위해서 가난한 사람들을 우리 앞에 두셨다고 말한다. 하나님은 하나님께 드릴 공적인 세금을 거두기 위해서 가난한 사람들을 우리에게 보내신 것과 같다. 그러므로 우리가 주변의 가난한 자들을 위해서 구제할 때 그것은 곧 하나님께 드리는 것과 다름없다.

성도들은 하나님으로부터 받은 것들을 가지고 가난한 사람들을 돕는 일에 특별한 관심을 가져야 한다. 왜냐하면 우리가 하나님으로부터 받은 것들은 그의 은혜를 인식하면서 다시 하나님께 드려야 하는 것이요 희생 제물이기 때문이다. 성도들이 구제를 통해 가난한 자들을 도울 때, 하나님으로부터 받은 것을 가지고 하나님께 경배 드리는 것으로 고백해야 한다. 하나님께서 각자에게 주신 것을 가지고 주변의 가난한 자들을 구제하는 사역을 통해서 하나님을 경배하는 것이기 때문에, 성도들은 더욱더 가난한 자들을 위한 구제에 힘써야 할 것이다.

이와 같은 청지기 사상은 남북 화해와 협력을 위한 신학적 기반과 실천적 동기를 제공한다. 남한의 시민들과 디아스포라 한인들이 가지고 있는 능력과 재물은 우리 개인의 이기적인 욕심을 위해서 하나님께서 주신 것이 아니다. 우리가 소유하고 있는 그 모든 것은 이웃을 돕고 특히 북한의 형제와 자매들을 섬기라고 하나님께서 우리에게 잠시 맡겨 놓으신 것으로 보아야 한다.

# 09

# 일반은총(Common Grace)

통일 신학은 일반은총론의 맥락에서 이해할 수 있는데 특히 창조주 하나님의 주권을 인식하는 것이 중요하다. 인간의 자율을 과신하거나 혹은 세상의 모든 것을 악으로 간주하여 거부하는 양 극단을 배격하면서 하나님께서 맡기신 인간의 역할과 의무를 중시해야 한다. 이 일반은총은 공적인 책임의 신학이라고 할 수 있으며, 기독교인들이 세상의 다른 사람들과 공유하는 인간성의 신학이라고 할 수 있다. 이 일반은총은 그리스도의 주권으로부터 직접 기원하며, 따라서 그의 주권은 모든 삶의 영역에 미치기 때문에 교회의 건물이나 기독교 공동체 내에 갇혀 있어서는 안 된다는 것이다.

하나님은 일반은총을 통해서 전 인류의 삶에 관계하시지만 그것으로 죄의 본질을 제거하는 것은 아니다. 일반은총은 특별은총(Special 혹은 particular grace)인 예수 그리스도의 십자가의 대속 사역과 긴밀한 상호 관계 속에 존재하게 된다. 이 두 은총은 창조의 중재자이자 구원의 중재자이신 그리스도의 사역 위에 근거한다. 일반은총 속에서 특별은총이 중요성을 갖는다. 일반 역사의 전개를 그리스도와 그의 사역을 중심축으로 해석할때 특별은총은 일반은총과 연결된다. 인간은 죄의 결과로 전적인 부패와 왜곡의 상황에 놓이게 되었고, 창조 세계 역시 그 영향하에 있었다. 이로 인해 인간은 스스로 구원을 얻을 어떠한 선도 가지고 있지 못하게 되었고 멸망에 이르게 되었으나, 하나님의 은혜로 인해 멸망의 길에서 구원받게 되었다. 이러한 하나님의 은혜를 "일반은총"과 "특별은총"의 두 가지로 구별할 수 있는 것이다.

이 일반은총은 죄로 인한 치명적인 결과를 억제하고 지연하는 하나님의 은혜이다. 따라서 일반은총은 특별은총의 전제 조건이 된다. 특별은총이 구원의 중재자가 되시는 예수 그리스도께 의지하고 있다면, 일반은총은 창조의 중재자이신 하나님의 아들, 그리스도에 뿌리내린 것이다. 이러한 일반은총의 관점에서 사회를 바라볼 때, 기독교인들은 배타적이고 분리주의적인 세계관을 극복하고 삶의 전 영역에서 그리스도의 진정한 통치를 이루어 갈 수 있으며, 또한 기독교인이 아닌 사람들과의 극단적인 대립을 피하고 일반은총 영역에서 그들의 성과를 수용할 수 있다.

통일 과정에 대한 신학적 이해도 바로 이 문맥에서 명확해진다. 한반도의 통일이 구원의 중보자 되시는 예수 그리스도의 구속 그 자체는 물론 아니다. 그러나 통일은 일반은총론 위에서 조명될 수 있다. 통일이 인간의 죄의 본질을 제거하는 특별은총의 영역은 아니다. 그러나 구원자요 창조주이신 하나님의 주권이 한반도에 이루어지도록 하려면 결정적으로 통일이 요구된다. 그러므로 이 일반은총론이 통일신학의 한 근거라고 할 수 있다.

# 10

# 영역주권

　신학적으로 볼 때 교회와 국가의 권위는 하나님의 말씀 위에 세워져야 한다. 인간의 삶에서 만물을 다스리시는 그리스도께서 내 것이라고 하지 않는 영역은 단 한치도 없다. 이 그리스도의 주권 사상에서 통일신학이 이끌어진다. 기독교적 정치는 "전체 우주를 다스리시는 삼위일체 하나님의 주권"에서 그 이론이 나온다. 삶의 전 영역에서 그리스도의 주권이 세워지도록 하기 위해서 구조적인 변화가 필요하다. 바로 이런 맥락에서 우리는 세속적인 정치라고 할지라도 그리스도의 왕권을 세우는 일과 관계가 있다는 것을 알 수 있다. 기독교적 정치 사상의 핵심은 그리스도의 주권을 인정하는 것, 곧 "그리스도를 왕 되게 하는 것"이다. 그리스도는 구원의 중재자이실 뿐 아니라 창조의 중재자시다. 따라서 예수 그리스도를 믿음으로 구원을 얻은 기독교인들은 또한 창조의 중재자로서 그리스도의 왕권을 이 땅 위에서 실현시킬 소명을 받은 것이다. 구원받은 자는 삶의 모든 영역에서 "왕을 위하여(Pro Rege)", 곧 왕이신 예수 그리스도를 위하여 살아야 할 소명이 있다.

　이 그리스도의 주권은 삶의 고유한 영역과 관련이 있다. 기독교인이라면 삶 속에서 자신의 신앙과는 무관하게 세속적인 모습으로 살아가서는 안 된다. 세상과 분리하려는 자세도 바람직하지 않다. 이런 맥락에서 중도의 길(via media)이 의미 있다.

　통일을 위한 신학적 개념은 그리스도의 주권 사상과 영역 주권 사상에서 나온다. 한반도에도 그리스도의 주권이 바로 세워져야 한다. 북한 지역에는 여전히 거의 모든 주민들이 그리스도를 알지도 못하고 있다. 그러므로 한반도의 평화적 통일은 남과 북에 그리스도의 주권을 높이 세우는 일이 되는 것이다.

여기에서 주목할 점은 물질적 고통이나 도덕적 부패보다 근원적인 문제는 영적인 것이라는 점이다. 인간의 모든 상황에서 하나님의 권위를 인정하는 것이 중요하다. 신학적으로 본다면 우리의 모든 재산의 절대적인 소유권은 오직 하나님께만 있다.

이 영역 주권사상은 통일의 경우에 유용하게 적용될 수 있다. 북한의 주체사상은 당연하게 기독교적인 관점에서 배격되어야 한다. 그러나 동시에 남한의 물질만능주의적인 사조와 그에 근거하여 통일에 대해 접근하는 태도 역시 비기독교적이라는 점을 인식해야 한다. 한국 교회는 한반도의 모든 주권이 하나님께만 있음을 고백하면서 통일을 위해 헌신해야 한다.

# 11

# 결론: 한국 교회의 통일의 길

　　교회가 남북평화통일에 공헌해야 하는 이유와 그 방법은 성경에 근거한다. 교회는 구약의 선지자들이 남북 이스라엘 백성들에게 하나님의 뜻을 선포했던 것처럼 통일 정책에 선지자적 목소리로 방향을 제시해야 한다. 교회는 하나님의 창조의 중심이 되는 하나님의 형상인 인간의 존엄성을 지키고 인권을 증진하기 위한 매개자(agents)로서의 역할에 최선을 다해야 한다. 바울이 정치적인 장벽을 넘어 예루살렘 교회를 위해 헌금했던 것처럼, 교회가 정치를 초월해서 디아코니아를 실천해야 한다.

　　더 나아가 교회는 정치적으로 다른 입장을 가진 사람들에 대해서 종교적으로 피난처(shelter)를 제공해야 한다. 교회는 하나님 나라의 관점에서 볼 때 복음을 전하고 삶을 변화시키는 매개자(agents of the change)의 역할을 해야 한다. 교회는 특정한 정당에 대한 지지 여부와 관계없이 성경적이고 기독교 윤리적인 관점에서 남북한의 평화 통일을 위해서 그 책임을 다해야 한다. 결국 교회가 통일에 공헌할 수 있는 가장 중요한 점은 교회가 "화해자(Reconciler)"의 역할을 감당하는 것이라고 요약할 수 있다.

　　남북한의 긴장이 고조되어 전쟁의 위협이 존재한다면 그것은 하나님 나라의 평화에 어긋나는 것이다. 한국 교회는 한반도의 평화가 위협받지 않기 위해서 국가가 그 고유의 역할을 다할 수 있도록 협력하고 격려하는 매개자가 되어야 할 것이다. 그리고 한국 교회는 남북한의 관계에서 한반도의 분단과 긴장 때문에 인간의 존엄성이 무시되지 않고 보호될 수 있도록 능동적인 역할을 수행해야 할 것이다.

한국 교회가 이와 같은 통일의 길을 가기 위해서는 먼저 복음의 본질로 돌아가서 영적으로 건강한 교회로 회복되어야 한다. 평화 통일로 가는 과정에서 한국 교회는 자연스러운 연합과 연대를 이루게 될 것이다. 물리적인 기구적 통합은 또 다른 정치적인 폐단을 낳게 되므로 한국 교회는 북한 선교를 위한 사역적 연대를 통해서 점진적으로 연합을 이루어야 한다.

극단적인 정치 이념의 대립은 성경적이지도 않고 한반도의 평화 통일에 도움이 되지도 않는다. 한국 교회가 통일을 위해 섬기는 과정에서 남한과 북한의 주민들의 사고방식이 민주적으로 발전되어야 한다.

앞으로는 통일에 대해서도 정치 일방적인 접근을 벗어나야 한다. 통일은 점차 정치 일방성에서 문화와 경제 중심성으로 다변화하고 있다. 더 나아가 통일은 더 넓은 범주에서 한반도 중심의 국제정치와 인류 문화적인 차원에서 인식되고 있다.

현재와 같이 통일 문제 해결을 위한 한국 교회의 노력이 분산된 시점에서 한국 교회의 미래 세대는 신앙을 새롭게 하고 젊은이들과 평신도들이 공유할 수 있는 성경적인 통일의 길을 준비하면서 새로운 패러다임을 형성해 나가야 할 것이다.

---

토의주제

1. 6·25전쟁 이후 지금까지 남북한의 관계에 따라서 교회는 통일을 위해 다양한 노력을 해 왔다. 남한 교회의 활동에 대해서 나는 어떻게 평가할 수 있는가?
2. 기독교인은 남북한의 평화통일을 위한 길을 성경에서 찾아야 한다. 통일을 위해서 내가 제시할 수 있는 성경 구절을 하나 들고 그 의미를 설명해 보자.
3. 예수 그리스도가 인간과 하나님을 화해시키신 것처럼 교회는 평화 통일을 위한 화해자

가 되고 평화의 매개자가 되어야 한다. 현재 남북갈등과 남남갈등이 심화되는 상황 속에서 교회는 어떻게 화해자의 역할을 할 수 있을지 토론해 보자.

4. 인간은 하나님의 형상으로서 그 인권을 존중해야 한다. 북한에 신앙의 자유가 주어지고 인권이 보장되며 인간적인 삶의 조건이 이루어지도록 하기 위해서 기독교인은 무엇을 어떻게 할 수 있을까?

도
입

이 주제와 관련 동영상
〈김정은 체제 전위대, 소년단과 청년동맹〉
출처: KBS

〈드라마 속 현빈 아버지 직책…북 총정치국장 서열은〉
출처: 중앙일보

교
육
목
표

1. 북한정치의 본질과 특징에 대해 이해한다.
2. 북한 정치이념의 형성과 내용, 역할에 대해 이해한다.
3. 북한 권력구조와 작동방식 당과 국가기관에 대해 설명할 수 있다.
4. 김정은의 권력세습과정과 정치체제가 공고화되는 과정에 대한 이
   해를 통해 북한정치의 현황에 대해 이해한다.
5. 북한정치에 대한 이해를 통해 남북관계 북미관계가 전개되는 과
   정을 이해하고 분석할 수 있는 능력을 키운다.

# 북한정치제도 이해

**내용요약**

북한 정치체제는 일인독재체제이다. 북한에서는 사회주의 일당정치체제가 장기간 유지되는 과정에 일인독재체제로 변했다. 북한 정치체제는 세습되는 독재체제로 일당정치체제이면서 동시에 전제군주제의 특징도 갖고 있다. 북한정치는 사람관리를 기본내용으로 한다. 북한은 갈등표출을 허용하지 않는 국가이다. 사람들에 대한 관리통제는 조직을 통해 진행된다. 조직생활지도를 통해 사람들을 세뇌하고 사람들이 당과 수령의 지시를 집행하는 데 동원되도록 하고 있으며 이를 북한에서는 정치라고 규정하고 있다.

북한의 정치이념은 김일성·김정일주의이다. 북한의 정치이념은 초기에는 마르크스 레닌주의였지만 일인독재체제를 구축하는 과정에 김일성·김정일주의로 수정했다. 북한은 김일성·김정일주의를 주체사상에 기초한 혁명이론과 영도방법으로 규정하고 있다. 김일성·김정일주의는 본질에 있어서 북한 지도자의 업적을 이론적으로 정당화한 것이며 수령체제의 당위성을 주장하는 내용을 담고 있다. 북한의 정치이념은 북한의 정책적 방향을 규정할 뿐 아니라 전민 사상의 일색화의 수단으로 되고 있다. 북한은 모든 주민들을 김일성·김정일주의로 무장시킬 것을 목표로 내세우고 정치학습의 정상화, 대중미디어를 통한 선전선동에 주력하고 있다.

북한에서 권력기구는 수령의 영도를 보장하기 위한 수단으로 되고 있다. 북한에서 수령의 영도는 당을 통해 실현된다. 북한의 권력기구는 당과 행정 이중구조로 조직되어 있으나 실질적 권한은 당이 갖고 있으며 행정은 당의 지시를 집행하는 기관으로 기능한다. 북한 조선노동당은 집권당으로, 중앙과 도, 시·군 리, 기업, 단체, 학교 등 모든 지역과 단위에 조직되어 있다. 당의 조직원칙은 민주주의중앙집권제이며 하부는 상부에 무조건 복종하게 되어 있다. 국가조직으로는 최고인민회의, 내각, 검찰재판소가 있다. 이들은 각기 자기의 고유한 기능을 갖고 있지만 철저히 당의 지도를 받도록 되어 있다.

김정은은 2012년 김정일 사망 후 정권을 넘겨받았다. 초기 김정은체제를 확립하는 과정은 숙청을 동반하였다. 김정은체제는 김일성 김정일체제와 본질에 있어서 같으나 업적창출을 위해 핵개발과 보유, 강성대국 건설을 목표로 내세우고 있다. 현재 김정은체제는 안정단계에 들어서고 있다고 평가하고 있다.

# 01

# 북한 정치체제의 특징

## 1) 일인독재체제(수령체제)

북한 정치체제는 일인독재체제다. 북한체제를 수령체제라고도 하는데 이는 북한에서 독재자를 '수령'으로 부르기 때문이다. 독재는 일인이나 소수에 권력이 집중되어 있는 정치 상태로, 독재의 주체가 누구인가에 따라 일인독재, 일당독재, 군부독재로 분류한다. 일반적으로 사회주의국가의 정치체제는 일당독재이다. 사회주의국가체제는 노동계급의 당으로 자처하는 집권당이 유일하게 통치하는 정치체제이기 때문이다.

사회주의국가의 집권당도 민주주의를 표방한다. 그러나 사회주의 민주주의는 민주주의보다 중앙집권제를 우선하는 중앙집권적 민주주의이다. 즉, 소수는 다수에 하급조직은 상급조직에 모든 당원은 당 중앙에 철저히 복종할 것을 요구한다. 이 조직원칙은 최고지도자가 일단 선출되면 사망하기 전에는 거의 바뀔 수 없도록 하고 있다. 일인이 오랫동안 권력의 정점에 있게 되면 집체적 지도체제는 점차 일인독재체제로 바뀌게 된다. 모든 사회주의국가의 집권당은 조직 초기에는 제한적이지만 당내에서 집체적 지도체제가 유지되었다. 그러나 최고지도자가 오랫동안 권력을 잡은 국가는 예외 없이 일인독재체제로 변했다. 일인독재자로 평가받고 있는 스탈린은 29년, 모택동은 31년, 카스트로는 52년 권력을 잡았다.

북한의 초대지도자인 김일성은 해방 후부터 사망될 때까지 49년
간 북한의 일인자로 있었다. 북한에서는 6·25전쟁 이전까지는 집단적
지도체제가 유지되었지만 김일성 장기집권을 통해 일인독재체제로 바
뀌었다.

북한의 일인독재체제는 세습되는 독재체제이다. 북한에서 수령은
선거가 아닌 혈통에 의해 결정된다. 이는 사회주의국가에서 찾아볼 수
없는 특징이다. 북한은 당의 유일적 영도체제의 10대원칙에서 "우리 당
과 혁명의 명맥을 백두의 혈통으로 영원히 이어나가"야 한다고 규정하
고 있다. 백두의 혈통이란 김일성·김정일·김정은으로 이어지는 가문을
의미한다.

북한에서 수령은 법에 의해 제한되지 않는 절대 권력을 행사한다.
북한에서 법위의 법으로 되고 있는 '당의 유일적 영도체계의 10대원칙'
은 수령을 영원히 높이 받들어 모시며, 수령의 권위를 절대화하며, 수령
의 혁명사상을 신념으로 삼고, 수령의 지시와 명령을 무조건 집행하는
것을 모든 당원들과 주민들의 의무로 규정하고 있다. 그러므로 북한의
일인독재체제는 일당독재제와 전제군주제가 혼합된 체제라고 볼 수 있
다.

## 2) 북한정치는 갈등관리 아닌 사람관리

일반적으로 정치는 갈등을 해결해 나가는 과정이다. 모든 사회에는
각이한 이해관계를 가진 사람과 집단이 존재하며 이들은 서로 다른 요
구를 가지고 있다. 따라서 사회에는 갈등이 존재하며 이를 표출하고 해
결해나가는 과정이 정치이다.

북한은 계급적 갈등만 인정할 뿐 다양한 사회적 갈등은 부인한다.
북한의 주장에 의하면 사회주의사회에는 적대적 갈등과 비적대적 갈등
이 있다. 적대적 갈등은 숙청된 지주, 자본가, 종파분자, 외부로부터 들

어온 간첩, 파괴암해분자 등 적대분자들과 인민대중 간의 갈등이다. 비적대적 갈등은 주민들이 가지고 있는 낡은 사상과 선진사상 간의 갈등이다. 적대적 갈등은 대립과 투쟁을 통해서, 숙청을 통해서만 해결할 수 있다. 그러나 주민들 간에 존재하는 갈등은 비적대적 갈등으로 주민들 속에 남아 있는 낡은 사상과 선진사상과의 갈등이다. 이 갈등은 사상교양과 사상투쟁을 통해 해결해 나갈 수 있다. 북한에서는 당과 국가가 주장하는 적대적 갈등과 비적대적 갈등 외의 갈등을 표출하면 엄격한 처벌을 받게 된다. 북한주민들은 당과 국가의 이익에 위배되는 요구를 표출하지 않는다.

북한은 "정치는 계급 또는 사회의 공동의 이익에 맞게 사람들의 활동을 통일적으로 조직하고 지휘하는 사회적 기능이다. 사람들의 활동을 통일적으로 조직한다는 것은 사람들에게 일정한 활동내용과 범위를 규정한 사회적 권한과 임무를 규정하여 준다는 것이며 사람들의 활동을 통일적으로 지휘한다는 것은 규정된 사회적 권한과 임무에 맞게 활동하도록 사람들을 이끌어 나간다는 것이다"고 규정하고 있다. 북한에서는 당과 국가가 모든 주민들에게 사회적 지위와 임무를 부여하며 그를 충실히 수행하도록 지도·통제한다.

북한에서 사람관리는 정치조직을 통해 진행한다. 자원성에 기초하여 정치조직에 가입하는 다른 사회주의국가와 달리 북한에서는 모든 주민이 의무적으로 정치조직에 소속되어야 한다. 북한에서는 주민들이 마음대로 단체나 조직을 만들 수 없으므로 조선노동당과 그 산하조직만이 존재한다. 당 산하 조직은 김일성사회주의청년동맹(청년동맹), 직업총동맹중앙위원회(직맹), 농업근로자동맹(농근맹), 조선민주여성동맹(여맹)이며 이를 근로단체라고 한다.

북한주민은 10살부터 청년동맹산하 조직인 조선소년단에 입단하며 14살에는 청년동맹에 가입한다. 30살이 넘으면 사무원, 노동자는 직업동맹, 농장원은 농업근로자동맹, 가정주부는 조선민주여성동맹에 소속되어야 한다. 북한 주민은 조직에 망라되어야 할 뿐 아니라 학습, 강연회, 생활총화에 참가하는 등 자각적으로 조직의 지도와 통제를 받으며 생활해야 한다. 이를 북한에서는 정치조직생활이라고 한다.

북한은 모든 주민이 노동당이 조직 관리하는 정치조직에 망라되어 있으므로 그 어떤 정치체제보다 대중동원력, 대중통제력이 강하다.

# 02

# 북한의 정치이념

## 1) 북한의 지도사상-김일성·김정일주의

북한의 지도사상은 김일성·김정일주의다. 북한은 2016년 개정한 사회주의헌법과 조선노동당 규약에서 김일성·김정일주의를 당과 국가 활동의 '지도적 지침'으로 규정하였다.

### (1) 김일성주의

북한은 김일성이 창시하고 체계화한 사상과 이론, 방법을 김일성주의로 정의하고 있다.

북한체제 성립 초기 북한의 지도사상은 마르크스 레닌주의였다. 그러나 1950년대 후반기 소련의 개인숭배 반대운동으로 김일성은 권력위기를 느끼게 되었다. 김일성은 소련을 멀리하기 시작했으며 그를 위한 이데올로기로 '주체'를 표명하기 시작했다. 1960년대 들어서면서 중소 간의 대립이 격화되면서 중소의 영향에서 벗어나기 위한 노력이 더욱 강화되었으며 그 과정에 주체를 정치에서 자주, 경제에서 자립, 국방에서 자위노선으로 구체화했다. 그리고 이를 '마르크스주의의 창조적 발전'으로 정당화했다.

김일성은 국내에서 여러 차례에 걸친 대규모 종파숙청을 통해 정치적 입지를 강화했고 결국 1960년대 말 일인독재체제를 수립했으며 계속해서 권력을 세습하려고 시도했다. 권력세습은 마르크스 레닌주의의 창조적 발전이론으로도 정당화할 수 없는 것이었다. 북한은 일인독재체제를 당의 유일사상체계 수립으로 규정하고 당의 유일사상은 곧 수령의 사상, 주체사상이라고 주장하기 시작했다. 북한에서 주체사상은 김일성주의의 철학적 기초로서의 주체사상으로, 한편 김일성주의와 동의어로도 쓰이므로 맥락에 따라 이해해야 한다.

주체사상은 김정일에 의해 김일성주의로 체계화되었다. 김정일은 후계자로서의 지위를 인정받기 위하여 '노동계급의 혁명투쟁의 길을 처음으로 개척한 수령의 사상은 수령의 후계자에 의해 정식화된다'고 주장하면서 수령의 사상을 김일성주의로 정식화하고 이론적으로 체계화하는 사업을 적극 추진했다. 결과 1970년대 주체사상을 철학적 세계관으로 하고 혁명과 건설에 관한 이론, 영도방법 전일적으로 체계화된 사상으로서 김일성주의가 기본적으로 완성되었다. 북한에서는 1980년대 수령론이 사회정치적 생명체론으로 구체화되면서 주체사상은 수령체제를 정당화하는 이론으로 더욱 편중되었다.

철학으로서 주체사상은 철학적 세계관, 사회역사관, 혁명관, 인생관으로 구성되어 있다. 주체사상의 핵심원리는 사람이 모든 것의 주인이며 모든 것을 결정한다는 것이다. 이에 기초하여 세계를 보고 대하는 입장과 태도는 자주적 입장과 창조적 입장으로 되어야 한다고 주장한다. 주체의 사회력사관은 역사는 인민대중의 투쟁의 역사이며 인민대중의 요구와 역할에 의하여 자연과 사회가 변화하고 발전한다고 보는 사관이다. 주체의 혁명관은 혁명과 건설의 주인은 인민대중이며 혁명과 건설을 추동하는 힘도 인민대중에게 있다는 혁명의 근본원리에 기초하여 인민대중을 발동해야 혁명에서 승리할 수 있다고 주장한다. 주체의 혁명이론은 지금까지 북한 역사를 이론화한 것으로서 북한의 노선과 정책 그 집행과정을 정당화하고 있다. 주체의 영도방법은 북한의 수령체제를 정당화하고 수령의 영도를 받들기 위한 방법을 이론적으로 체계화하고 있다.

주체사상은 수령체제를 정당화하고 미국과 일본 등 서방국가는 물론 중국과 러시아 등 대국에 굽히지 않고 맞서는 정치적 선택의 이론적 기초로 되었으며 국가의 주민 동원에 명분을 부여하는 등 정치실천에서 중요한 기능을 하고 있다.

### (2) 김정일주의

북한은 김정일 사망 이후 선군사상을 김정일주의로 정식화하였다. 김정일은 1990년대 동유럽 사회주의의 붕괴, 북한의 경제파산으로 체제가 위험에 처하자 체제수호 전략으로 군사독재정치를 선택했고 이를 선군사상, 선군정치로 정식화했다. 선군사상은 '군력강화에 최우선적인 힘을 넣으며 혁명군대를 주력군, 기둥으로 하여 사회주의위업을 전진시킬데 대한 사상'으로 군사독재정치를 정당화하는 사상이다. 선군사상은 선군원리, 선군원칙, 선군정치이론, 선군영도체계로 구성되어 있다. 선군원리는 인민대중의 자주성을 실현하기 위한 투쟁은 총대에 의해 개척되고 전진하며 완성된다는 것이다. 특히 선군사상은 지난 시기 중요하게 강조하던 당의 영도적 역할을 부인하고 군의 역할을 우선시하고 있다. 선군사상에 의하면 당이 무너진다고 해도 군대만 있으면 다시 만들수 있지만 군대가 없으면 당은 자기의 존재를 유지할 수 없다고 한다.

선군원칙은 군사를 제일국사로 내세우는 군사선행(軍事先行)의 원칙과 혁명군대를 혁명의 주력군으로 내세우는 선군후로(先軍後勞)의 원칙을 포함한다. 선군원칙은 노동계급을 혁명의 주력군으로 내세우던 원칙에서 이탈하여 군대를 주력군으로 내세운다.

선군정치는 군사를 제일 국사로 내세우는 정치방식, 군대를 핵심으로 주력으로 하여 조국과 혁명 사회주의를 보위하고 전반적 사회주의건설을 힘있게 밀고 나가는 정치방식, 최고사령관을 국무위원장으로 하는 선군 령도 체계, 국방공업을 우선적으로 발전시키는 선군시대의 경제건설의 기본노선 등으로 체계화하고 있다.

선군사상 김정일주의는 내용과 체계가 빈약하지만 북한에서 군을 내세우고 군사를 중시하는 사회적 분위기를 창출하는 중요한 역할을 했으며 선군사상의 영향은 현재까지도 지속되고 있다.

### (3) 김일성·김정일주의

김정일 사후 북한은 2012년 4월 헌법 개정과 조선노동당규약 개정을 통하여 조선민주주의인민공화국을 김일성·김정일의 사상과 영도를 구현하는 국가로, 조선노동당을 김일성·김정일주의를 유일한 지도사상으로 하는 당으로 명시하였다.

조선노동당 제7차 대회에서 구체화한 김일성·김정일주의는 이미 체계화되었던 김일성주의와 김정일주의를 포괄한 것이다. 김일성·김정일주의는 김일성주의의 체계인 사상 이론 방법의 체계로 규정했으며 거기에 선군사상의 내용을 보충하는 방법으로 정식화했다. 다만 김일성주의에서 최종 목표로 규정되었던 김일성주의가 구현된 사회로서 공산주의사회 건설 대신 사회주의강국 즉 과학기술강국, 경제강국, 문명강국, 정치사상강국, 군사강국 건설로 바꾸었다.

수령의 사상을 고수하고 심화 발전시키는 것을 수령의 후계자의 중요한 역할이며 따라서 선대 수령의 사상을 김일성·김정일주의로 정의한 것은 김정은이 후계자로서 사명을 수행했다는 의미를 가진다.

## 2) 사상의 일색화

북한의 정치이념은 국가정치의 방향을 규정할 뿐 아니라 주민들을 세뇌하는 수단으로 기능한다. 사상의 자유를 주장하는 민주주의국가와 달리 사회주의국가는 노동계급의 사상으로 자칭하는 하나의 사상만 인정한다. 마르크스 레닌주의는 사회주의혁명은 주민들을 의식화하는 것으로부터 시작된다고 주장했으며 따라서 모든 사회주의국가는 사상적 세뇌를 중요한 국가과제로 내세웠다.

북한 역시 주민들을 김일성·김정일주의로 무장시키는 것을 체제유지의 핵심전략으로 내세워 왔다. 북한에는 그를 위한 정연한 당 사상교양 시스템이 구축되어 있다. 조선노동당 선전선동부가 주체가 되어 주민들을 사상 무장시키기 위한 정기적인 학습, 강연, 강습을 진행하고 있으며 각 지역과 학교, 기관·기업소에 김일성 김정일의 혁명사상연구실, 혁명전적지, 혁명사적지, 동상 등을 세우고 견학과 답사를 정상화하도록 하고 있다. 그리고 당, 근로단체 조직은 소속된 사람들의 정치학습 상황을 정상적으로 요해·총화한다. 또한 모든 미디어매체들을 당이 직접 관리하고 있으며 신문, 방송, 통신을 통해서 수령의 위대성과 당의 사상과 이론을 적극 소개 선전하고 있다.

김정은 등장 이후 위대성 교양, 김정일 애국주의 교양, 신념 교양, 반제계급 교양, 도덕 교양을 내용으로 하는 5대 교양을 강조하고 있다. 위대성 교양은 지도자의 위대성을 체득시키고 지도자에 대한 충성심을 고취하는 교양이다. 이는 북한당국이 가장 중시하는 교양이며 사상 교양에서 핵심으로 되고 있다. 김정일 애국주의 교양은 개인의 이익보다 조직과 집단의 이익 특히 국가의 이익을 우선하도록 하는 집단주의·국가주의 교양이다. 신념 교양은 현재 북한의 미래가 불투명한 조건에서 이를 막기 위해 반드시 승리한다는 신심을 갖도록 하는 교양이다. 반제계급 교양은 북한주민들 속에서 집단적 증오심을 고취하고 제국주의 지주 자본가와 끝까지 싸우도록 의지를 가지게 하는 교양이다. 도덕 교양은 사회주의문명국 건설을 위해 주민들의 문화 도덕적 소양을 키우도록 하기 위한 교양이다.

최근 북한지도부는 외부정보의 유입으로 인한 주민들의 사상적 동요를 막기 위하여 통제를 강화하고 있다.

# 03

# 북한 권력기구

## 1) 북한 권력구조와 작동방식

북한에는 국회인 최고인민회의, 사법기관인 검찰소와 재판소, 행정부인 내각이 있다. 얼핏 보면 3권 분립체제를 유지하고 있는 민주주의 국가 정치시스템과 유사해 보인다. 그러나 실제로 북한의 권력은 최고지도자에게 집중되어 있고 정치기구는 최고지도자의 권력을 집행하는 조직으로 존재한다.

북한의 정치기구는 당과 행정으로 구분된다. 북한에서 최고인민회의, 검찰소·재판소, 내각은 업무와 권한에서 차이는 있지만 모두 행정조직에 속한다. 북한에서 당과 행정은 모두 최고지도자의 명령지시에 복종하지만 최고지도자의 유일적 영도는 조선노동당을 통해 실현되도록 지도체제가 수립되어 있다. 그러므로 조선노동당은 행정조직보다 우위에 있다.

조선노동당은 정책수립과 사람관리를, 행정조직은 정책집행을 담당한다.

〈그림-1〉 북한 권력구조

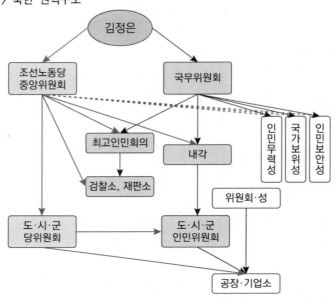

북한에서 기관, 기업소, 단체 등 모든 행정조직에는 그에 대응한 당 조직이 있다. 그러므로 모든 단위에는 당 조직과 행정 조직이 함께 존재하며 각각 당책임자와 행정책임자가 있다. 당은 해당 단위에서 사람들이 맡은 임무를 충실히 수행하도록 사상적으로 동원하는 임무를, 행정은 해당 단위에 제기된 과업을 실질적으로 집행하는 임무를 담당하고 있다.

조선노동당규약은 '각급당위원회는 해당 단위의 최고지도기관이며 정치적 참모부'라고 규정하고 있다. 북한에서 당의 지도가 관철되는 시스템을 '당위원회의 집체적 지도체계'라고 한다. 당위원회의 집체적 지도체계는 초기 경제관리체계로 만들어졌지만 북한은 이 시스템을 모든 분야에 다 도입함으로써 사회주의사회 전반을 관리 운영해 나가는 정치 방식으로 만들었다.

당위원회의 집체적 지도체계에서 해당 단위의 사업은 지배인, 학장, 원장 등 단위책임자가 아닌 당 조직인 당위원회가 책임지게 되어 있다. 당위원회는 해당 단위의 최고지도기관으로서 당위원장이 관할하에 지배인, 또는 학장, 원장 등 행정핵심간부, 그리고 열성당원을 망라하여 당위원회를 구성하도록 한다. 당위원회는 직업동맹과 청년동맹에 대한 지도를 통하여 당원이 아닌 모든 사람들을 지도 통제한다. 해당 기업소, 학교, 병원 등 단위사업은 모두 당위원회에서 토의하여 결정해야 하며 지배인 등도 당위원회의 결정에 따라 그를 집행하는 임무를 수행해야 한다. 북한의 모든 행정조직은 상급 행정조직의 지도와 해당 당조직의 지도를 이중으로 받는다.

당위원회의 집체적 지도체제에서 당과 행정은 수령의 노선을 집행하기 위해 서로 도우면서 일해야 하지만 실제에 있어서 한 기관에 책임자가 둘이 있으므로 권력충돌이 발생한다. 공식적으로는 행정조직을 더 내세우기 위하여 행정책임자를 당책임자보다 직급이 반급 정도 높게 정하고 있지만 실제로는 당 조직이 해당 행정조직을 지도하는 위치에 있으므로 당책임자의 위력이 더 세다.

당위원회의 집체적 지도체계는 북한에서 위로부터 하부말단까지 일인통치가 원만히 실현될 수 있도록 하는 효율적인 관리시스템이다. 우선 당위원회를 해당 단위의 최고 지도기관으로 규정함으로써 당의 유일적 지도를 확실하게 보장한다. 당위원회가 해당 단위의 사업에 대한 결정권, 인사권을 가지도록 함으로써 당을 중심으로 국가가 운영될 수 있도록 만들었다.

다음으로 당위원회의 집체적 지도체제는 주민들에 대한 관리 통제를 성공적으로 보장하는 시스템이다. 해당 당위원회는 모든 종업원들을 당, 근로단체 조직에 망라시키고 조직생활지도를 통하여 맡겨진 과업을 성실하게 집행하도록 지도 통제한다. 기관 기업소 성원은 종업원이면서 동시에 해당 단위의 당 근로단체 조직구성원이므로 부과된 과제 수행과정은 행정임무 수행과정인 동시에 정치조직의 임무 수행과정으로 된다.

## 2) 조선노동당

조선노동당은 1945년 10월에 창립되었다. 창립 시기 당명은 조선 공산당이었으나 1946년 신민당과 합당하면서 당명을 조선노동당으로 개칭하였다. 조선노동당은 창립 시에는 마르크스 레닌주의를 지도사상으로 하는 노동계급의 전위대로 출범하였다. 그러나 일인지배체제가 강화되면서 당은 수령의 정치적 영도를 보장하는 조직으로 바뀌었다. 1970년 당 5차 대회에서 노동당은 마르크스·레닌주의와 함께 주체사상을 지도사상으로 규정하였고 1980년 당 6차 대회에서는 당 이념이 '김일성 주체사상'으로 단일화되었다. 2016년 개정된 조선노동당 규약은 당의 지도사상을 김일성·김정일주의로, 조선노동당을 김일성·김정일의 당으로 규정하고 있다.

당 규약에는 조선노동당의 최고기관은 당 대회이며 당 대회 사이에는 전원회의가, 전원회의 사이에는 당중앙위원회 정치국과 정치국상무위원회가 당을 대표한다고 하나 실제로는 상설기관인 당중앙위원회 정무국과 각 부서들이 실권을 행사하고 있으며 최고 결정권은 위원장에게 있다.

조선노동당 부서 중 핵심부서는 조직지도부, 선전선동부, 간부부이다. 조직지도부는 간부들과 주민들의 조직생활을 지도·관리·통제한다. 선전선동부는 체제정당화 및 우상화, 간부들과 주민들의 사상지도를 담당한다. 간부부는 간부를 요해·선발·임면하는 부서다. 당중앙위원회 조직지도부의 당 생활 지도는 모든 간부들과 주민들에 대한 정치사찰권이며 선전선동부의 사상지도는 주민들에 대한 사상통제권이다. 간부부의 간부 당 간부뿐 아니라 행정 간부에 대한 임면권을 독점함으로써 주민들의 계층지위를 결정하는 권한을 행사한다. 조선노동당은 이러한 권한을 행사함으로써 북한에서 실질적인 권력을 행사한다.

조선노동당은 북한의 유일한 정당으로 전국에 그물망처럼 퍼진 하부조직을 갖고 있다. 중앙 도, 시, 군, 당위원회가 있으며 모든 기관, 기업, 학교, 단체의 말단기관에는 당세포가 조직되어 움직이고 있다. 당세포는 노동당의 기능과 역할을 실질적으로 담당 실현하는 조직이다. 현재 조선노동당 당원은 350만여 명으로 추론하고 있으며 이는 북한인구의 14%로, 중국공산당 6.4%, 베트남공산당 4.7%에 비해 월등히 높은 비율이다.

## 3) 국가기관

북한에는 국가기관으로 국무위원회, 최고인민회의, 사법기관, 내각이 있다.

### (1) 국무위원회

북한은 2016년 6월 최고인민회의 제13기 제4차 회의에서 헌법 개정을 통해 국방위원회를 국무위원회로 확대·개편하고 김정은을 국무위원장으로 '추대'했다. 헌법에 의하면 국무위원회는 국가주권의 최고 정책지도기관으로, 국가의 중요정책을 토의·결정, 국무위원장 명령, 국무위원회 정령, 결정, 지시 집행 정형 감독·대책 수립, 국무위원장 명령, 국무위원회 정령, 결정, 지시에 어긋나는 국가기관의 결정·지시를 폐지, 최고인민회의 휴회 중에 내각총리의 제의에 의하여 부총리, 위원장, 상 그 밖의 내각 성원들을 임명 또는 해임 등의 임무와 권한을 가지고 있다.

국무위원장은 북한의 최고영도자로서 무력총사령관이 되며 국가의 무력 일체를 지휘·통솔, 국가사업 전반을 지도하며 국무위원회 사업을 직접 지도, 최고인민회의 법령, 국무위원회 중요정령과 결정을 공포하고, 다른 나라에 주재하는 외교대표를 임명 또는 소환, 또한 중요 간부의 임명·해임, 외국과의 중요 조약 비준과 폐기를 결정하고 특사권을 행사하며, 전시에 국가방위위원회를 조직한다.

국무위원회는 국방 행정 분야에서 지도자의 절대 권력 행사를 보장하는 국가기구로 기능하고 있다. 국무위원장은 최고인민회의 대의원으로 선출된 후 최고인민회의에서 추대했으나 2019년 최고인민회의에서 국무위원장은 최고인민회의 대의원으로 선거하지 않고 추대한다고 결정했다.

### (2) 최고인민회의

최고인민회의는 우리의 국회에 해당한다. 그러나 실질적인 입법기능은 없으며 노동당의 결정을 추인하는 역할을 하고 있다. 최고인민회의 대의원 임기는 5년으로 대의원은 선거에 의해서 선출되지만 실제로는 당이 선출하며 선거는 형식적으로 진행된다. 최고인민회의 대의원은 상임직이 아니라 겸직이며 실지는 명예직에 가깝다. 대의원의 역할은 1년에 1~2회 열리는 최고인민회의에 참가하여 토의안건에 대해 찬성을 표시하는 데 국한된다.

그러나 헌법에서는 최고인민회의가 입법기관으로서 기능과 역할을 한다고 규정하고 있다 헌법에 의하면 최고인민회의는 헌법과 법령을 제정 또는 수정·보충하며 대내외 정책의 기본원칙을 세우고 국무위원회 제1부위원장과 부위원장, 위원들, 최고인민회의 상임위원장과 위원들, 내각 총리, 중앙재판소장 등을 선출하고 소환한다. 또한 내각 총리의 제의에 의한 내각 성원 임명 및 중앙 검찰소 소장 임명·해임 기능을 갖는다. 그 밖에 국가의 인민경제발전계획 및 국가예산 심의·승인과 조약의 비준·폐기권을 가진다. 최고인민회의에서 토의되는 법령과 결정은 거수가결의 방법으로 참석 대의원 과반수의 찬성에 의해 채택된다. 헌법은 최고인민회의 대의원 3분의 2 이상의 찬성으로 개정할 수 있다. 최고인민회의 휴회 중에는 상임위원회가 최고인민회의 기능을 수행한다.

## (3) 내각

내각은 1972년 '사회주의 헌법' 개정 시 '정무원'으로 변경되었으나, 1998년 헌법 개정 시 '내각'으로 부활되었다. 내각은 행정기관이며 총리, 부총리, 위원장, 상(相)과 그 밖의 필요한 성원들로 구성된다. 헌법에서 내각의 임기는 5년으로 규정하고 있고 내각총리는 최고인민회의에서 선출된다고 규정하고 있지만 실제로는 내각 성원들에 대한 임면을 당에서 하기 때문에 임기가 없다.

북한의 내각은 행정과 함께 경제조직지도를 주요한 기능으로 맡고 있다. 북한은 모든 기업이 국가기업이므로 국가가 직접 경제를 운영한다. 국가경제를 운영하는 주체는 내각이다. 그러므로 내각에는 외무성, 교육위원회, 문화성, 보건성 등 행정부처와 함께 기계공업성, 화학공업성, 전자공업성, 원자력공업성, 식료일용공업성 등 20여 개의 경제부문별 부처가 있다. 국방공업은 국무위원회가 직접 관리하므로 내각이 관할하지 않는다.

## (4) 사법기관: 검찰소, 재판소

북한은 헌법에 검찰·재판기관의 구성, 임무 및 내부 관계 등에 관한 규정을 두고 있다. 그에 의하면 검찰은 중앙 검찰소 산하에 도(직할시)·시(구역)·군 검찰소 및 특별검찰소를 두고 있다. 북한에서 하급 검찰소는 상급 검찰소에 복종해야 한다. 중앙검찰소장의 임명과 해임은 최고인민회의가 담당하고, 각급 검찰소 검사의 임명과 해임은 중앙검찰소가 담당한다. 중앙검찰소는 최고인민회의에 책임을 진다. 북한 재판기관의 구성은 검찰기관과 동일하게 중앙재판소 밑에 도(직할시) 재판소와 지방인민재판소를 두며, 이외에 특별재판소로 군사재판소와 철도재판소를 두고 있다. 중앙재판소는 최고인민회의에서 선출된 소장과 최고인민회의 상임위원회에서 선출된 판사와 인민참심원으로 구성되며 하부 기관의 재판을 감독하고 사법행정을 지도·감독한다. 확정된 판결·판정에 대한 비상상소 사건의 심리와 도 재판소, 특별재판소의 상소·항의사건의 심리를 수행한다. 중앙재판소는 최고인민회의에 책임을 진다.

그러나 실제에 있어서 북한의 검찰소와 재판소는 독립적인 기관이 아니라 법집행을 통한 체제수호기능을 담당한 기관으로, 노동당에 복종하며 당의 지도를 받는다. 검사, 판사, 인민참심원 등의 임면은 조선노동당이 한다. 검찰소와 재판소는 행정적으로 최고인민회의의 지도를 받는다.

04 /

# 김정은 체제

## 1) 김정은 권력세습과정

김정은 체제의 구축은 2009년부터 시작된 것으로 보인다. 김정일은 아버지인 김일성이 생존하던 1964년 대학 졸업 후 조선노동당에서 정치경력을 쌓기 시작하여 10년 후인 1974년에 공식 후계자로 등장했다. 그러나 김정은은 정치경력이 전혀 없는 상황에서 후계자로 등장하여 권력기반을 다졌다.

2008년 9월 김정일이 뇌졸중으로 급격히 건강이 악화되자 북한은 후계체제 구축을 서두르기 시작했다. 2009년 김정은 찬양가로 알려져 있는 '발걸음'을 보급하기 시작했고 김정은 위대성교양자료가 배포되었다.

김정은이 공식적으로 정치무대에 등장한 것은 2010년이었다. 2010년 9월 27일에 김정은에게 대장 칭호를 부여하고 2010년 9월 28일 제3차 당대표자회에서 당 중앙군사위원회 부위원장에 임명한 후 2010년 10월 10일 노동당 창건 65주년 기념 군 열병식 참석 등 공식 무대에 30여 차 등장하면서 이미지를 부각시키고 군부와 주민들의 충성을 유도하였다.

김정일 사후 2011년 12월 29일 개최된 김정일 사망 추도 대회에서는 김정은이 '당과 군대와 인민의 최고령도자'로 선언되었으며, 12월 30일에 열린 노동당 중앙위원회 정치국 회의에서는 김정일의 유훈

(2011.10.8.)에 따라 김정은을 인민군 최고사령관으로 추대하였다. 2012년 신년공동사설에 "김정은은 곧 김정일"이라는 유훈통치가 강조되었다.

그리고 제4차 당 대표자회(2012.4.11.)와 최고인민회의 제12기 제5차 회의(2012.4.13.)를 통해 김정은을 당·군·정의 최고 직위에 추대됨으로써 3대 세습을 완료하였고 김정은이 '공화국 원수'에 추대(2012.7.17.)됨으로써 '김정은 시대'의 개막을 알렸다.

김정일의 권력세습과정은 초기 고모부인 장성택의 주도와 군부의 적극적인 지지하에 추진되었다. 그러나 당 군 내부의 치열한 권력 암투 속에서 군부숙청, 장성택 처형 등을 통해 조직지도부가 전권을 장악했고 아버지 김정일체제에서 핵심적인 역할을 했던 당조직지도부에 의해 김정은 정치체제가 수립되었다.

## 2) 김정은 정치체제의 공고화

김정은 정치체제는 본질에 있어서 김일성·김정일의 정치체제의 연장이다. 아버지 김정일을 대신하여 김정은이 그 위치를 차지한 것이다. 2012년 4월 김정은 체제의 공식 출범을 알린 제4차 당 대표자회와 최고인민회의 제12기 제5차 회의에서 당 규약과 헌법을 개정했지만 김일성주의와 선군사상 대신 '김일성 – 김정일주의를 유일지도사상'으로, 온 사회의 김일성주의화 대신 '온 사회의 김일성 – 김정일주의화'를 당의 최고 강령으로 내세우는 등 이념의 이름만 교체했다. 2013년 6월에는 북한에서 수령체제를 보장하는 실질적 법으로 기능하고 있는 '당의 유일사상체계 확립의 10대 원칙'을 39년 만에 '당의 유일적 영도체계 확립의 10대원칙'으로 개정함으로서 수령체제를 계속 유지할 것임을 확인해 주었다. 북한의 권력 기반도 역시 이름만 바꾼 당 기구(중앙위원회, 정치국, 정무국 및 중앙군사위원회)와 국가기구인 국무위원회에 집중되어 있다.

다만 김정은 정치체제에서는 선군정치 이후 권력의 많은 부문이

군부에 집중되었던 김정일 말기와 달리 권력의 중심이 당으로 이동하였다. 그러나 군단장급 이상 지휘관의 대폭적인 세대교체와 숙청을 통한 군권 강화에 주력하고 핵무력 강화과정이 진행되는 등 이전보다 약화되었지만 여전히 선군정치를 표방하고 있다.

김정은 체제는 당 중앙위원회 전원회의(2013.3.31.)와 최고인민회의 제12기 제7차 회의(2013.4.1.)를 통해 '경제건설 및 핵무력 건설 병진노선'을 새로운 전략노선으로 제시했고 핵개발을 전격적으로 추진하여 2017년 핵무력 완성을 선언했다. 한편 과학기술발전을 통한 경제강국건설 노선을 추진하면서 선전성 건설을 통해 업적을 쌓았다. 2018년 남북정상대화와 북미정상대화를 통하여 국제무대에 성공적으로 등장하였으며 국제적으로 지도자로서의 이미지도 구축하였다.

2016년 5월 9일 제7차 당 대회에서 김정은은 '당 위원장'으로 추대되었고, 2019년 14기 최고인민회의에서 국무위원회위원장으로 재선출되었다. 2019년 현재 김정은은 당, 정, 군 모든 부문에서 김정은 중심의 권력 구조를 완성한 것으로 보인다.

---

토의주제

1. 북한에 일인독재체제가 형성되게 된 원인과 과정을 남한과 비교해서 토론해 보자
2. 사람관리로서의 북한정치를 구체적 예를 들어 설명해 보자
3. 북한의 입법, 사법, 행정이 독립성을 갖지 못하는 이유는 무엇인가
4. 주체사상이 북한 변화에 미친 영향에 대해 토론해 보자

이 주제와 관련 동영상
〈북한경제의 오늘〉
출처: 통일부 통일교육원

1. 북한 경제체제의 특징에 대해 설명할 수 있다.
2. 북한의 경제정책기조와 현재의 경제정책을 알 수 있다.
3. 북한 경제의 부문별 통계를 통해 경제 현황을 고찰할 수 있다.

# 북한 경제제도의 이해

내용요약

　북한의 경제체제는 사회주의 계획경제와 시장이 공존하는 이중구조적 특징을 띠고 있다. 계획경제의 특징으로는 경제에 대한 정치적 규제, 사회주의적 소유제도, 중앙집권적 계획경제체제의 작동이 있으며, 시장경제적인 특징으로는 계획경제하에 공식 운영되고 있는 상설시장이 있다.

　김정은 체제는 집권 이후 '사회주의 강성국가' 건설 완성을 핵심목표로 제시하였다. 강성국가에는 정치·경제·군사·과학기술·문명 강국이 포함되며, 이중 북한이 최근 집중하고 있는 목표는 '경제강국' 건설이다. 이를 위해 북한은 김정은 집권 초기부터 추진해 왔던 '경제건설과 핵무력 발전 병진 노선(2013.3.31.)'의 경제정책기조를 '경제건설 집중노선(2018.4.20.)'으로 전환하였다.

　현재 북한은 '국가경제발전 5개년 전략(2016~2020)' 달성을 경제분야의 주요 과제로 내세우고 있으며, 한편으로는 '우리식 경제관리방법(2012.6.28.)', '사회주의기업책임관리제(2014.5.30.)' 등의 실리추구형 정책도 추진하고 있다. 외자유치를 통한 경제발전 정책으로는 '국가경제개발 10개년 전략(2011~2020)', '경제특구 및 경제개발구 설립계획 공표(2013.11~2018)' 등을 강조하고 있으나 실제 추진은 미미한 상황이다.

　북한의 경제성장률은 2018년 기준 마이너스 4.1%, 대외교역규모는 28.4억 달러로 전년 대비 절반으로 축소되었다. 이는 북한경제의 누적된 구조적 한계와 경제정책 시행과정에서의 실효성 결여와 유엔안보리 대북제재의 영향이 주된 요인으로 작용한 결과다.

　북한은 대북제재의 해제를 위해 남북정상회담(2018.4.27, 5.26, 9.18), 북미정상회담(2018.6.12., 2019.2.27., 2019.6.30)에 임하며 적극적인 대외행보를 보이고 있으나 성과를 거두지 못하고 있다. 경제문제 해결을 위한 김정은 체제의 현명한 결단이 필요한 시점이다.

# 01

# 북한 경제체제의 특징

북한은 사회주의 헌법 제34조에서 경제체제의 성격에 대해 "조선민주주의인민공화국의 인민경제는 계획경제이다. 국가는 계획의 일원화, 세부화를 실현하여 생산장성의 높은 속도와 인민경제의 균형적 발전을 보장한다"로 명시하고 있다. 그러나 현재 북한의 경제체제는 계획경제와 시장이 공존하는 이중구조의 특징을 띠고 있다. 북한 경제체제의 특징은 첫째, 경제에 대한 정치적 규제, 둘째, 사회주의적 소유제도, 셋째, 중앙계획에 의한 자원배분, 넷째, 상설시장의 공식운영으로 요약된다.

## 1. 경제에 대한 정치적 규제

북한은 사회주의제도 수립을 선포(1958.8.)한 이후 경제관리 운영에서 당적 지도를 특별히 강조해 왔다. 북한체제의 경제에 대한 정치적 규제는 북한식 사회주의 경제관리체계와 경제관리방법에서 잘 드러난다.

북한의 경제관리체계는 1961년 12월에 제시된 '대안의 사업체계'에 기원을 두고 있다. '대안의 사업체계'는 스탈린식 명령경제모델인 '지배인 유일관리제'의 단점을 극복할 목적에서 제시되었다. '대안의 사업체계'의 핵심내용은 경제관리에 대한 당위원회의 집체적 지도이다. 이에 따라 북한의 공장기업소에는 지배인·당비서·기사장으로 3위1체가 구성되어 당의 정책적 요구에 맞게 경제를 관리하는 운영체계가 수립되었다.

북한의 경제관리방법은 정치적 방법과 경제기술적 방법, 조직적 방법을 동시에 강조한다. 정치적 방법은 정치사상교양을 통한 근로대중의 사상의식 제고와 시기별 대중동원을, 경제기술적 방법은 경영활동의 계획화·조직화에 기초하여 생산에 대한 과학기술적 지도와 물질적 자극을 배합하는 것을 원칙으로 한다. 대표적으로 독립채산제와 사회주의 분배원칙의 실시가 바로 이에 포함된다. 행정조직적 방법은 책임과 권한의 분담 관계를 명백히 규정하고, 법 규범과 규정·세칙·사업지도서 제정 및 근로자들의 경제활동을 조절·통제하는 것이다.

북한체제의 경제부문에 대한 정치적 규제는 1990년대 중반 이후 경제위기를 극복하는 과정에서 2002년 7월 1일 '새로운 경제관리개선조치', 2012년 6월 28일 '우리식 경제관리방법', 2014년 5월 30일 '사회주의기업책임관리제' 등의 경제정책 시행을 통해 부분적으로 완화되고 있다. 그럼에도 불구하고 경제관리운영에 대한 당의 정치적 규제는 여전히 영향을 미쳐 경제정책기조에 따라 예산배분, 경제관리운영이 좌우되는 상황이 지속되고 있다.

## 2. 사회주의적 소유제도

북한의 경제체제는 사회주의적 소유제도에 기초하고 있다. 현재 북한에는 세 가지 유형의 소유가 있다. 전인민적 소유와 협동적 소유, 제한된 범위의 개인소유이다. 북한은 사회주의 헌법 제20조에서 "생산수단은 국가와 사회협동단체가 소유한다"고 명시하였다. 또한 제21조에서 "국가소유는 전인민적 소유로서 모든 자연부원, 철도, 항공운수, 체신기관과 중요공장, 기업소, 항만, 은행 등을 소유의 대상으로 한다. 사회협동단체소유는 해당 단체에 들어 있는 근로자들의 집단적 소유로서 토지, 농기계, 배, 중소공장, 기업소 같은 것을 소유의 대상으로 한다"고 규정하였다. 헌법 제24조에서는 "개인소유는 공민들의 개인적이며 소비적인 목적을 위한 소유이다. 개인소유는 로동에 의한 사회주의분배와 국가와 사회의 추가적 혜택으로 이루어진다. 텃밭경리를 비롯한 개인부업경리에서 나오는 생산물과 그밖의 합법적인 경리활동을 통하여 얻은 수입도 개인소유에 속한다"고 명시하였다.

북한의 소유제도에서 기본을 이루는 것은 사회주의적 소유제도이다. 사회주의적 소유제도는 전인민적 소유와 협동적 소유를 포함한다. 전인민적 소유와 협동적 소유는 소유의 대상과 사회화범위, 생산물 처분방식, 노동보수 지불방식에서 차이가 있으나 집단적 소유제도라는 점에서 맥락을 같이 한다.

전인민적 소유는 소유권의 대상에서 그 어떤 제한도 받지 않는다. 그러나 협동적 소유는 협동농장과 같은 협동경리운영에 직접 이용되는 것들에 국한되며 소유의 사회화 수준에서도 생산수단이 전사회적 범위가 아닌 개별적 협동경리의 범위로 제한된다. 생산물의 처리방식과 노동보수 지불방식에서는 전인민적 소유의 경우 공장기업소에서 생산된 생산물이 국가권한하에 배분되지만, 협동적 소유의 경우는 협동농장에서 생산된 생산물이 협동농장 소유로 처분된다. 북한은 사회주의제도를 수립하는 과정에서 전인민적 소유화를 지향하였으며, 이후 협동적 소유를 전인민적 소유로 전환하기 위한 정책적인 조치들을 추진해 왔다.

한편, 북한은 제한된 범위의 개인소유를 인정하고 있다. 그 범위는 근로소득과 생필품, 가전제품 및 가구를 비롯한 가정자산, 소를 제외한 가축, 합법적으로 축적한 금융자산, 상속자산, 개인부업경리를 통해 취득한 자산 등을 포함한다.

개인소유의 범위는 1990년대 중반 경제난 이후 경제위기를 극복하기 위한 경제정책 시행과정에서 점진적으로 확대되는 추세다. 국가배급제도의 유명무실로 주민 스스로 자립 생존해야했던 시기 북한은 1998년 신헌법을 제정하여 텃밭경작 대상을 협동농장원에서 전체 주민으로 확대하고, 2002년 상속법을 채택하는 등의 정책을 시행하였다. 그러나 주택·토지·건물 등에 대한 개인 소유권은 여전히 불허하고 있다. 사경제 활동을 통해 축적한 금융자산도 합법적으로 축적했을 경우에는 소유권 과 상속권을 보장하고 있으나, 비합법적인 방식으로 축적했을 경우에는 법적 징계의 대상이 된다. 그럼에도 불구하고 주택 암거래를 비롯한 형 식상의 개인소유권 확보, 공장기업소 운영에 대한 비합법적인 개인투자 및 간접 경영권 획득은 증가하고 있다.

## 3. 중앙계획에 의한 자원배분체계

북한의 경제체제는 중앙집권적 계획경제체제로서 경제결정권이 중앙 (당과 내각)에 집중되어 있고 국가주도하의 중앙계획에 의해 자원이 배분되어 생산(production) → 분배(distribution) → 교환(exchange) → 소비(consumption) 가 이루어지는 경제체제다.

북한의 중앙집권적 계획경제체제는 6·25전쟁 직후부터 1960년대 까지 사회주의의 전형적인 형태로 구축되었다. 북한은 중앙기관이 계획 작성으로부터 기관기업소의 경제관리 운영에 이르기까지 결정권을 행 사하며, 일원화·세부화된 통제를 강화함으로써 경영활동에 대한 중앙 의 유일적 지도를 실현해왔다. 1965년부터 도입된 계획의 일원화·세부 화는 국가계획위원회 산하에 지구계획위원회와 공장·기업소 계획부서 를 두고 계획체계의 중앙집권화를 강화시킨 대표적인 예다. 이 과정에 경제에 대한 당적 지도가 체계화되었으며 경제관리가 당의 정책적 요구 에 맞게 이루어지도록 통제하는 경제관리체계가 공고화되었다.

이러한 북한의 중앙집권적 계획경제체제에 의한 자원배분체계는 1990년대 중반 경제위기 이후 분권화되기 시작하였다. 경제난 이전까지 북한의 경제활동 단위들은 중앙계획에 의해 배분된 자원을 공급받아 생 산활동과 경영관리를 하는 운영방식에 의존했었다. 따라서 독자성과 자율성을 완전히 보장받지 못하였다. 그러나 경제위기를 극복하는 과정에서 계획지표의 분권화, 공장기업소 자율적 운영의 부분적 허용, 인센티브제의 도입 등과 같은 경제정책들이 시행되어 중앙집권적 권한이 일부분 지방과 공장기업소로 분권화되고 있다.

현재 북한 경제에서 중앙에 의한 계획수립 및 자원배분은 중대한 국가경제지표에만 집중된다. 그 외의 계획지표들은 지역경제가 위임받고 있으며, 공장기업소가 결정할 수 있는 기업소지표로도 분산되고 있다. 특히 2002년 '7.1조치(새로운 경제관리개선조치)', 2010년 '사회주의 기업소법'의 제정(2014·2015년 개정), 2012년 6월 28일 '우리식 경제관리 방법', 2014년 5월 30일 '사회주의 기업책임관리제'에 의해 계획작성, 경영자금 조달, 자재확보 및 판매에서 중앙의 권한을 분권화하고 있다. 이에 따라 공장기업소와 협동단체의 독자적인 경영활동 여건이 보장되고 평균주의를 타파한 인센티브제도의 도입으로 분배 권한이 증가하고 있다.

이러한 정책의 시행은 사실상 전통적인 사회주의 경제관리방법과는 위배되는 부분이다. 그럼에도 불구하고 북한은 1990년대 중반 경제위기로 재정적 보조를 받을 수 없게 된 북한의 공장기업소들이 자율적 운영을 하도록 허용하였다. 이에 따라 공장기업소들은 시장을 통해 부를 축적한 개인의 자본을 대부형식으로 활용하여 계획지표를 생산하고 판매하고 있다. 한편, 생산현장에 종사해야 할 근로자들에게 장사할 시간을 주는 대가로 매월 납부금(8.3금액)을 받아 국가기업이익금 등의 기업운영자금을 조달받고 있다. 이 과정에 기업소 이익창출에 기여할 수 있는 기업소지표를 선정하여 생산에 필요한 원자재를 사회주의 물자교류시장을 통해 구입하고 생산한 생산물을 판매하는 현상들이 증대되고 있다.

## 4. 상설시장의 공식적 운영

북한에서 계획경제와 시장의 공존은 현재의 북한 사회주의 경제체제의 특징을 규정짓는 주된 요인이다. 이러한 특징은 2003년 '상업개혁조치'의 일환으로 북한당국이 지역별 상설시장을 공식 운영하기 시작한데서 출발되었다.

북한의 계획경제체제하에서 시장의 형성 및 변천은 농민시장→ 자생적 암시장→ 지역별 종합시장의 3단계 과정을 거쳤다. 1단계는 1950년대 초반에 출현하여 운영되었던 농민시장, 2단계는 1990년대 중반 경제난 시기 자립적으로 생존해야 했던 북한 주민들의 생존노력에 의해 아래로부터 형성된 암시장(Black Market), 3단계는 2003년 계획경제하에 시장을 공식운영하기로 한 북한당국의 정책에 의해 개설된 종합시장이다.

〈표-1〉 북한의 시장 형성 및 변천 과정

| 분류 | 농민시장 | 암시장 | 종합시장 |
|---|---|---|---|
| 설립연도 | 1958년 | 1990년대 초중반 | 2003년 |
| 설립배경 | 6·25전쟁 | 경제난 | 7.1조치 실패 |
| 운영형식 | 규제 – 10일에 1회 운영 | 자생적 운영 – 매일 | 국가규제 – 매일 운영 |
| 가격규제 | 상한제 | 무관 | 상한제 |
| 매매품목 | 텃밭 생산 농토산물<br>(대량 도매 금지) | 모든 품목 | 모든 품목<br>(국가통제품목 제외) |

자료출처: 정은찬, '북한시장의 경제사회적 기능과 한계', 『KDB북한개발』, 통권 7호, 2016, pp. 58 – 95.

농민시장은 사회주의 과도기에 존재하던 시장형태로서 6·25전쟁 시기에 출현되었다. 전시상황에 맞게 텃밭에서 생산한 소량의 농토산물 매매를 시작으로 부분적으로 운영되다가 1958년 공식적으로 제도화되었다. 이후 농민시장은 10일에 1회(매월 1, 11, 21일) 개장하는 것을 원칙으로, 매매 품목에 대한 제한(개인 텃밭에서 생산한 농축산물, 농토산물 및 가내부업 제품 소량 매매), 시장가격 상한제 등의 국가규제 하에 운영되었다.

1970년대 들어 농민시장은 한시적으로 통제되었다가 1980년대 중반 다시 등장하여 도시지역으로 확산되었다. 1990년대 초반부터 식량 미공급이 지속되고 경제위기가 가속화되자 농민시장은 북한 주민들 속에서 '장마당'으로 통칭되며 자생적 암시장으로 거듭났다. 암시장에서는 금지된 곡물 및 공산품의 불법적 거래가 증가하고 이 과정에 자본주의 시장경제의 맹아가 북한경제에 고착되기 시작하였다.

1990년대 중반 국가배급제도의 붕괴로 암시장은 북한주민의 자립 생존 장터로 급부상하였다. 아래로부터 광범위하게 확산되던 암시장은 2003년 북한의 시장운영 공식화 조치로 지역별 상설시장(종합시장)으로 공식 운영되게 되었다. 북한에서 운영되고 있는 지역별 종합시장(소비재시장)은 약 500여 개에 달한다. 대표적인 시장으로 평양시 통일거리시장, 평성시장, 청진수남시장 등을 들 수 있으며, 각 지역 도·시·군 소재지에 시장이 분포되어 있다. 이러한 시장은 소비재시장으로서 북한 주민의 생존장터로 활용되고 있으며 사회주의 공급제도에 의해 공급받지 못하는 식량 및 생필품을 구입할 수 있는 창구가 되고 있다. 한편, 공장·기업소들 간에 원자재 거래를 공식적으로 허용한 생산재시장도 2003년 6월 사회주의물자교류시장, 2005년 수입원자재 거래를 목적으로 한 수입물자교류시장 형식으로 개설되어 운영되고 있다.

김정일 통치시기 북한은 시장의 과잉확산을 막기 위한 시장억제정책을 추진(2005~2009년까지)하였으나, 김정은 집권 이후에는 시장 확산에 대해 암묵적으로 묵인하고 제도권 안에서 관리하기 위한 정책적 조치들을 취하고 있다.

북한의 시장은 생산물시장 운영에만 국한된 구조적 한계를 내재한다. 생산요소시장인 자본시장과 노동시장, 부동산시장은 부를 축적한 개인들에 의해 비합법적으로 형성되어 확대되고 있다. 이 과정에 신흥 부자계층과 권력층의 부를 축적하기 위한 유착이 더욱 증가하여 빈부격차를 유발하고 있다.

# 02

# 북한의 경제정책

## 1. 경제정책기조

현 북한의 경제정책기조는 '경제건설 집중 노선'이다. 김정은 체제는 집권 이후 2013년 3월 31일 당중앙위원회 전원회의에서 경제정책기조로 '경제건설과 핵무력건설 병진노선'을 제시하였다. 이 노선은 김일성 통치시기의 '경제건설과 국방건설 병진 노선'과 김정일 통치시기의 '선군경제건설노선'을 계승한 정책이다. 북한은 병진노선에 대해 핵무력 강화에 의한 과학기술발전 도모, 이를 통한 여타 경제부문 발전 유인, 국방비를 추가적으로 들이지 않고도 전쟁 억지력과 방위력의 효과를 높여 경제건설과 민생경제에 집중할 수 있는 정책이라고 주장하였다. 이러한 북한의 병진노선은 국방부문에 대한 과잉예산배분으로 산업부문의 불균형을 초래하고 소비재산업 발전을 위축시켜 민생경제의 어려움을 가중시키는 한계를 안고 있다. 또한 국제적인 대북제재를 촉진시켜 내수경제 침체에서 벗어날 수 있는 경제회생 출로를 차단시키고 있다. 병진노선을 추진하는 과정에서 김정은 체제는 네 차례의 핵실험과 수십 차례의 미사일 발사시험을 강행하여 유엔안보리와 미국 등을 비롯한 각국의 대북제재를 받고 있다. 이후 북한은 2018년 4월 20일 병진노선의 완성선언과 동시에 경제건설에 총력을 집중할 것임을 선포하였다.

## 2. 대내경제정책

　북한은 '경제강국'을 건설하기 위해 경제분야의 주요 목표로 '국가경제발전 5개년 전략(2016－2020)'을 추진하고 있다. '국가경제발전 5개년 전략(2016~2020)'은 노동당 7차 대회(2016.5)에서 제시되었다. 핵심내용으로는 (1) 전력문제의 해결, (2) 석탄·금속·철도운수 부문의 획기적 발전, (3) 기계·화학·건설·건재공업부분의 발전, (4) 농업·수산업·경공업부문에서의 민생경제 돌파구 마련, (5) 대외무역·합영합작, 경제개발구 등 대외경제관계의 확대 발전, (6) 사회주의 기업책임관리제의 실효성 제고를 강조한다.

　이 목표 달성을 위해 북한은 과학기술 발전을 수단으로 한 '자력갱생', '자립경제'를 강조하며 내부예비 탐구와 주민 동원에 만전을 기하고 있다. '자립경제'는 김일성 통치시기의 '자립적 민족경제건설 노선'에 뿌리를 두고 있으며, 자체의 원료·자체의 자재·자체의 기술·자체의 노동력으로 민족경제를 건설하는 것을 원칙으로 한다.

　북한의 경제발전에서 '자력갱생' 및 '자립경제' 정책은 김정일 통치 시기 경제위기를 극복하는 과정에서도, 김정은 집권 이후 추진되고 있는 '경제강국' 건설에서도 사회주의 보루를 지키기 위한 최선책으로 거듭났다.

　한편, 북한은 1990년대 중반 경제난 이후 경제위기를 극복할 목적에서 실리추구형 경제정책들을 시행하고 있다. 김정일 통치 시기의 '새로운 경제관리개선조치(2002.7.1.)'와 '상업개혁조치(2003.3)', 김정은 집권 이후의 '우리식 경제관리 방법'(2012.6.28.), , '사회주의기업책임관리제(2014.5.30.)', '포전담당관리제(2012)'가 대표적이다.

　'우리식 경제관리 방법(6.28방침)'은 주요 내용으로 (1) 국가가 협동농장과 국경기업에 대해 생산에 필요한 비용(자재와 원자재 구입비용)을 지불하고, (2) 생산물의 판매 수입은 국가와 생산단위(농장과 공장·기업소)간에 일정한 비율로 배분하며, (3) 지불되는 대금과 분배금에 대해서는 설정된 '가변가격(시장가격)'으로 계산, (4) 주민 편의시설에 한하여 개인투자를 허용하여 이윤의 10~20%를 세금으로 납부하도록 하고 있다.

이후 제시된 '사회주의 기업책임관리제(5.30담화)'는 경제주체의 책임과 역할 강화, 인센티브제 도입에 중점을 두었다. 북한은 사회주의 기업책임관리제에 대해 "사회주의 기업책임관리제는 공장기업소, 협동단체들이 생산수단에 대한 사회주의적 소유에 기초하여 실제적인 경영권을 가지고 기업활동을 창발적으로 하여 당과 국가 앞에 지닌 임무를 수행하며 근로자들이 생산과 관리의 주인으로서의 책임과 역할을 다하게 하는 기업관리방법이다"라고 의미를 부여하고 있다. 이에 따라 공장기업소가 각자 실정에 맞게 독자적인 경영활동을 하며, 사회주의 분배에서 평균주의를 타파하고 인센티브제를 도입하여 올바른 분배방식을 시행하도록 하고 있다. '사회주의 기업책임관리제'를 통해 북한은 근로자들의 책임과 역할을 강화하고 노동의욕을 제고시키며 기업에 일정한 권한을 부여하여 경영활동을 하도록 하고 있다.

2012년 이후 전면 확대된 '포전담당관리제'도 북한이 추진하고 있는 실리추구형 정책이다. 이는 기존의 분조관리제(10~15명)를 가족단위의 영농방식으로 전환하여 구성원수를 3~5명으로 축소한 협동농장 경영방식이다. '사회주의 기업책임관리제'의 시행에 의해 협동농장 농민들이 '포전담당관리제'를 통해 생산한 생산물의 일부분을 자율적으로 처분할 수 있도록 하였으나, 그 실효성은 높지 않다고 알려져 있다.

## 3. 대외경제정책

북한은 외자유치도모를 통해 내수경제를 회생시키기 위한 대외경제정책도 추진하고 있다. 대표적인 정책이 '국가경제개발 10개년 전략(2011~2020)'과 '경제특구 및 경제개발구 설립계획(2013.11)' 공표이다.

'국가경제개발 10개년 전략'은 2011년 1월 15일 공표된 이후 국가

경제개발총국 설립을 통해 업무를 조선태풍국제투자그룹에 위임하는 등 외자유치를 통한 경제발전을 도모하기 위한 경제전략으로 제시되었다. 핵심내용으로 인프라 건설, 농업, 전력, 석탄, 에너지, 금속 등 기초공업의 발전과 지역개발을 강조하였다. 재원조달에 있어 대부분 외자유치로 해결하는 것을 원칙으로 하여 대풍국제투자그룹을 외자유치창구로 지정하였다. 그러나 북한의 핵문제에 대한 유엔 안보리대북제재로 목표를 달성하지 못한 상황이다.

경제특구 및 경제개발구 설립계획은 2013년 11월부터 2018년까지 지속적으로 공표되어 중앙급 경제특구와 지방급 경제개발구 28곳이 지정되었으나, 현재 추진이 어려운 상황이다. 선대지도자시기부터 추진되었던 기존의 4대 경제특구인 나선 경제무역특구(1991.12. 설립, 현재 운영 중), 금강산관광특구(2002년 지정, 2008년 7월 중단), 개성공업특구(2002년 지정, 2016년 2월 중단), 황금평·위화도경제특구(2011년 지정, 2013년 12월 중단) 중 유일하게 운영되는 특구는 나선 경제무역특구이다. 금강산관광특구는 2008년 7월 한국관광객 피격사건으로 중단되었고, 황금평·위화도경제특구는 2013년 12월 장성택 숙청 이후 중단된 상태다. 개성공업특구도 2016년 2월 10일 북한의 4차 핵실험에 따른 우리정부의 조치로 중단되었다. 다만 원산-금강산관광지대는 현재 추진 중에 있다.

〈그림-1〉 북한의 '국가경제개발 10개년 전략 계획' 내용(조선대풍그룹 발표)

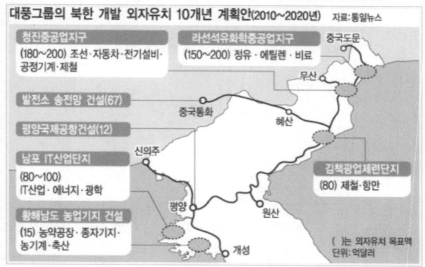

자료: 경향신문('11.10.6.), '북한, 평양 축으로 Y자형 국토개발: 조선대풍그룹 내세워 1,000
     억 달러 유치 10년 계획'(* 그림 내용 중 괄호 안의 숫자는 투자유치 규모: 억 달러)

〈그림-2〉 북한의 경제특구 및 경제개발구

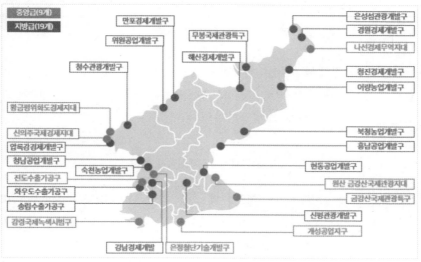

출처: '북한이해', 통일부 통일교육원, 2020.

# 03

## 북한의 경제 현황

　한국은행이 추계한 2018년 8월 기준 북한의 국민총소득(명목 GNI) 규모는 35조 9,000억 원, 1인당 국민총소득 수준은 142.8만 원이다. 남한의 GNI(1,898조 5,000억 원)와는 52.9배, 1인당 GNI(3,679만 원)와 비교할 때 25.8배의 격차를 보이고 있다.

### 〈표-2〉 북한 국민총소득 추이

| 연도 | '05 | '07 | '08 | '10 | '11 | '12 | '13 | '14 | '15 | '16 | '17 | '18 |
|---|---|---|---|---|---|---|---|---|---|---|---|---|
| GNI | 24.7 | 24.8 | 27.3 | 30.0 | 32.4 | 33.4 | 33.8 | 34.2 | 34.5 | 36.3 | 36.6 | 35.9 |

출처: 한국은행, '2018년 북한 경제성장률 추정 결과'

　북한의 경제성장률은 1990년대 중반 마이너스에서 2000년대 들어 플러스 성장세를 회복하였으나, 2017년 마이너스 3.5%, 2018년 마이너스 4.1%를 기록하며 현재 저성장기조의 추이를 보이고 있다.

### 〈표-3〉 북한의 경제성장률 추이

단위: %

| 연도 | '95 | '00 | '05 | '10 | '11 | '12 | '13 | '14 | '15 | '16 | '17 | '18 |
|---|---|---|---|---|---|---|---|---|---|---|---|---|
| 성장률 | −4.4 | 0.4 | 3.8 | −0.5 | 0.8 | 1.3 | 1.1 | 1.0 | −1.1 | 3.9 | −3.5 | −4.1 |

출처: 한국은행, '북한 경제성장률 추정 결과' 연도별 재구성

북한의 국내총생산 산업별 비중은 서비스업(31.7%), 농림어업
(22.8%), 제조업(20.1%), 광업(11.7%)(남한은 서비스업(58.3%), 제조업
(30.4%), 건설업(5.9%))이다.

<표-4> 북한의 산업부문별 성장률 추이

단위: %

| 구분 | '94 | '97 | '99 | '02 | '04 | '06 | '09 |
|------|------|------|------|------|------|------|------|
| 농림어업 | 2.8 | -2.7 | 9.2 | 4.2 | 4.1 | -2.6 | -1.0 |
| 광업 | -5.2 | -15.8 | 14.2 | -3.8 | 2.5 | 1.9 | -0.9 |
| 제조업 | -3.9 | -18.3 | 7.9 | -1.5 | 0.3 | 0.4 | -3.0 |
| (경공업) | 0.1 | -14.2 | 2.9 | 2.7 | -0.2 | -0.6 | -2.1 |
| (중공업) | -5.5 | -20.3 | 10.4 | -3.9 | 0.6 | 1.0 | -3.5 |
| 건설업 | -26.9 | -10.0 | 24.4 | 10.5 | 0.4 | -11.5 | 0.8 |
| 서비스업 | 2.3 | 1.1 | -1.7 | -0.2 | 1.3 | 1.1 | 0.1 |
| | '11 | '13 | '14 | '15 | '16 | '17 | '18 |
| 농림어업 | 5.3 | 1.9 | 1.2 | -0.8 | 2.5 | -1.3 | -1.8 |
| 광업 | 0.9 | 2.1 | 1.6 | -2.6 | 8.4 | -11 | -17.8 |
| 제조업 | -3.0 | 1.1 | 0.8 | -3.4 | 4.8 | -6.9 | -9.1 |
| (경공업) | -0.1 | 1.4 | 1.5 | -0.8 | 1.1 | 0.1 | -2.6 |
| (중공업) | -4.2 | 1.0 | 0.5 | -4.6 | 6.7 | -10.4 | -12.4 |
| 건설업 | 3.9 | -1.0 | 1.4 | 4.8 | 1.2 | -4.4 | -4.4 |
| 서비스업 | 0.3 | 0.3 | 1.3 | 0.8 | 0.6 | 0.5 | 0.9 |

자료: 통계청, '2018 북한의 주요 통계지표'/ KOSIS, '남북한 산업별 성장률'

북한의 에너지 공급은 대부분 수력에 의존하고 있다. 전력산업구조
에서 북한은 수력의존도가 67% 이상을 상회하며 나머지는 화력에 의존
하고 있다. 1990년대 중반 경제위기 이후 경제회생에서 에너지문제 해
결은 가장 중요한 과제로 제기되고 있다. 김정은 집권 이후 태양광발전
기 활용 등의 에너지 해결 대안을 추진하고 있으나 여전히 부족한 상황
이다.

<표-5> 북한의 에너지 공급 추이

단위: 만 톤, 만 배럴, 억kwh

| | '96 | '98 | '00 | '04 | '08 | '12 | '13 | '15 | '16 | '17 | '18 |
|---|---|---|---|---|---|---|---|---|---|---|---|
| 석탄생산 | 2,100 | 1,860 | 2,250 | 2,280 | 2,506 | 2,650 | 2,850 | 2,749 | 3,106 | 2,166 | 1,808 |
| 원유도입 | 686 | 369 | 285 | 390 | 387 | 383 | 384 | 385 | 390 | 3,850 | 3850 |
| 발전량 | 213 | 170 | 194 | 206 | 255 | 215 | 221 | 190 | 239 | 235 | 249 |

출처: 통계청, '2018 북한의 주요 통계지표'

다음으로 북한의 식량수요량과 생산량 추이를 보면 매해 식량수요 550만 톤을 충족할 실제 생산량은 2016년 이후 약 480만 톤 수준에 있다.

<표-6> 북한의 식량 수요량 vs 생산량 추이

단위: 만 톤

| 연도 | '97 | '00 | '02 | '04 | '06 | '08 | '09 | '11 | '12 | '13 | '14 | '15 | '16 | '17 | '18 |
|---|---|---|---|---|---|---|---|---|---|---|---|---|---|---|---|
| 금년 수요량 | 530 | 518 | 536 | 548 | 560 | 540 | 548 | 534 | 540 | 543 | 537 | 549 | 550 | 561 | 552 |
| 전년 생산량 | 369 | 422 | 395 | 425 | 454 | 401 | 431 | 425 | 445 | 484 | 503 | 507 | 480 | 481 | 472 |

출처: 통계청, '2018 북한주요통계지표', 농촌진흥청 최신자료 참조

대외거래에서 2017년 기준 북한의 무역총액은 55억 5,000만 달러 (남한 1조 521억 730만 달러 대비 1/190)이며 수출액은 18억 달러(남한 5,737억 달러 대비 1/324), 수입액은 38억 달러(남한 4,785억 달러 대비 1/127 수준)였다. 그러나 2018년 28.4억 달러로서 대북제재의 영향을 받아 전년 대비 절반으로 규모가 축소되었다. 북한의 대외교역에서 중국과의 교역규모는 95% 이상을 차지한다.

<표-7> 북한의 대외교역 규모와 북중교역 비중

단위: 억 달러

| 연도 | '99 | '00 | '02 | '04 | '06 | '08 | '10 | '12 | '14 | '15 | '16 | '17 | '18 |
|---|---|---|---|---|---|---|---|---|---|---|---|---|---|
| 총교역 규모 | 14.8 | 19.7 | 22.6 | 28.6 | 30.0 | 38.2 | 41.7 | 68.1 | 76.1 | 62.5 | 65.5 | 55.5 | 28.4 |
| 북중교역 | 3.7 | 4.8 | 7.3 | 13.7 | 16.7 | 27.8 | 34.6 | 59.3 | 68.6 | 57.1 | 60.5 | 52.5 | 27.2 |
| 비중(%) | 25 | 24.4 | 32.3 | 47.9 | 55.7 | 72.8 | 83 | 87.0 | 90.1 | 91.3 | 92.4 | 94.6 | 95.8 |

자료: 대한무역투자진흥공사, 『북한의 대외무역동향』, 각 연도

　　현재 북한경제는 전통적 계획경제방식에 의해 유지되는 국영기업 비중은 30%에 국한되고 대외무역에서 중국 의존도는 현저히 높은 상황이다. 김정은 체제는 경제회생을 위한 근본적인 대책을 강구해야 할 과제를 안고 있다.

04

# 북한 경제의 향후 전망

현실 사회주의 체제들은 그 체제를 유지하기 위해 체제전환 혹은 개혁개방의 경제변화를 필수적으로 선택해 왔다. 소련과 동구권 사회주의는 급진적 체제전환의 사례로서 정치개혁과 함께 급진적인 경제개혁을 실시(Big bang, Shock therapy)하여 국영기업의 사유화, 가격자유화, 기업활동 통제완화, 예산제약의 경성화, 복지정책의 축소, 사경제활동 장려, 대외무역 자유화 등의 전환을 추진하였다. 중국과 베트남은 점진적 체제전환의 사례로서 정치체제는 유지하면서 경제체제만 점진적으로 전환하여 일정기간 국가부문과 사적 경제영역을 병행하는 이중경제구조를 유지하고 시장의 발전과 사기업 발전을 도모한 이후 국영기업의 사유화를 추진하였다.

북한은 정치체제를 안정적으로 유지하기 위한 경제 분야의 변화를 추진하고 있으나 중국·베트남과 같은 전면적인 경제 개혁개방을 결단하지는 않고 있다. 김정은 체제는 개혁성 있는 경제정책의 시행으로 변화의 기로에 있다는 평가를 받고 있으나, 시장경제제도의 전면 도입과는 거리가 있다. 향후 북한은 정치체제 유지의 선(先) 목적에서 크게 이탈하지 않을 것으로 판단되며, 따라서 경제 분야의 시장 관련 개혁은 점진주의(gradualism)로 추진될 것으로 전망한다.

1. 계획경제와 시장이 공존하는 북한의 경제현황은 어떤 시사점을 주는가?

2. 북한 내 시장 확산은 북한 주민의 자발적 의식변화에 어떤 영향을 미치고 있는가?

3. 북한경제발전을 위한 최선책은 무엇이며, 과연 우리는 이를 위해 무엇을 해야 할 것인가?

이 주제와 관련 동영상
〈평양교원대학을 찾아서〉
출처: 조선신보

1. 북한의 교육제도와 정책을 역사적 맥락에서 분석한다.
2. 시기별 정책 변화가 가져온 교육현장의 실상을 조망한다.
3. 현 시기, 북한이 안고 있는 교육의 문제점을 가늠한다.

# 북한 교육제도 이해

내용요약

　　교육은 인격형성에 직접적인 작용을 하며 사회를 개선하는 역할을 수행한다. 해방과 소련군 점령, 6·25전쟁과 전후복구, 치열한 체제경쟁을 거쳐 오늘에 이르기까지 북한의 교육은 공산주의적 '인간개조'의 목적 아래 일관되게 그 역할을 담부해왔다.

　　소군정기 도입된 교육 제도와 정책은 1950년대 중반 '주체'의 등장과 함께 독자노선을 지향하게 된다. 이후 주체 확립기로 일컬어지는 1970년대까지 북한은 정권 초기 추구하였던 마르크스-레닌주의의 교조적 계승에서 벗어나 혁신적 계승의 원칙을 내세우자 자연히 교육의 변모가 뒤따르게 되었다. 이어 북한 주민 전체에 대한 강력한 주체사상 교육이 진행되었다. 학교는 물론 그러한 정책의 전초기지로 기능하였다.

　　북한에서 교육은 시종일관 사상의식이 가장 최우선으로 강조되는 조건에서 과학기술교육과 체력단련교육을 결합하는 것을 원칙으로 내세우고 있다. 그러면서도 시대별 상황에 맞게 세부적인 변화를 가져왔다. 김일성시대에는 양적으로 팽창하는 교육에 정치사상성을 부여하는 것이 우선시되었으며 체제의 구축 및 공고화시기에 맞게 과학기술교육보다 정치사상교육이 훨씬 강조되었다. 하지만 그로 인한 폐해를 줄이기 위해 과학기술교육과 외국어교육이 상대적으로 강조되고, 동구사회주의가 무너진 시기에는 다시 '우리식 사회주의 우월성'교육이 강화되었다.

　　김일성 사후, 엄혹한 '고난의 행군'과 함께 김정일 정권이 출발하였다. 교육계에 엄습한 시련은 학생들의 학습권과 교사들의 교권에 지대한 영향을 미쳤다. 주체사상의 가시적 효과가 사라지고 '공교육의 붕괴'라는 최악의 사태를 맞이한 당국은 이를 타개하기 위해 명분보다는 실리를 앞세우는 교육정책을 궁여지책으로 제시하기도 하였다.

　　김정은 정권이 들어선 2012년 9월 '전반적 12년제 의무교육을 실시함에 대하여'의 법령이 통과되었다. 2016년 5월, 제7차 로동당대회에서는 '사회주의 강성국가 건설'이라는 국가적 목표 달성을 위해 교육 분야의 세부 목표로 교육사업의 질 개선을 통한 '인재강국' 실현과 '전민과학기술 인재화' 실현을 내세웠다. 이는 세계적 추세에 뒤처지지 않는 문명국으로서의 체모를 갖추기 위한 노력으로 간주된다. 김정은은 최근 '총대'와 '붓대'의 중요성을 강조한 바 있다. 즉 군인과 인텔리의 중요성을 강조한 것이다. 4차 산업혁명의 시대, 북한은 교육을 통해 일약 도약을 꾀하고 있다. 세계 보편국가의 수준에 걸맞는 교육의 정보화, 원격화 그리고 융복합적이고 창의적인 교육내용과 방법의 개편을 추구하고 있다.

# 01

## 김일성 시대의 교육

### 1) 양적 성장과 정치사상교육

해방과 더불어 북한에 주둔한 소련군에 의해 실시된 교육정책은 일본 식민지의 잔재를 청산하는 것과 학교교육의 기회를 박탈당했던 인민의 자녀들에게 교육의 기회를 제공하기 위한 것으로서 이를 위해 교육기관의 국영화 및 교육시설의 확충이었다. 그 역할 모델은 오로지 소련이었다. 북한 전역에서 일제 강점기의 교육을 식민지 교육으로 규정하고 그 잔재를 일소하는 것과 동시에 '스탈린 시기의 선진적인 교육의 내용과 경험'을 교조적으로 흡수하여 새로운 교육 제도를 마련하는 사업이 진행되었다. 소련의 전폭적인 지원을 받으며 소련의 교육제도, 교육목표, 행정체계 및 그 내용과 방법론을 옹근 도입하였다.

한편 해방 후 단 한 개의 대학도 갖고 있지 않았던 북한에서 주민들의 교육열망은 학교건설과 '문맹퇴치운동'으로 이어져 단기간 내에 급속히 양적 성장을 이룩하였다. 1946년 3월 '토지개혁에 관한 법령'발포와 동년 10월 김일성종합대학 창립 선포(총 7개 학부, 24개 학과, 30개 학급, 68명의 교원, 1,500명)는 오랜 식민지에서 오는 북한주민들의 숙원인 토지와 교육의 문제를 해결하여 그 한을 풀어 주는 좋은 계기가 되었다. 이후 2~3년에 걸쳐 강력하게 실시되어 문맹률 10% 이하로 만든 '문맹퇴치운동'은 전인민적인 대중운동이었다.

종합대학 건설 이후 가장 먼저 추진한 사업은 사범대학 및 교원대학의 확장이었다. 1946년 10월 9개의 사범전문학교가 설립되었으며, 1948년 2월 북조선임시인민위원회 제4차 회의에서 평양사범대학을 내오도록 결정하여 당시 13개 사범전문학교(3년제)와 4개의 교원대학(2년제), 1개의 사범대학(3년제)로 확장되어 4,845명의 학생들이 공부하였다.

보통교육을 위한 학교건설 사업은 가히 기록적이었다. 1944년 당시 북한지역의 국민학교(초등학교)는 1,372개교 87만 8,000여 명의 학생이었으나 1946년에는 인민학교(초등학교)가 2,482개교로 1,110개나 증설되었고 학생은 118만여 명에 달하여 31만 명이 증가하였다. 1944년 당시 북한지역의 중학교는 50개교 1만 7,000여 명의 학생이었으나 1946년 중학교는 217개교 7만여 명의 학생으로 늘어났다. 이는 남북으로 갈라져 각각의 정통성과 우월성을 과시해야 하는 상황에서 주민들의 지지를 얻어내고 위세를 과시하는 효과를 가져왔다.

1950년 6월 25부터 3년간 계속된 한국전쟁은 김일성의 권력을 한층 강화시켰다. 전후에는 소련의 영향으로부터 점차적으로 벗어나는 독자노선을 취하면서 김일성의 우상화작업을 본격적으로 진행하기에 이른다. 마르크스-레닌주의의 창조적 적용이라는 명분 아래 '주체'를 들고 나왔고, 그것을 '주체사상'으로 발전시켰으며, 종국에는 김일성의 유일사상체계 강화로 이어졌다. 이러한 북한사회의 변화는 전민에 대한 사상교육을 통한 '인간개조'로 일관되었고, 교육이 그 지대한 역할을 담당하였다.

1956년 4년제 초등의무교육제, 1958년 7년제 중등의무교육제의 실시는 북한 주민들에게 소련파와 연안파와 같은 사대주의자들과의 권력투쟁에서 승리한 김일성정권을 지지하고 그 우월적 지위를 체득시키는 계기로 작용하였다.

북한의 인간개조는 원초적으로 이기심을 가진 인간에게 끊임없는 사상교육을 진행하여 높은 도덕성을 지니게 하고, 자신보다는 수령에게 충실한 인간을 만들 수 있다는 것을 전제로 하고 있다. 이러한 정치사상교육의 내용에는 수령의 위대성 교양, 혁명전통 교양, 사회주의 우월성 교양, 집단주의 교양, 사회주의 애국주의 교양, 혁명적 원수에 대한 계급 교양, 반제반미 교양, 우리민족제일주의 교양, 공산주의 승리에 대한 신념 교양, 노동을 신성하게 여기도록 하는 교양 등이 있으며 매우 다양하게 구성되어 있다.

교육과정에 정치사상성을 보장함에 있어서도 시대별 변화를 반영하였는바, 마르크스－레닌주의에서 출발한 사회주의 이념 교육은 1950년대 국내외의 수많은 사건을 경험하면서 변화하였다. 김일성 정권 초기의 마르크스－레닌주의 사상교육은 1953년 스탈린의 사망과 1956년 스탈린 격하운동으로 말미암아 '주체의 확립'과 사대주의를 타파하기 위한 사상교육으로 전환되었고 교육과정에서 러시아의 그늘에서 벗어나기 위한 노력을 기울였다. 당시 학교에 걸려 있던 러시아 위인의 사진들과 미술작품들, 러시아의 춤과 노래들이 전부 사라졌다.

전반적 중등의무교육의 실시와 관련하여 중등교원의 대량 양성을 위한 교원대학과 사범대학 확장에 주력하여 당시 대학의 수는 37개로 증가하였고 수백 개의 중등학교들이 건설되었다. 1958년 '농업협동화'를 완성하고 모든 농민들을 집단농장에 망라시킨 후 농민들의 작업성과에 따라 배분받도록 하는 분배제도를 실시하였으며 사회주의적인 경제시스템인 전인민적소유 및 협동적 소유체제를 완성했다고 선포하였다.

1960년대 중소분쟁은 북한 지도부의 독자노선의 정당성을 부추기고 주체를 확립하기 위한 촉매제로 작용한다. 김일성의 신격화에 장애가 되는 '낡고 봉건적인 사상'과 '유교사상'을 청산하고 오로지 김일성만을 '신'으로 받드는 사업에 중점을 두었다. 1967년에는 9년제 기술의무교육제를 실시해 '전민교육'의 화살을 당겼다.

1970년대에는 마르크스－레닌주의가 상대적으로 약화되면서 주체사상이 유일한 지배사상으로 등장하게 되었고 현재까지 정치사상교육의 핵심을 이루고 있는 '당의 유일사상체계' 확립의 내용이 완성되었다. 북한 당국에게 있어서 교육은 '온 사회의 혁명화, 로동계급화, 공산주의화'를 위한 매우 중요하고 절실한 과정이었기에, 1975년에는 '전반적 11년제 의무교육'을 채택, 무상교육을 실시하여 주민들의 감동을 불러일으켰다.

1970년대까지 북한 교육은 학교나 학생, 교원 숫자, 학제의 산수적 증가에 불과하지 않고 '교육학의 기본원리', '교육이 추구하는 인간상', '교육 목표' 등의 구현과 동시에 정치사상교육의 명확한 방향도 함께 제시하였다. 한마디로 김일성의 유일사상, 주체사상, 혁명사상, 노동계급 사상을 구현하고 그에 적합한 인재를 양성하는 것이 그 주요 핵심이었다. 정치사상교육이 그 어느 교육보다 강조되고 이를 집행하는 사람들이 우위를 점하였다. 그 결과 아이들에게 장래희망을 물어 보면 너도나도 '정치일꾼'이 되겠다고 할 정도였다. 사상교육은 매우 효과적이었으며 이 시기 당원들은 사회주의 사회의 '승리'에 대한 '신념'을 내면화하고 있었다. 북한 당국이 20~30년간 공을 들여 진행한 교육정책으로 획기적인 양적 성장을 달성하였으나 과학기술교육의 질이 담보되지 못한 점은 1980년대 교육정책 변화의 계기로 작용한다.

## 2) 교육의 질적 향상과 과학기술교육

1980년대에 들어서자 그간 남북한의 분단을 의식한 북한 교육이 양적팽창과 사상교육 위주의 정책을 추구한 후과(後果)가 드러나면서 교육의 질적 성장을 추구해야 할 필요성이 대두되었다. 또한 1980년대 초반 김일성은 동유럽순방에서 북한교육의 '낙후성'을 실감하는 몇 가지 일들을 경험하였다. 특별히 중국의 개혁개방정책의 눈부신 성과는 북한 내에 개혁의 바람을 가져왔다. 추후 과학기술교육 및 외국어교육의 강화, 수재교육기관 설립 및 운영 등 획기적인 변화들이 결과하였다.

1970년대까지만 해도 둔재와 수재를 구분하는 것은 자본주의적인 사고 방식으로 치부하면서 혁명성이 뛰어나기만 하면 모든 것을 해결할 수 있는 인재로 평가되던 북한 사회에서 과학기술인재의 소중함을 새로이 인식하게 된 것이다.

이에 따라 새로운 교재의 편찬, 중등교육과정에서 수학·물리·화학 교육 및 영어 교과의 강화, 전국에 10여 개의 수재교육기관을 설립하는 등의 혁혁한 변화가 일었다. 매일과 같이 반복되는 정치사상교육은 1980년대에 들어서면서 그 효과성이 하락하고 있었다. 포화상태에 다달은 교육에 일부의 주민들은 염증을 느끼고 있었다. 1970년대에 부닥친 경제침체는 염세주의를 불러오기에 이른다.

북한 사회에서 1980년대는 사상교육의 내용이나 방식을 기존의 틀에서 바꾸기 위한 노력들이 이어졌다. 특히 전쟁을 경험하지 못한 3세대 및 4세대에 대한 교양사업에서는 그 내용과 방식의 변화가 강조되었다. 그러나 북한사회에서 늘 그러하듯이 '획기적인 변화'를 기대하기란 어려운 것이다.

경제침체는 과학기술자의 부족과 과학기술분야에 대한 투자의 절실함을 느끼게 하였다. 세계적인 정보화 추세에서 뒤처진 북한으로 하여금 위기의식에 사로잡히게 하였는데, 이를 반영하여 1980년 조선로동당 제6차당대회에서 '온 사회의 인테리화' 구호가 나오게 되고, 이를 실현하기 위하여 양적으로 팽창한 교육기관들의 질적 향상을 꾀하였다. 김일성은 "교육의 질이 높지 못하다"고 여러 차례 언급하면서 불만을 드러냈다. 김정일 또한 "학교 교육이 현실 바탕의 요구에 따라 서지 못하여 나라의 과학기술 발전에 도움이 되지 못하는" 상황을 늘 지적하고 나선다. 따라서 대규모의 대학 및 학교의 증설은 자제하고 소규모로 진행하며 기존의 대학 및 전문학교를 비롯해 모든 학교들의 질적 수준을 제고시키기 위한 여러 조치들이 취해졌다.

북한은 정보사회로의 세계적 흐름을 인정하고 이에 뒤지지 않기 위해 IT산업 인재양성에 역량을 집중하였다. 1983년에 각 공학대학에 전자공학부 교육과정을 전면도입한 데 이어 컴퓨터 관련 '과목'의 형태로 진행되던 교육을 '강좌'로 바꾸고 '강좌'는 다시 '학부'로, 그리고 '학부'는 다시 '단과대학'의 형대로 발전시켜 나갔다. 1985년, 평양과 함흥에 4년제 '전자계산기단과대학'을 설립하였다. 또한 1986년에는 김일성종합대학에 '컴퓨터 센터'를 설치하고 인공지능, 프로그램언어 등의 분야에서 우수한 인재들을 양성하기 시작했다. 1980년대부터 연구기관과 대학에 컴퓨터학과 및 양성소를 설치해 외형적 양성체계를 구비하였다. 또한 우수한 인재들을 해외에 유학생으로 파견하여 선진과학기술을 도입하는 것에도 관심을 두었으며 과학기술에서 뒤떨어진 부분을 회복하고자 노력하였다.

1980년대 중반부터 북한에서는 컴퓨터와 외국어 열풍이 일어났다. 당시 컴퓨터 교육을 능숙하게 진행할 만한 교사가 부족하여 시·군별 교수 강습대는 현직 수학교사들에게 재교육을 시키는 방식으로 그 수요를 충당하고 있었다. 또한 영어교육을 강화해야 하는 명분으로 첫째는 선진과학기술을 받아들여 북의 것으로 만들기 위함이었고 둘째는 북한의 주적인 미국을 잘 알고 그와의 전쟁에서 승리하기 위함으로 정하고 외국어의 중요성을 인식시켰다.

중등교육에서 과학기술교육 및 외국어교육, 컴퓨터교육이 대폭 강화되었다. 고등중학교 6학년 수학교재에 컴퓨터 알고리즘 및 베이직 프로그램 편성에 대한 내용을 반영하였고 물리 교과목은 주당 3~4시간, 화학은 주당 2~3시간으로 수학은 주당 6~7시간을 집행하였다. 특히 외국어 교육의 비중이 커졌고 그중 영어 교육이 강화되어 주당 3~4시간으로 늘어났다.

1989년 북한에서 진행된 '세계청년학생축전'은 북한 내 대학생들에게 신선한 충격을 주었다. 축전에 참석한 남조선의 대학생 임수경의 자유로운 언행과 복장을 보면서 세계와 대한민국의 문화 발달의 조류를 읽었고 북조선의 열등한 부분을 읽기도 하였다.

1990년 교육위원회는 모든 대학의 교육과정안에 컴퓨터교육을 포함할 것을 특별 지시하였다. 그 이듬해 교육과정부터 컴퓨터 교육이 들어갔다. 한편 이 시기에 3년제 기술전문학교들을 4년제 단과대학으로 승격하였으며 그렇지 못한 전문학교들은 2년제 기술학교로 하강하였다. 1991년에는 김책공업종합대학에 '컴퓨터양성센터'를, 1996년에는 평양에 '컴퓨터 프로그램 강습소'를 신설하였다. 당시 사범대학 수학학부에 컴퓨터 프로그램에 관한 학과목을 개설하고 알고리즘 및 베이직 프로그램 심화과정을 편성해 관련 지식을 가르쳤다. 컴퓨터 실습은 당시 IBM 컴퓨터가 구비되어 있는 대학들과 연결하여 진행하였다.

이렇듯 과학기술교육 및 외국어교육이 강화되고 IT교육이 도입되었지만 이 역시 사상교육을 전제로 한 것이었다. 고등중학교 고학년 과정에서 '위대한 수령 김일성동지 혁명력사' 과목이 주당 2~3시간으로 편성되어 있었으나 1980년대 중반부터 '친애하는 지도자 김정일동지 혁명력사' 교과목이 주당 1시간 추가되어 정치사상교과목 비중이 오히려 늘어나게 된다. 현재는 각 2시간씩 배정되어 있다. 아무리 뛰어난 인재라 할지라도 수령에게 충성을 다하지 않을 때에는 인재로 인정하지 않는다는 원칙에 변함이 없었다.

1984년 최초로 '평양제1고등중학교' 및 도별 제1고등중학교를 설립하고 본격적인 수재교육을 시작하게 된다. 김정일은 중학교의 화학과 물리를 비롯한 자연과학 과목의 교과내용들이 20년 전이나 30년 전과 별로 차이가 없다고 불만을 토로하면서 본보기 학교인 평양제1고등중학교에서 현실적 요구에 맞게 합칠 것은 합치고 없앨 것은 없애는 방향에서 설정해야 한다고 강조하였다. 당시 도별 제1고등중학교는 인민학교(현재의 소학교)를 졸업하고 중학교 1학년부터 입학하는 경우와 고등중학교(현재의 중학교) 3학년을 마치고 4학년에 편입하는 제도를 도입하였는데, 학교 ⇒ 시·군 ⇒ 도의 순으로 시험을 실시하여 성적이 우수한 학생들을 선발하였다. 제1고등중학교에는 우수한 교사가 배치되고 기초과학분야의 교재는 상당한 수준을 갖추고 있었다. 한편 량강도 보천에는 김일성고등물리학교를 세웠다. 이는 제1고등중학교와 비슷한 성격을 띠었다. 수재교육은 일반학교 ⇒ 도제1고등중학교 ⇒ 평양제1고등중학교 피라미드식 형식으로 전개하였다. 즉 일반학교의 우수생들은 도별 수재학교로 선발되고 도별 제1중학교의 우수생들은 평양제1중학교로 편입되는 방식이다.

　　일명 수재학교라고도 불리는 제1고등중학교는 남한의 과학고와 비슷한 성격을 띠고 있으며 기초과학 및 이공계분야의 인재를 양성하고자 하는 목적으로 설립된 것이다. 1980년대 당시 집안 '성분'이 좋지 않아도 성적이 우수하면 들어갈 수 있도록 개방하기도 하였다. 물론 '성분'이 좋지 않은 집안의 자녀일 경우에는 아주 뛰어난 경우에만 해당되었다.

　　수재학교를 졸업하게 되면 인문계로 진출하지 못하도록 제한하여 반드시 이공계를 전공하도록 유도하고 있었다. 수재학교를 졸업한 학생들은 우리의 수능시험에 해당하는 '전국대학입학예비판정시험(또는 정무원시험)'에서 제외되어 무시험으로 대학추천권을 받아 대학 본고사에 응시할 수 있었다. 남학생의 경우에는 군대에 입대하지 않고 '직통생'으로 입학이 가능하도록 하였다.

## 02

# 김정일 시대의 교육

## 1) 공교육의 붕괴

1989년에 일어난 동구 사회주의권의 3대 사건인 중국의 천안문사태, 베를린장벽의 붕괴, 루마니아 차우세스쿠의 인민재판 처형은 사회주의 국가들의 개혁개방을 촉진시켰다. 그 후 한-소 및 한-중 수교로 인해 사회주의 대국들로부터 뼈아픈 배신을 경험한 북한은 '우리식 사회주의'의 구호를 외치며 자구책을 모색한다. 결국 폐쇄적인 교육정책으로 이어졌는데, 정치사상교육 즉 '주체사상' 교육의 강화와 이에 자연스럽게 뒤따른 과학기술과 외국어교육의 위축이었다.

1994년 김일성이 사망하고 나서 1995년부터 시작된 이른바 '고난의 행군'이라는 엄혹한 경제난은 공교육을 위기에 몰아넣었다. 국가의 지원이 사라진 교육현장은 황량해졌다. 교과서와 학용품의 공급이 중단되었다. 학교의 시설 환경이 파괴되어 갔다. 교구 및 실험기자재의 부족이 심각하였다. 이렇듯 교육에 대한 국가의 방기는 교사들의 출근율을 하락시키고 빈곤으로 인해 학업을 이어갈 수 없었던 많은 학생들을 학교 밖으로 밀어내는 비극의 단초로 작용하였다.

1990년대에 이르러 도-농 간, 지역 간의 교육 수혜의 격차가 심각하게 벌어졌다. 농촌의 작은 병설학교(유치원-소학교-중학교)들에는 교사의 부족과 학생 출석률 저하로 폐교 직전으로 몰렸다. 특히 외국어 및 생화학 교과목 교사를 단 한 명도 보유하지 못한 학교가 속출하였다. 농촌학생들은 고등중학교 6년 내내 외국어를 배울 수가 없었다. 화학실험이나 생물관찰을 진행할 수도 없었다. 지역별 소재지에 위치한 몇 개의 학교를 제외한 나머지 대부분의 학교들은 1990년 이전부터 이미 교육당국의 지원에서 사각지대에 놓여 있었다.

북한 전역을 뒤덮은 먹구름은 지역 소재지의 일선학교에조차도 교육기자재 및 교육기구 등의 공급을 중단케 만들었고 정상적인 수업진행이 불가능해 파행적으로 운영되었다.

이와 같이 국가의 지원이 급격하게 감소된 학교 현장에서 교육비용은 고스란히 학부모의 몫이 되었다. 학생들에게는 세외부담이 늘어났다. 학부모의 지원이 없이는 학교를 운영할 수 없는 지경에 이르렀다. 이런 상황은 '고난의 행군'이 끝났다고 선언한 1998년 이후에도 별다른 변화가 없었다. 공교육 전반에 균형 잡힌 국가의 지원은 꿈에 지나지 않았다.

결국 전국의 모든 보통교육기관에 교육예산을 골고루 배분할 수 없는 처지에서 북한당국은 일부 학교를 선택하여 집중적으로 지원할 수밖에 없는 기로에 서게 되었다. 북한은 '모든 학교를 살릴 수 없으니 시·군 별로 1개의 학교라도 살리고자' 하는 목표 아래 제1중학교들을 대폭 확대하여 우수학생을 집중적으로 육성하기로 하였다. 여기에는 타학교들은 스스로 살아남으면 좋다는 식의 셈도 깔려 있었다고 할 수 있다. 이것은 차등교육 정책을 채택한 것이다. 그리하여 1990년대 말 제1중학교 설립에 박차를 가해 1980년대의 12개의 도별 제1고등중학교에서 200여 개의 시·군별 제1중학교로 늘어나게 된다.

## 2) 명분에 앞선 실리 교육

이렇게 재원의 결핍 속에서 김정일 정권은 이념적 명분보다는 실리를 추구하는 교육정책을 실시한 것이다. 1999년 교육에서 '선택과 집중'이라는 극단의 카드는 심각한 교육 불평등을 자아냈다. 북한 전역에 200여 개로 늘어난 제1중학교는 1만여 개의 기존 일반학교 중 선택된 학교들이었다. 시·군별로 1개의 중점학교로 선정된 일종의 특수학교로서 학업성적이 우수한 학생들을 선발하여 편·입학시키고 국가의 투자를 집중하는 정책이었다. 이미 언급했듯이 이는 전적으로 경제난이 가져온 교육지책이었다.

1999년 교육법 제6조는 수재교육원칙으로 "수재교육을 강화하는 것은 사회주의교육의 중요 요구이다. 국가는 수재교육체계를 바로 세워 뛰어난 소질과 재능을 가진 학생에 대한 교육을 원만히 보장하도록 한다"고 명시하고 있다. 김정일은 수재학교의 확장 차원에서 제1중학교 증설을 지시하였다. 도별 제1고등중학교의 성과를 토대로 수재교육을 전국적으로 확산시키고 더 많은 수재를 양성하고자 하는 의도에서였다.

그 결과 자본주의 사회의 양상처럼 자녀들을 제1중학교로 넣으려는 일부 부모들의 치열한 경쟁을 불러와 불법과외가 성행하였다. 특히 대학 입시 및 군복무제도의 혜택으로 결부되는 제1중학교 제도는 어려운 가정형편에도 불구하고 학업 성취도가 높은 다수의 학생들을 배제하는 특권교육으로 변모하였다. 물론 기존의 대입제도 역시 특권적이라는 주민들의 비난을 끊임없이 받아왔지만 이 새로운 교육제도는 당국의 '보이는 손'에 의해 실시되는 '눈에 훤히 보이는' 불평등한 제도였음에 틀림없다.

대대적으로 확장된 제1중학교 교육은 주민들로부터 '수재교육이 아니라 차등교육'이라는 평을 듣게 되었다. 그 수적 팽창에도 교육의 질은 오르지 않았다. 도별 수재교육기관과는 달리, 일반 주민들 가까이로 온 시·군별 제1중학교에 기존 수준에 미치지 못하는 학생들이 진학하게 되자 주민들의 불만이 커져갔다. 지역에서 잘사는 집안과 못사는 집안,

공부 잘하는 학생과 못하는 학생의 구분을 가시화했기 때문이었다.

이러한 교육제도의 문제점은 시·군별 제1중학교의 학생들이 수재가 아니라는 데에 있었다. 그럼에도 당국은 제1중학교 설립 초반인 2000년까지 도별로 설립된 수재학교인 도제1고등중학교의 교재를 차용해 사용하도록 조치했다. 하지만 학생들이 이를 수용하지 못하였다. 그리하며 시·군별 제1중학교 전용 교재를 따로 편찬하게 되었다. 이 교과서는 사실상 일반 중학교와의 교재와 별 차이가 없었다.

제1중학교에는 일반 중학교보다 시설이 양호했다. 우수한 교사의 차출 배정으로 교육 질 역시 고양되기도 하였다. 반면 일반 중학교의 학력수준은 더욱 낮아지고 교사나 학생들의 학습의욕이 저상되었다. 게다가 대학 입학 추천권을 200개의 제1중학교에만 배정하였으니 주민들의 반발을 사기에 족하였다. 주민들의 강한 반발에 밀려 2009년, 정책 실시 10년 만에 200여 개에 이르는 시·군별 제1중학교를 없애고 도별 수재학교 격인 12개의 도제1고등중학교만 남겨 놓아 표면적으로는 '차등교육'의 폐해를 줄였다고 할 수 있다.

대학 내에도 수재교육을 전담하는 수재반이 편성되었다. 수재반 졸업생의 일부는 연구원이나 박사원(여기의 대학원)에 진학하였다. 김일성종합대학의 경우에는 경제학부의 조정경제학과가, 물리학부의 현대물리학과가, 수학학부의 응용수학학과가, 지리학부의 정보지리학과가 각각 수재반으로 선정되어 집중적으로 수재교육을 실시하였다. 김일성종합대학의 컴퓨터학부를 컴퓨터대학으로 개편하고 정보과학과에 수재반을, 김책공업대학에도 정보과학기술대학을 내오고 정보통신학과를 수재반으로, 평양건설건재대학에서는 건축학부의 건축창작학과를 수재반으로, 평양의학대학에서는 임상학부에 수재반을 편성해 운영하였다.

대학교 내에서의 이러한 '수재교육'은 일부 학생에게만 더 좋은 교육수혜가 이루어지는 이런 조치는 교육 조건의 불평등을 양산하였다.

# 03

## 김정은 시대의 교육

김정은 정권이 출범한 2012년에 '전반적 12년제 의무교육제' 실시와 관련한 법령 선포라는 큰 획을 그었다. 1975년 김일성의 '전반적 11년제 의무교육제'가 실시된 지 37년 만의 단행이다.

김정은 집권 초기에 교육법령을 실시한 데에는 여러 속사정이 있었다. 북한은 2012년을 '강성대국'의 해로 정해 놓고 주민들을 설득해 왔다. 정작 '강성대국'의 해가 되었지만 경제사정은 나아진 것이 전혀 없어 주민들의 불만은 한껏 고조되었다. 12년제 의무교육제도 도입 배경에는 이런 주민의 불만을 잠재우는 데 교육시스템 전환이 가장 효과적이라는 정치적 계산이 깔려 있었다. 인민생활을 안정시키지 못하고 있는 상황에서 무상교육의 연장조치는 김정은의 '은덕'을 보여 줄 수 있기 때문이다.

또한 '고난의 행군'과 함께 교육현장에 대한 국가적 지원이 완전히 끊기면서(일부 학교 제외) 최고조로 악화된 교육의 물적 토대, 현저히 낮아진 교육의 질적 형편 등 당면한 교육상황의 암조를 해결해야 하는 현실적인 배경이 있었다. 12년제 의무교육 도입은 주변국과 비교할 때, 학제가 뒤처져 있는 환경적 요인과도 무관하지 않다.

2014년 9월 담화문 "새 세기 교육혁명을 일으켜 우리나라를 교육의 나라, 인재강국으로 빛내이자"에서 김정은은 현시대는 지식경제시대인 것만큼 그 요구에 맞게 중등일반교육을 획기적으로 강화해야 한다는 점을 강조하였다. 또한 '주체적인 입장과 안목'에서 세계적인 교육발전

경험을 수용하여 '우리식' 교육으로 발전시켜 나가야 한다고 역설하였다. 교육개혁 방향은 교육체계의 완비와 지도관리 개선, 교육내용과 방법의 혁신, 교육 조건과 환경의 근본적 혁신을 제시하고 있다.

신규 교육과정에 고급중학교의 지역별 선택과목 도입을 통한 후기 중등교육 강화, 외국어 중 영어 능력 신장, 과학기술교육의 강조 등은 '세계적 추세'를 강조하는 김정은 정권의 특성을 반영한 것이다. 이를 위해 2014년부터 각급학교 1학년의 새 교과서 보급을 시작으로 교육과정과 교과서 개편이 전면적으로 실시되었다. 그러면서도 새 세대들을 정치사상적으로 준비되고 높은 창조적 능력과 고상한 도덕풍모, 건장한 체력을 지닌 다방면적으로 발전된 인재로 키워야 한다는 교원신문의 주장대로 정치사상교육을 강조한다.

2016년에는 1980년 조선로동당 제6차대회 후 36년 만에 제7차로 동당대회를 개최하였다. 여기에서도 '교육사업의 질 개선'이 매우 강조되었다. 12년제 의무교육제 도입에 따른 교육과정의 전면 개편, 교육환경의 개선 등이 언급되었다. 그 정책과제로는 창조적 인재 양성, 도농간의 교육 격차 해소, 기술교육 강화, 교종체계 정비 등이 제시되었다.

2016년 교원신문은 교육에 대한 사회적 관심이 높아지고 교육체계와 내용, 교육조건과 환경을 개선하는데서 적지 않은 성과가 이룩되었지만 아직도 전반적 교육 수준 특히 중등일반교육 수준은 현실적 요구의 절반 정도에도 미치지 못한다고 지적하고 나서 뒤떨어진 교육 수준에 대한 교육당국의 다급한 문제의식을 보여 주었다. 북한이 강화하고자 하는 전반적 중등일반교육의 강화, 특히 과학기술 및 정보화교육 강화라는 목표를 달성하기 위해서 고급중학교에서의 전문적인 정보화교육 및 현대기술교육이 강조되었다.

김정은 정권 출범 이후 최근까지 '문명대국, 인재강국'의 기치 아래 추구하는 중등일반교육에서의 정책개선방향은 노동신문 및 교원신문, 교원수첩을 분석한 결과 크게 5가지로 드러났다.

첫째, 중등일반교육체계를 지식경제시대의 요구에 맞게 정비하고 개선해나가는 것

둘째, 정치사상과목을 비롯한 모든 교과목들에서 교육강령을 혁신하는 것

셋째, 중등학교의 교육조건과 환경개선 사업을 획기적으로 진행하는 것

넷째, 사범대학 입학생 선발에서 실력이 높은 학생들을 받아들이고 중학교 교원대열을 튼튼히 꾸리며 사회적으로 교원들을 내세워 주고 그들의 생활을 따뜻이 돌보아 주는 것

다섯째, 창조적 인재 양성과 학생들의 실력에 대한 통일적인 평가제도를 도입하는 것 등이다.


한편 교육위원회와 교육기관들 사이에 정보통신망을 형성하여 교육행정의 현대화, 정보화를 추진하고 있으며 특히 교육 사업에 대한 국가적 투자를 늘려 교육조건과 환경을 개선하겠다는 것을 피력하였다.

중등일반학교의 교육조건과 환경개선 사업은 현재 파괴된 교육의 물적 토대를 회복하고 교육현장을 안정시켜 학생들의 불신을 해소하고 교사의 사기를 진작시키며 뒤떨어지고 낙후된 교육을 탈바꿈하려는 시도라고 할 수 있겠다. 그러나 국가예산이 집중 배정된 학교 이외에 스스로 자력갱생하여 그 수준을 따르라고 하면 기존 방식에서 크게 벗어날 것이 없다.

이를 따르기 위해 다시 학생과 학부모를 동원하고 지역의 공장기업소 및 농장으로부터의 후원을 이끌어내야 하므로 학생들의 무리한 노력지원이나 사회적 지원을 해야 하기 때문이다. 게다가 공장기업소 및 농장들의 여건 역시 매우 열악하기 때문에 그 후원을 받아 학교를 운영해야 한다는 것은 현실적으로 학교운영의 만성적인 어려움에서 벗어나기가 어렵다는 것을 의미한다.

그럼에도 불구하고 각급 인민보안 및 검찰기관들은 교원 및 학생들을 과정안(교안)에 반영된 국가적 동원외의 다른 일에 무질서하게 동원시키는 현상을 없애기 위한 법적 통제를 강화하며 학교 및 교육기관, 교육과학연구기관들에 사회적 과제를 망탕(막) 주어 교육사업과 과학연구 사업에 지장을 주는 현상과 강한 법적 투쟁을 하라고 지적하고 있다. 이는 현재의 교육 상황을 매우 현실적으로 반영한 조치로 보인다.

현재 북한의 학교 현장에서는 마구잡이식 동원과 지원이 이루어지고 있어 학생들과 학부모들의 원성이 높으며 교사들이 자긍심을 느끼지 못하고 있었다. 이런 것에 제동을 걸고 학생 및 학부모들의 불만을 줄이고 교사들의 자긍심을 높여 주고자 하고 있다. 그러나 위에서 언급한 교육개선 즉 12년제 의무교육을 높은 수준에서 보장하려면 그 관건은 교육예산에 투입할 수 있는 튼튼한 국가재정일 것인데, 그것이 매우 불확실하다.

북한이 지적하고 있는 바와 같이 교육을 발전시키려면 교원들을 사회적으로 우대하고 내세워 주며 교육부문에 대한 국가적 투자를 늘리고 교육조건을 보장해야 하며 구체적으로 국가예산에서 교육 사업비 지출을 결정적으로 늘리고 교육에 필요한 전기와 설비, 실험기구, 자재들을 우선적으로 보장해야 한다. 또한 필요한 교과서를 비롯한 교육도서들을 원만히 생산할 수 있도록 교육부문 인쇄공장들의 생산능력을 제고하는 동시에 종이를 비롯한 자재와 전기를 제때에 책임적으로 보장해 주어야 할 것이다. 한편 교사를 새로 건설하거나 증축하며 자동차와 트랙터, 컴퓨터, TV 등 교육설비와 실험기구 기자재들을 우선적으로 공급해야 한다.

북한 스스로가 언급한 위와 같은 교육시설들을 잘 보장할 수 있을 것인지, 아니면 몇 개의 학교에 집중시켜 갖추어 놓고 그 자랑을 늘어놓을지에 관심이 모아졌지만 결과는 역시 후자였다. 북한은 항상 시범학교를 설정하고 여기에 물자를 집중하여 배정한 후에 이를 전국에 확산시키는 방법을 편용하곤 하였다. 아무리 좋은 제도나 법령도 현실적 합성이 떨어지면 주민들의 신뢰를 얻기가 쉽지 않다.

교육에 대한 정기적인 국가의 투자가 이루어지기 전에는 교육에서 높은 수준을 담보하기 어렵다. 최첨단을 지향하는 높은 목표를 세우고 중등일반교육을 지식경제시대의 요구에 맞게 획기적으로 강화하기 위한 필수요건인 최신의 교육실습 시설을 갖추기에도 어려움이 따른다. 창조적 인재양성에서 인터넷 연결도 자유롭지 못한 북한에서 자유롭고 창의적인 수업이 진행되기는 더욱 어려울 것이기 때문에 전반적인 수준의 향상보다는 극소수의 인재의 양성에 집중하는 것에 그칠 것으로 가늠한다.

김정은 정권 이후 교육개혁에도 불구하고 정치사상과목의 비중은 여전히 높다. 2014년 교과편성 개편에서 김정은 관련 교과를 추가하여 정치사상교과의 비중을 늘렸으며 현재 고급중학교의 경우에 김씨일가와 관련된 교과목만 4개로 주당 수업시수는 5~6시간에 이른다.

북한은 최근 기존의 단과대학 중심의 시스템을 대학들의 통합을 통한 부문별, 지역별 종합대학 구조로 전환하고 있다. 또한 첨단과학 관련 학과의 신설 및 학점제 도입. 원격교육의 확대를 중점사업으로 진행하고 있다. 2000년대 지능교육 강화에 이어 2010년대 교육 정보화를 위한 당국의 몸부림이 이어지고 있는 것이다. 21세기 4차 산업혁명에 부응하여 창조적이고 융복합적인 인재양성을 위한 대책을 내놓고 있다. 문과와 이과가 통합된 인간 육성, 정보교육 강조, 영어과의 초등학교 필수화 및 시수 확대, 비교과의 체육활동이 확대되고 있다. 그러나 북한의 대내외적 환경은 교육을 근본적으로 개혁하기에는 역부족이다. 따라서 몇 개 또는 일부를 제외한 전반적인 교육의 물적 토대와 질적 수준은 제고되지 못하고 있으며 아직도 적지 않은 학생들이 교육의 빈곤 지대에 방치돼 있다.

# 04

## 나가며

강력한 정치사회시스템을 요구하는 북한 사회에서는 교육을 통해 체제유지에 필요한 인간을 양성하는 것이 절실하다. 1975년, 11년제 의무교육제를 실시하여 '무상교육 낙원'을 세상에 과시하였다. 그러면서도 교육을 통해 수령에게 충성 다하는 인재 양성을 그 일차적 목표로 삼았다. 정치사상교육의 강화는 상대적으로 과학기술교육을 약화시키는 결과를 초래하였으며 타국의 선진과학기술을 받아들이는 일이 사대주의로 비추어지면서 노정된 과학기술분야 침체의 문제점들이 드러나기 시작한다. 대학졸업생들의 수준은 별로 높지 못하였고 학교를 졸업하는 학생들은 정치일꾼을 지향하였다.

북한은 이러한 문제를 타개하고자 1980년대 초중반에 수재학교를 도입하고 과학기술교육과 외국어교육을 강화하여 인재양성에 주력을 가한다. 그러나 동구권의 몰락으로 과학기술교육이 중시되던 분위기에서 '우리식 사회주의 우월성' 교육이 강화되면서 다시 폐쇄적인 정치사상교육 위주의 특정한 이념교육으로 회귀하였다.

1990년대 중반부터 시작된 북한의 고질적인 경제난으로 교육현장은 당국이 길러내고자 하는 인간을 양성함에 있어 한계에 이른다. 북한은 교육의 붕괴를 막아내고자 안간힘을 쓴다. 북한에서 교육의 붕괴는 곧 집단주의 시스템의 붕괴를 의미하기 때문이다. 한때는 사회주의의 이상에 걸맞게 누구에게나 평등한 교육의 기회를 제공하고자 했으나 자원부족으로 인해 수재교육이라는 명목을 지닌 '차등교육'의 늪에 빠지고 말았다. 이로 말미암아 주민들의 원성을 사게 되었다. 국가의 투자가 수재교육을 중심으로 선택적으로 배분되는 반면에 공교육의 전반에 대한 국가의 예산배정이 거의 되지 않아 일반교육의 비용의 대부분을 학부모가 부담하는 구조가 정착하였다.

2012년 들어선 김정은 정권은 교육에서 신선한 바람을 불어넣고자 시도하고 있다. 학교교육 전반의 체제를 개편하는 '전반적 12년제 의무교육제' 법령을 내왔다. 이에 따라 2013년에 개정한 교육강령을 2014년부터 적용하였다. 개정된 교육강령은 목표, 학제, 영역과 교과 구성, 교육시간, 학교 교육과정, 교수학습방법, 평가 및 교과로 구성되어 있다. 영역은 교과와 비교과('과외활동')로 구성되며, 교과는 학교급수별로 김일성 가계 우상화를 위한 특수교과 4개씩과 '사회주의 도덕'을 포함한 일반교과로 되어 있다. 또한 외국어교과에서는 영어교과의 단일화와 정보기술을 초등학교부터 필수이며 고등학교에 부분적으로 선택과목이 도입되었다. 새 학제와 교육과정은 전반적으로 세계적인 추세에 가까운 형식과 내용으로 재편되었다. 한편 지나친 정치사상교육의 강화는 비현실성과 비실효성으로 이어져 학생들로부터 외면을 받아 오히려 반감을 고조시키는 데 일조할 수 있음에도 불구하고 멈추지 못하고 있을 뿐더러 오히려 추가되는 실정이다.

아직도 미국의 경제제재로부터 자유롭지 못한 북한주민들은 다수가 궁핍한 생활을 하고 있다. 이러한 북한사회에서 김정은 정권의 교육당국이 제시하는 전반적인 초중등교육에서 교육환경의 개선문제, 현대적인 기술을 보유한 기술인재 양성문제, 대학의 국제경쟁력 확보 문제, 교육현장의 원격화 등이 제대로 실현될 수 있을지는 미지수이다. 강력한 물적 토대가 받침될 때만이 청사진으로 제시한 교육의 혁신적 발전을 가져올 수 있기 때문이다.

이렇듯 북한의 건국 이후 70년 이상의 교육정책은 먼저는 정치사상교육 강화에서 과학기술 및 외국어교육의 강화로, 다시금 정치사상교육 강화로 전환되었다. 그러나 주지할 것은 북한교육 정책에서 일맥상통하는 점이 있다는 사실이다. 그것은 다름이 아니라 김일성 시대부터 김정은 시대에 이르기까지 북한교육이 추구하는 인재양성은 '수령에 순응하는 인재양성'으로 궤를 함께한다는 것이다.

도
입

이 주제와 관련 동영상
〈북한의 대외정책 방향과 전략〉
출처: 통일교육원

교
육
목
표

1. 북한 대외정책의 근간이 되었던 사상과 원칙에 대하여 설명할 수
   있다.
2. 국제적 데탕트가 북한의 대외정책에 미친 요인들을 고찰한다.
3. 탈냉전 시기 북한이 직면했던 위기와 이를 타개하기 위한 대응을
   이해한다.
4. 북핵 위기 과정과 북한 핵개발이 대외정책에서 갖는 의미를 설명
   할 수 있게 된다.

# 북한 대외정책의 이해

내
용
요
약

　　1950년대 북한은 주체사상을 확립하고 자주성에 근거하여 인민경제의 복구와 공산주의 건설을 위해 노력한다. 북한은 전후 국제환경을 미국 중심의 '제국주의 진영'과 소련 중심의 '국제민주 진영'으로 구별하는 진영론적 관점을 가지고 1960년대에는 비동맹외교 강화하며, 1970년대 급진적인 국제정세 변화에 대응하여 서방과 관계 개선 및 다변화 외교를 추구한다. 1980년대는 '자주', '평화' '친선'의 외교적 이념을 바탕으로 적극적인 대서방 외교활동 및 대외무역 확대를 시도한다. 하지만 1990년대 탈냉전과 사회주의권 붕괴, 남한과의 격차 확대는 북한 대외정책의 변화를 야기한다. 북한은 기존의 사회주의권 중심의 외교정책을 수정하여 제한적 대외개방 추진, 국제사회와의 관계 설정, 남한과의 관계 개선 방향 등의 전환을 모색하게 된다. 북한은 2000년대 김정일 체제에서 강성대국 건설을 목표로 선군정치를 본격화 한다. 특히 핵능력 보유를 통한 국방력 증진은 선군정치의 핵심 전략이 되었다. 북한의 핵능력 고도화는 김정은 체제에서도 지속되고 있으며 한반도를 포함한 국제사회의 안보를 위협하고 평화를 저해하는 요인으로 작용하고 있다. 김정은은 핵개발과 경제발전을 병진적으로 발전시킨다는 노선을 채택한 가운데 대미협상과 대남대화에 나서고 있으나 북핵문제 해결은 여전히 요원한 상황이다.

# 01

## 1950년대 주체사상 확립과 생존 전략

한국전쟁 직후 북한의 체제형성과 근대화 방향을 결정지었던 근본적인 요인은 북한과 남한의 이념적 경쟁이었다. 남한이 민주주의와 권위주의적 자본주의를 통해 국가건설을 도모했다면 북한은 사회주의적 계획경제를 통해 경제와 제도적 개혁을 추구했다. 북한은 1950년대 전후 '자주성' 원칙에 기초하여 사회주의 국가들과의 국제적 연대를 강조하고 인민경제의 복구와 발전, 그리고 공산주의 건설을 위해 노력을 다할 것을 강조하였다. 1950년대 중반부터 북한은 주체선언을 통해 '우리식'의 북한 체제를 만들 것을 주장한다. 김일성은 1955년 '사상에서의 주체'를, 1956년에는 '경제에서의 자립'을, 1957년에는 '정치에서의 자주'를, 1962년에는 '국방에서의 자위'를 주창하고, 1960년대 중반 주체사상의 이론적 체계화 통해 국가정책의 기조를 마련한다.[1] 즉 주체사상은 북한의 통치 이데올로기로서 북한의 정치·경제·사회·문화 전체를 지탱하는 논리체계가 된 것이다.[2]

이러한 자주의 원칙은 일종의 통치이념으로 이해 할 수 있지만 국가발전과 대외전략에도 영향을 미치게 된다. 북한의 주체원칙은 국가

---

1) 김일성은 1965년 4월 인도네시아의 반둥회의 10주년 기념 연설에서 '사상에서의 주체, 정치에서의 자주, 경제에서의 자립, 국방에서의 자위'라는 주체사항의 4대 원칙을 천명하였다.

2) 유홍림, "북한 통치 이데올로기의 형성과 변화," 김세균 외, 『북한체제의 형성과 한반도 국제정치』, (서울: 서울대학교출판문화원, 2006), pp. 39 – 75.

내 자원과 인력을 총 동원하여 경제를 발전시키되 이러한 자원을 국방에 투여함으로서 군사력 증강으로 이어지게 하였다. 이러한 경제와 정치의 연계 축은 자립경제와 자위국방 체제의 국가토대를 만드는 데 중요한 역할을 한다. 북한 경제의 공식 통계는 논란의 여지가 있지만 1960년대와 1970년대 초반까지 북한의 일인당 국민소득 및 도시화 정도는 남한보다 높았다고 할 수 있다. 특히 1960년대 초반의 중공업 분야 발전 정도는 북한이 남한보다 앞서 있었던 것으로 알려져 있다. 여기에는 초기 경제 부흥 3개년 계획(1954~1956)과 제1차 경제 개발 5개년 계획(1957~1961), 그리고 1958년 대중 동원 캠페인이었던 '천리마 운동' 등이 당시 경제 성장에 중요한 기여를 했다.

# 02

# 1960년대 반제·자주 외교노선과 중·소 상호원조조약

1960년대 북한은 반미, 반제국주의 노선을 중심으로 아시아, 아프리카, 라틴아메리카들과 공동연대를 추구하였다. 북한은 전후 국제환경을 미국 중심의 '제국주의 진영'과 소련 중심의 '국제민주 진영'으로 구별하는 진영론적 관점을 가지고 있었다.[3] 북한은 자본주의 진영의 국가들의 경우 강대국의 약소국에 대한 침략과 정복, 식민주의화가 이루어지고 있다고 본 반면, 국제민주 진영 국가들은 호상존중과 연대에 기초한 프롤레타리아 국제주의적 관계로 규정하였다.[4] 김일성은 "조선로동당과 조선인민은 자유와 민족적 독립을 위하여 싸우는 아세아, 아프리카, 라틴아메리카의 모든 나라 인민들의 편에 언제나 서 있을 것이며 그들의 해방투쟁을 계속 적극적으로 지지할 것이며 그들과의 련대성을 끊임없이 강화하기 위하여 노력할 것입니다"고 주장했다.[5] 북한의 이러한 노선은 미·소 양극 중심의 냉전체제에서 사회주의 국가들과의 연대를 통해 반제국주의, 반미 운동의 투쟁과 단결을 도모하고 남한과의 체제·이념 경쟁에서 우위를 확보하기 위한 노력이라 할 수 있다.[6]

---

3) 김일성, "북조선로동당 제2차대회 중앙위원회사업총화보고," (1948.3.28.), 『자주성을 옹호하는 세계인민들의 단결을 위하여』, (평양: 조선로동당출판사, 1982), pp. 13~23.
4) 정병호, "주체사상과 북한외교정책: 사상적 기조가 외교정책에 미친 영향을 중심으로," 『인문사회 21』 제4권 1호, (2013), p. 34.
5) 김일성, 『김일성저작집 15』, (평양: 조선로동당출판사, 1981), p. 310.
6) 통일교육원, 『북한의 이해 2008』, (서울: 통일교육원, 2008), pp. 59.

북한의 대외정책은 1960년대 중·소 이념분쟁과 중국의 문화대혁명을 계기로 주체에 입각한 자주노선이 더욱 명확해진다. 북한은 진영론에 근거하여 소련과 중국 모두와 긴밀한 관계를 유지해 왔다. 하지만 중소 분쟁이 심화됨에 따라 사회주의 진영이 분열되는 상황에서 북한은 자주적 입장을 표방하고 실리를 확보하고자 하였다.7) 특히 북한 입장으로서는 중소관계의 악화 가운데서도 일정한 거리를 유지함과 동시에 원조를 확보하며 지속적인 우호협력 관계를 유지할 필요가 있었다. 이는 소련과 중국과의 상호원조조약 체결로 이어졌다. 당시 소련과 중국 및 사회주의 국가들로 부터의 정치적 지원과 경제원조는 북한의 정치 경제적 상황에서 매우 중요한 역할을 하였다. 김일성은 1957년 9월 최고인민회의 연설에서 "대외정책분야에서 우리의 가장 중요한 과업은 쏘련, 중화인민공화국을 비롯한 사회주의 진영 나라들과의 국제주의적 친선과 단결을 더욱 강화하는 것"이라고 강조한다.8) 특히 소련과 중국은 북한 체제의 안전보장과 경제발전에 있어 없어서는 안 될 상대국이었다.

　　북한의 여러 요청과 방문 끝에 1960년 7월 6일 김일성은 후루쇼프와 「북소우호협력 및 상호원조조약」9)을 체결하고 이후 마오쩌둥과는 이후 7월 11일에 「북중우호협력 및 상호원조조약」10)에 서명하였다. 두 조약의 주요 내용은 체결국가의 인민들의 안전을 보호하고 극동과 세계평화를 유지공고화하며, 프롤레타리아 국가들의 친선과 단결, 협조 체제를 강화하는 것이었다. 또한 체결국 중 한쪽이 다른 국가로부터 침략을 받아 전시 상황이 될 경우 다른 쪽이 모든 조치를 동원하여 군사력 및 기타 원조를 제공할 것을 규정하였다. 북소 간 조약은 10년간 효력

---

7) 정병호, "주체사상과 북한외교정책: 사상적 기조가 외교정책에 미친 영향을 중심으로," p. 34.

8) 김일성, 『김일성저작집 11』, (평양: 조선로동당출판사, 1981), p. 321.

9) 북한식의 정식 명칭은, 「조선민주주의인민공화국과 쏘베트사회주의공화국련맹간의 우호, 협조 및 호상원조에 관한 조약」

10) 「조선민주주의인민공화국과 중화인민공화국간의 우호, 협조 및 호상원조에 관한 조약」

을 갖고 어느 일방이 폐기하지 않는 이상 5년간 효력이 지속되는 것이었으나 북중 간 조약은 수정 혹은 폐기를 제기하지 않는 이상 무기한 효력을 갖는다는 점에서는 차이가 있다.

이러한 조약과 협정은 특히 북한이 소련과 중국으로부터 막대한 경제적 기술적 원조를 제공받을 수 있게 됨으로써 사회주의 건설 사업에 중요한 기여를 하게 되었다. 북한이 1960년대 들어와 본격화된 중소 분쟁 속에서 중국과 소련을 통해 안전과 지원을 확보한 것은 김일성의 자주외교의 성과이기도 하였다. 실제 1950년대 말과 1960년대 초의 북한 경제는 남한의 경제를 앞서 있었다.[11] 1960년대의 '우리식' 외교노선과 공산권 국가들과의 긴밀한 관계는 북한의 중공업 우선 발전 전략과 맞물려 북한의 전후 복구 과정에 기여하게 되었을 뿐 아니라 남한에 대한 일정 기간의 경제적 우위를 확보하는 데 있어 중요한 역할을 했다고 볼 수 있다.

---

11) 유세의, 이정식, 『전환기의 북한』, (서울: 대한교과서주식회사, 1991), p. 56.

# 03

# 1970년대 데탕트와 다변화 외교, 남북대화 모색

1970년대 들어 북한의 대외 환경에서 미중 데탕트는 많은 변화를 영향을 미치는 요인이 된다. 1950년대부터 1960년대까지 미국은 세계 패권국으로 소련보다 전략적 우위를 가지고 있었지만 1960년대 후반부터 적대국과 전략적 공존을 추구하는 등 새로운 평화 구조를 주도하게 된 것이다.[12] 미국의 이러한 대전략은 소련과 중국과의 관계뿐 아니라 동아시아에도 지대한 영향을 미치는 외부 요인이 되었다. 북한은 대내적으로는 김일성 개인숭배를 확고히 하며 김일성 유일체제를 구축하면서 대외적으로는 급진적인 국제정세 변화에 대응하여 서방과 관계개선을 시도하고 남북대화를 모색한다.[13]

미국은 1971년 7월 키신저(Heinz Alfred Kissinger)의 베이징 방문, 1972년 2월 닉슨(Richard Milhous Nixon) 방문 등 중국과의 대화를 진행하면서 전례 없는 화해무드를 조성한다. 미국의 이러한 대공산권 화해정책은 미소, 미중 간의 관계 개선으로 이어졌고 그동안 미국을 '철전지원수'로 인식하고 있는 북한에게는 전례 없는 도전이 되었다. 이에 북한은 1970년대 시기 소련과 중국과의 중립적인 등거리 외교를 지속함과 동시에 미국 등 서방국가와 접촉을 시도함으로써 변화에 대응해 나갔

---

12) 전재성, "세계적 차원에서 데탕트의 기원과 전개," 김세균 외, 『북한체제의 형성과 한반도 국제정치』, (서울: 서울대학교출판문화원, 2006), pp. 39-75.
13) 이종석, 『북한의 역사 2』, (서울: 역사비평사, 2011), pp. 79.

다.14) 이에 따라 외교 활동 역시 사회주의권 및 비동맹국가들을 대상으로 한 수교, 특사파견, 친선 방문들이 활발하게 진행되었다.15) 초창기 북한의 대외관계는 소련과 동구권 8개국16) 외 동아시아의 몽고, 중공, 월맹 등 12개국으로 제한되었으나 1970년 초의 경우 비동맹국가들을 중심으로 36개 국가와 수교를 맺게 된다.17)

북한의 대외관계 범위는 비동맹국가들뿐 아니라 국제기구와 서방국가들까지 확대된다. 북한은 1973년 세계보건기구(World Health Organization, WHO), 유엔무역개발회의(United Nations Conference on Trade and Development, UNCTAD) 등과, 1974년에는 만국우편연합(Universal Postal Union, UPU), 국제원자력기구(International Atomic Energy Agency, IAEA), 유엔교육과학문화기구(United Nations Educational Scientific and Cultural Organization, UNESCO)에 가입한다. 1973년에는 스웨덴, 핀란드, 노르웨이, 덴마크 등과 1974년에는 호주, 오스트리아, 스위스 등과 외교관계를 수립함으로써 대외관계를 수립한다. 특히 1970년대 자본주의 국가와의 관계 개선은 북한의 차관도입 증가로 이어졌다. 1960년대 북한의 차관 공여국이 소련, 중국 등 사회주의 국가에 한정되어 있었다면 1970년대는 프랑스, 독일, 영국 등 선진 자본주의 국가로 확대되었고 차관 도입액 역시 사회주의 국가를 앞지르게 되었다.18) 북한이 서방국가들과의 적극적인 접촉과 교류를 통한 외교의 다변화와 경제관계 확대는 남한과의 체제 경쟁에서 우위를 확보하고자 하는 노력과

---

14) 서보혁, "체제 경쟁의 종식 혹은 변형?: 남북한 대외관계 비교 연구," 이화여자대학교 통일학연구원 편 『남북관계사』, (서울: 이화여자대학교 출판부, 2009), pp. 186-190.
15) 박태호, 『조선민주주의인민공화국 대외관계사 2』, (평양: 사회과학출판사, 1987), pp. 104-111.
16) 폴란드, 체코, 루마니아, 헝가리, 불가리아, 알바니아, 동독, 유고슬라비아를 뜻함
17) 노계현, "북한의 대중립국 외교," 김창순 외 『북한외교론』, (서울: 북한연구소, 1978), pp. 200-220.
18) 양문수, "1970년대 북한 경제와 장기침체 메커니즘의 형성," 『현대북한연구』, 제6권 1호, (2003), pp. 60-61.

도 맞물려 있었다.

1970년대 초반 국제적인 데탕트의 기류와 함께 남북관계에서도 변화가 있었다. 북한은 1960년대 전후 과정에서의 성과를 바탕으로 대남 대화 공세를 벌였으며 남북한 모두 통일방안을 제시하기도 하였다. 당시 남북대결 상황에서 남과 북이 제시한 통일방안은 실질적 통일에 대한 의지와 열망으로 출발했기보다는 상대의 체제에 대한 공격적 수사에 가까웠다. 김일성에게 남한은 반공통치에서 해방시켜 적화통일을 이루어야 할 혁명 대상이었다. 하지만 북한은 1971년 9월 남북한 첫 공식회담인 적십자회담에 참여하였으며 남북한은 1972년 7월 '7.4남북공동성명'을 통해 '자주', '평화', '민족대단결'이라는 통일의 3대 원칙에 전격 합의한다. 총 7개 항으로 되어 있는 공동성명에서 상호비방 중지, 남북대화의 활성화, 무장도발 억제, 남북교류 실시, 남북 간 직통전화 설치 등 긴장완화 조치들을 합의한 것이다. 분단 이후 최초의 당국 간 공식문서라 할 수 있는 7.4남북공동성명은 전통적인 냉전적 진영안보에서 대화를 통해 상호 간의 체제를 인정하고 평화공존을 모색했다는 점에서 중요한 의미가 있었다.[19]

---

19) 최대석, 윤성식, "북한의 초기 대남정책변천과정 연구," 『사회과학연구』, 제10권 2호, (2004), p. 97.

## 04

# 1980년대 '자주·친선·평화' 노선과 위기의 도래

　　북한은 정치적 자주노선에 근거하여 사회주의 나라들과의 단결강
화, 비동맹 제3세계 나라들과의 친선·협력 강화, 자본주의 서방국가들
과의 경제문화교류 확대 등 1970년대의 원칙들을 지속적으로 계승해
나갔다. 북한의 1980년대의 적극적인 대서방 외교활동은 대외무역확대
와도 관계가 있었다. 중공업에 우선한 북한 경제는 노동 생산성의 감소,
정책의 비효율성, 기술의 낙후성 등으로 성장에 한계를 보였으며, 북한
은 경제난 극복을 위한 차관 도입에 적극 나서게 된다. 북한이 대외교
류를 적극적으로 확대했던 1970년대 중반에는 총 교역량에서 일본, 유
럽 국가 등 서방 선진국들의 교역이 차지하는 비율이 40~50%에 이르
기도 하였다.[20] 자력갱생과 자립적 민족경제[21]를 표방한 북한이었지만
현실은 해외차관에 의존할 수밖에 없었고 이는 다시 무역수지적자 증대
로 이어졌다. 중소분쟁이 격화되는 시점에서 중국과 소련으로부터의 원
조가 격감하게 되자 이는 공업성장률 감퇴로 이어졌다. 북한의 수출 물
품의 가격경쟁력 하락, 원유가격 급등, 내부 기반시설 낙후 등으로 북한

---

20) 이종석, 『북한의 역사 2』, p. 96.

21) "자립적민족경제를 건설한다는 것은 나라를 부강하게 하고 인민생활을 높이는 데 필
　　요한 중공업 및 경공업 제품들과 농업생산물을 기본적으로 국내에서 생산보장할 수
　　있도록 경제를 다방면적으로 발전시키고 현대적기술로 장비하며 자체의 튼튼한 원료
　　기지를 닦아 모든 부문들이 유기적으로 련결된 하나의 종합적인 경제체계를 이룬다는
　　것을 의미합니다", 김일성, 『김일성저작선집 3』, (평양: 사회과학출판사, 1975)

의 경제상황은 더욱 악화된다.[22] 1984년에는 합영법을 통해 외국과의 경제기술교류 및 합작 투자를 장려하고자 하였으나 그 효과는 미비하였다. 1980년대 중후반으로 갈수록 사회주의 계획경제의 모순은 심화되었으며 경제적 비효율성은 가중되었다.

대외적으로는 1980년 10월 제6차 당대회에서 '자주', '친선', '평화'를 외교적 이념과 대외정책의 원칙으로 천명한다.[23] 첫째, 대외정책의 결정과 집행에서 자주성을 가지고 제국주의에 대한 원칙을 견지할 것을 강조한다.[24] 둘째, 제3세계 나라 및 '뽈럭불가담 나라'[25]들과의 친선협조관계를 새로운 단계로 발전시키고자 하였다.[26] 셋째, 미국을 비롯한 제국주의의 침략과 전쟁을 저지하고 세계 평화와 안전을 수호하기 위해 적극 노력할 것을 강조하였다.[27] 김일성은 정권의 공고화 추구, 자주외교 추진, 사회주의 국가와의 친선단결 차원에서 중국을 1982년 9월, 1984년 11월 두 차례 방문하며, 1984년 5월부터 7월까지 소련과 동독을 포함한 유럽의 사회주의 국가들을 방문한다.[28] 1980년대 초반의 경우 제3세계 국가들의 북한 방문 또한 활발하게 이루어졌다. 특히 북한

---

22) 양문수는 북한의 장기적인 경기침체는 1970년 중반 이후부터 시작되었다고 주장한다. 양문수, "1970년대 북한 경제와 장기침체 메커니즘의 형성," p. 58.

23) 북한은 이후 1988년 9월 국가수립 40주년 경축보고대회에서 김일성 연설을 통해 평화를 강조함에 따라 우선순위를 '자주·평화·친선'으로 바꿔 제시한다. 허문영, "북한의 대외정책 이념: 형성과 적응,"『통일연구논총』, 제5권 1호 (1996), pp. 223−261.

24) "우리 당은 자주성과 프로레타리아국제주의 원칙에 기초하여 사회주의 나라들과의 단결을 강화하며 친선협조관계를 발전시키기 위하여 꾸준히 노력할 것입니다" 김일성,『김일성저작집 35』(평양: 조선로동당출판사, 1987), p. 366.

25) 뽈럭불가담 국가는 아프리카와 동남아 등 주요 강대국에 속하지 않거나 대항하는 국가들을 지칭하며 북한은 1980년 6차 당대회를 통해 '뽈럭불가담 운동'(비동맹 운동, Non−Aligned Movement: NAM)을 통한 친선단결을 강조한다.

26) "우리 나라의 외교방침에서 중요한 것은 제3세계나라들, 뽈럭불가담나라들과의 단결을 강화하는 것입니다" 김일성,『김일성저작집 31』(평양: 조선로동당출판사, 1986), p. 63.

27) 박태호,『조선민주주의인민공화국 대외관계사 2』, p. 201.

28) 박태호,『조선민주주의인민공화국 대외관계사 2』, p. 204, 214.

은 1980년대 초 친소정책을 유지하긴 하였으나 김일성의 두 차례의 중국 방문 이후 북중관계는 더욱 강화되었다.[29] 1980년 중반 이후 소련이 북한과의 군사협력을 확대하고 김정일로의 권력승계를 반대하지 않으면서 북러관계는 다시 밀착되게 된다.

남한에 대해서는 미제국주의로부터의 '해방외교'를 추진한다는 명목하에 주한미군철수, 국가보안법 철폐, 애국정권 수립을 남북대화의 지속 조건으로 제시했다. 7.4남북공동성명을 이행하기 위한 남북회담이 1973년 전면 중단되면서 남북관계는 다시금 경직되었다. 북한은 1980년 10월 10일 조선로동당 제6차대회에서 발표된 「고려민주연방공화국 창립방안」을 통해 북한의 사회주의체제를 보장할 수 있는 연방제 통일방안을 제안한다.[30] 이는 1970년대 국제적 데탕트의 변화와 1970년대 중반으로 남북한 국력의 역전 현상을 고려한 것으로 추측할 수 있다.[31] 하지만 남한은 북한의 연방제 통일방안을 공산화 전략으로 간주되고 이를 거부한다.[32]

즉, 김일성 정권은 1980년대 '자주', '친선', '평화'의 이념하에 주체사상에 근거한 대외정책을 추구하였다. 북한은 현존 체제의 유지 및 경제 침체 극복을 위해 1970년대 자본주의 국가들과도 관계 개선에 나서면서 선진기술과 자본의 도입 등 부분적인 변화에 나섰다. 그렇지만 1980년대 중반부터 나타난 사회주의 진영의 몰락 움직임과 1970년 중반 차관상환 실패로 북한의 대외관계는 상당히 위축되었다. 북한은 1980년 중반 이후 채무상환 능력을 상실하게 됨으로 서방측으로부터 채무불이행

---

29) 김용호, 『현대북한외교론』, (서울: 오름, 1996), p. 218.
30) 김일성은 "우리 당은 조국을 자주적으로, 평화적으로, 민족대단결의 원칙에서 통일하는 가장 현실적이고 합리적인 방도는 북과 남에 있는 사상과 제도를 그대로 두고 북과 남이 련합하여 하나의 련방국가를 형성하는" 것이라고 주장한다. 사회과학연구원, 『고려민주련방공화국 창립방안』, (평양: 사회과학출판사, 1989), p. 38.
31) 통일연구원, 『남북한 통일방안 분석』, (서울: 통일연구원, 2001), pp. 4-16.
32) 이종석, 『북한의 역사 2』, p. 138.

(default)국으로 선고받는다.[33] 이러하듯 1980년대 후반부터 본격화된 탈냉전은 북한의 대외환경을 규정하는 중요한 요인으로 작용하였다.

---

33) 양문수, "북한의 대외채무 문제: 추세와 특징," 『KDI 북한경제리뷰』, 3월호, (2012), p. 23.

# 1990년대 사회주의 진영 붕괴와 북한 기근

　1989년 동구 사회주의체제의 붕괴와 1991년 소련의 해체는 전통적인 미소 대결구도에서 형성된 양극체제가 미국의 단극체제로 전환하게 되는 계기를 마련하였다.[34] 특히 한국 정부의 북방정책 및 사회주의 국가들과의 수교 및 친선관계수립은 북한에게 상당한 정치적 충격을 가져왔다.

　한국은 1989년부터 동구권 국가들과의 수교를 시작으로 1990년 9월에는 소련과 외교관계를 수립하였고 1992년 8월에는 중국과 수교를 맺는다. 소련과 중국의 한국에 대한 태도 변화 및 외교관계 수립은 북한에게는 커다란 압력이 되었을 뿐 아니라 외교 노선의 근본적인 변화를 초래하게 된 요인이 되었다. 북한은 급변하는 국제질서의 변화에 맞서 체제응집, 고립노선, 비타협성을 고수하기에는 어려운 입장이었다. 실제 1990년대 초반 북한의 경제 상황은 더욱 어려워졌다. 소련의 붕괴와 사회주의 진영 국가로부터의 우호적 무역관계가 중단됨에 따라 대외무역량은 감소하였고 북한의 채무는 매우 심각해지고 있는 상황이었다.[35] 이에 따라 1990년대 중반 북한의 대중 외교는 김정일 세습에 대한 인정, 경제 및 군사 원조의 지속, 남북관계에서의 주도권 확보 차원

---

34) 전재성, "분단 70년의 국제환경, 대내구조, 남북 관계의 조명,"『통일정책연구』, 제24권 1호 (2015), p. 19.
35) 양성철, 강성학,『북한의 외교정책』(서울: 서울프레스, 1995), p. 222.

에서 중요해질 수밖에 없었다. 북한의 대외적 입지가 좁아짐에 따라 예전과 같이 폐쇄적 사회를 유지하는 것은 불가능해졌다. 사회주의 진영 국가들의 붕괴에 직면하여 북한은 미국과 일본과, 아세아 국가들과의 관계 확장을 새롭게 모색한다. 북한은 결국 공산권 중심의 기존 외교정책 수정, 제한적 대외개방 추진, 국제사회와의 관계 설정, 남한과의 관계 개선 방향 등으로 전환을 모색할 수밖에 없었다.[36)

　　북한은 그동안 반대해 왔던 남북한 유엔 동시 가입 입장에서 선회하여 1991년 9월 27일 남한과 유엔에 동시 가입한다.[37) 이어서 북한은 남한정부와 1991년 12월 13일 7.4남북공동성명에서 합의된 통일의 3대 원칙을 재확인하고 '남북 사이의 화해와 불가침 및 교류 협력에 관한 합의서'(이하 '남북기본합의서')를 채택한다. 특히 남북기본합의서는 남북관계를 "나라와 나라 사이의 관계가 아닌 통일을 지향하는 과정에서 잠정적으로 형성되는 특수 관계"로 규정함으로써 남한정부와 평화공존 및 교류협력의 기본 틀을 마련하였다는 점에서 중요한 의의가 있었다. 이 듬해인 1992년 1월 20일에는 남한과 '한반도 비핵화에 대한 공동선언'에도 합의한다. 하지만 1993년 3월 북한이 핵확산금지조약(Nuclear Non-Proliferation Treaty: NPT) 탈퇴 선언, 5월 노동 미사일 발사 시험 등 북한의 핵, 미사일 문제가 본격화되면서 남북 간 합의 이행의 동력은 약화된다. 이후 1994년 3월 북한 회담대표의 '서울 불바다' 발언, 1994년 7월 김일성 주석 서거와 이어진 남한 정부의 조문 파동[38) 등으

---

36) 한승주, "북한의 대미관계," 유세희, 이정식, 『전환기의 북한』 (서울: 대한교과서주식회사, 1991), p. 208.

37) 남한은 유엔의 동시 가입을 북한에 제안한 바 있으나 북한은 '하나의 조선'이라는 명분을 통해 이를 거부해 왔다. 하지만 중국과 소련은 한반도의 상이한 두 체제가 존속하는 것을 인정하고 남한의 단독 가입 움직임에 반대하지 않을 것으로 판단되자 입장을 선회한다.

38) 1994년 7월 9일 김일성 주석 서거 당시 김영삼 대통령은 군 경계령을 내리고 이영덕 통일부 장관을 통해 김일성이 한국전쟁을 일으킨 주범이므로 조문을 할 수 없다는 입장을 발표한다. 이로 인해 한국정부에서는 조문단 파견을 두고 찬반 논쟁이 있었다.

로 남북 간의 긴장의 수위는 더욱 높아지게 되었다.

북한은 1994년 김일성 사망 이후 1995년부터 1997년까지 3년간 전례 없는 홍수와 가뭄 등 자연재해를 경험하면서 심각한 식량 부족과 대기근을 경험하게 된다. 북한 내의 곡물생산 감소와 중앙배급제의 붕괴는 식량 위기의 원인으로 작용하였으며 여기에 장기간 지속된 북한 경제의 취약성 및 대외무역의 붕괴 등의 복합적 요인이 북한주민의 대량 기아사를 가져오게 했다.[39] 북한의 기근은 20세기 들어 가장 길고 심각한 기근이었으며[40] 북한사회에 중대한 영향을 주는 요인으로 작용한다. 1990년대 이른바 '고난의 행군' 시기를 지나면서 북한 당국은 1995년 처음으로 국제사회에 식량을 포함한 인도적 지원을 요청하게 된다. 이는 주체사상에 입각한 자급 자족적 경제 건설 노선의 한계를 북한 스스로 인정하는 것이기도 하였다.[41] 대북지원을 위해 유엔을 비롯한 국제 NGOs, 개별 공여국가가 북한사회에 관여하게 되고 식량지원을 위해 WFP, WHO, UNFPA, UNICEF 등 북한에 상주하는 해외기관을 수용한 것은 북한이 국제사회와의 접촉이 증대되는 것을 의미하였다. 그렇지만 인도적 지원이 진행되는 동안 북한은 보편적인 인도적 지원 활동의 기본 원칙에 제약을 두었고,[42] 북한 사회의 실태가 외부로 공개되는 것을

---

39) 이석, "1980년대 북한의 식량생산, 배급, 무역 및 소비 식량위기의 기원," 『현대북한연구』, 제7권 1호, (2004), pp. 41–86.

40) 북한이 발표한 식량 부족으로 인한 아사자의 통계는 22만 정도였으나 국제사회는 대체로 200~300만 명 정도로 추산하고 있다. 국가기록원, "북한의 식량위기와 지원," <http://www.archives.go.kr/next/search/listSubjectDescription.do?id=002950&pageFlag=> (검색일 2019.11.15.)

41) 북한은 "자립경제는 다른 나라에 의한 경제적 지배와 예속을 반대하는 것이지, 국제적인 경제협조를 부인하는 것은 아니다"라고 언급한다. 김정일, "주체사상에 대하여," 『친애하는 지도자 김정일동지의 문헌집』, (평양: 조선로동당출판사, 1992), p. 50.

42) 인도적 지원 활동에는 인도(humanity), 공평(impartiality), 중립(neutrality), 독립(independence)의 4가지 원칙이 있으며, 특히 대북지원의 경우 가장 많은 도움이 필요로 하는 대상에게 지원이 우선적으로 수행되어야 하는 비례성(proportionality)의 원칙과 지원 대상과 지역의 접근성과 분배의 투명성에 있어 북한 당국과 마찰이 있었다.

상당히 꺼렸다. 식량 배분 및 모니터링 단계에서의 많은 제약이 있었고
북한 당국은 외부인들의 북한 주민과의 접촉을 엄격히 차단하고자 했
다.[43] 그럼에도 불구하고 국제사회를 통한 대북지원은 당시 북한의 식
량 위기를 완화하는 데 상당히 기여를 하였다. 대북지원이 이루어지는
과정에서 이에 관여했던 유엔기구, 개별 공여국, NGOs와 북한 당국과
의 마찰이 적지 않았던 것이 사실이다. 그럼에도 불구하고 북한이 이를
통해 국제사회의 규범을 경험하고 다양한 차원의 의사소통과 합의에 참
여한 것은 중요한 성과라고 볼 수 있다.

---

43) 이금순, 『대북 인도적 지원의 영향력 분석』, (서울: 통일연구원, 2003), p. 222.

# 2000년대 강성대국 목표와 북한 핵무장 추진

　　김정일 체제는 김일성 사후 위기 극복의 대안으로 군사국가화 전략을 내세우고 1998년 선군정치 담론을 내세워 군대를 중심으로 사회주의를 이끌어 나간다는 입장을 분명히 한다.[44] 김정일 국방위원장은 "군사를 제일 국사로 내세우고 인민군대의 혁명적 기질과 전투력에 의거하여 조국과 혁명, 사회주의를 보위하고 전반적 사회주의 건설을 힘 있게 다그쳐 나가는 혁명령도 방식이며 사회주의 정치방식"으로 선군정치를 설명한다.[45] 특별히 북한은 탈냉전기의 급변하는 대외환경에 대응하고 체제안전을 위한 자구책으로 군사부문에 더욱 힘을 집중하고 인민군대를 강화하고자 했다.[46] 북한의 핵능력 보유를 통한 국방력 증진은 김정일의 선군정치의 중요한 전략으로 자리매김하였다.

　　북한은 1993년 3월 NPT 탈퇴를 선언한 이후 1998년 8월 대포동 장거리 미사일 실험, 2006년 10월 제1차 핵실험, 2009년 5월 제2차 핵실험 등 핵개발을 지속하고 있다. 북한이 직면한 경제적 위기와 안보적 환경은 2000년대 들어 생존을 중심으로 한 외교 전략인 선군외교, '벼랑 끝' 줄타기 외교, 안보 우선 외교를 추진하도록 한 것이다.[47] 북한은 초

---

44) 이종석, 『북한의 역사 2』, p. 178−182.

45) 김정일, 『김정일 선집 15』, (평양: 조선로동당출판사, 2005), pp. 352−353.

46) 황지환, "선군정치와 북한 군사부문의 변환전략," 『국제관계연구』, 제15권 2호 (2010), pp. 108−110.

47) 김흥규, "김정은 시대의 북한의 외교," 윤영관 편, 『북한의 오늘』, (서울: 늘품플러스,

기 핵무기를 일종의 협상 카드로 활용하여 자신들에게 필요한 경제적 지원, 정치적 생존, 외교적 인정, 체제안전 보장 등을 교환하는 전략을 취하였으나 2000년대 후반 핵무장을 우선 확보하여 스스로의 안보를 보장함으로써 대미 협상에서 우위를 확보하고 북한의 핵심 이익을 수호하는 쪽으로 전환하게 된다.

북한의 핵과 미사일 개발은 미국과의 직접적인 갈등을 초래했다는 점에서 북한에게는 위기 요인이었으나[48] 다른 한편으로 북한문제가 국제문제로 전환되는 데 주요한 역할을 하였다. 북한의 대외정책이 기존의 사회주의 진영외교에서 북한의 체제보장을 위해 미국을 포함한 서방 국가와의 전방위 외교로 전환하는 계기를 마련한 것이다.[49] 북한은 미국에 대한 철저한 적대노선을 가지고 있었지만 핵프로그램이라는 의제를 통해 미국과 직접협상에 나서게 된다. 북한은 1994년 10월 미국과 핵시설 동결을 조건으로 경수로 건설 및 중유 50만 톤 지원을 얻는 '제네바 기본합의서'를 이끌어 냈으나 2002년 고농축 우라늄 핵 개발 시인, 1998년 8월 대포동 장거리 미사일 실험, NPT 탈퇴 선언 등으로 제네바 합의는 2003년 폐기된다. 그 이후 북한은 6자회담이라는 다자합의 방식을 수용하고 2005년 북한의 모든 핵무기 및 핵프로그램 포기 선언을 담은 '9.19공동성명'을 발표하였으나 검증 체제의 문제로 다시 교착상태에 빠진다. 북한은 자신들이 기대했던 이행이 이루어지지 않는다고 판단하자 2006년 7월 대포동 미사일 발사, 10월 1차 핵실험을 강행한다. 이후 2007년 '2.13합의', '10.3합의'를 통해 북한 내 핵시설 폐쇄, 핵 프로그램 목록 작성을 약속하고 북미간 관계정상화 대화 재개를 약속하지만 검증 문제에 대한 방식과 절차에 대한 이견으로 합의 이행은 다시 중단되었

---

2014), p. 164.

48) 정영철, "돌파와 협상의 북한 외교: 북한 대외·대남정책의 역사," 『내일을 여는 역사』, 제42권 (2010), pp. 44−47.

49) 김근식, "북한의 체제보전과 대외정책 변화: 진영외교에서 전방위 외교로," 『국제정치논총』, 제42권 4호 (2002), pp. 151−166.

다. 북핵 협상 과정은 북한의 도발, 핵위기의 발생, 핵합의 타결, 합의 붕괴라는 악순환의 패턴이 반복됨으로 실패를 거듭하게 된다.[50]

2010년대 들어 북한의 핵능력은 핵탄두의 소량화, 경량화 시도를 통해 점차 고도화 되었고, 국제사회는 대북제재를 강화함으로써 북한의 비핵화를 더욱 압박하고 있다. 2012년 김정은 정권은 신년공동사설에서 선군체제를 한층 더 강화시킬 것을 선언하고, 2013년 3월 노동당중앙위원회 전원회의에서 핵 무력 능력을 바탕으로 한 '경제건설·핵무력건설 병진노선'을 채택한다. 북한은 2013년 2월 제3차 핵실험을 시작으로 2016년에는 1월과 9월에는 제4차, 제5차 핵실험을 연이어 강행한다. 2017년은 북한의 핵능력 증강을 목표로 한 군사도발이 가장 고조된 한 해였다. 북한은 2017년 7월 대륙간탄도미사일인 ICBM급 '화성—14형'을, 8월에는 중장거리탄도미사일을 시험·발사했다. 그리고 동년 9월에는 제6차 핵실험을 감행하고 11월 대륙간탄도미사일인 ICBM급 '화성—15형'을 발사함으로 '핵무력 완성'을 선언했다.

하지만 2018년 들어 김정은 위원장은 핵무력 완성 선언 이후 비핵화를 의제로 국제사회와 대화와 협상을 새롭게 시작한다. 이러한 정책 변화는 2018년 3차례의 남북정상회담 및 북미정상회담으로 이어졌다. 북한의 대외정책 전환을 유엔의 대북 경제제재의 효과로 볼 수 있지만 북한이 핵포기를 전제로 북미대화에 나섰다고 보기에는 어렵다. 실제 2019년 2월에 개최된 하노이 북미정상회담은 비핵화의 개념, 범위, 대가 등에 대한 인식 차를 극복하지 못하고 결렬되고 말았다. 앞으로 북한의 비핵화 및 한반도 평화체제 구축은 한층 더 복잡한 양상으로 접어들 가능성이 클 것이다.

---

50) 전봉근, "북핵협상 20년의 평가와 교훈," 『한국과 국제정치』, 제27권 1호 (2011), pp. 183-212.

1. 한국전쟁 이후 북한이 경제 복구와 권력체계 형성을 위해 취했던 노선은 남한과 어떠한 차이가 있는가?

2. 국제환경을 인식했던 북한의 진영론적 관점은 초기 대외정책에 어떠한 영향을 미쳤는가?

3. 탈냉전과 사회주의권 붕괴로 인한 위기에 직면하여 북한이 선택한 노선은 무엇이며, 이러한 방향에도 불구하고 북한의 대외관계가 위축되고 경제적 위기가 심화될 수밖에 없었던 이유는 무엇인가?

4. 남북한 간의 체결된 '7.4남북공동성명'과 '남북기본합의서'가 제대로 이행되지 않았던 원인은 무엇인가?

5. 북한 핵문제를 해결하기 위한 가장 효과적인 방법과 그 수단에 대하여 토론하여 보자.

# 참고문헌

&lt;단행본&gt;

김용호. 『현대북한외교론』. 서울: 오름, 1996.

김일성. 『김일성저작집 3』. 평양: 조선로동당출판사, 1975.

김일성. 『김일성저작집 15』. 평양: 조선로동당출판사, 1981.

김일성. 『김일성저작집 31』. 평양: 조선로동당출판사, 1986.

김일성. 『김일성저작집 35』. 평양: 조선로동당출판사, 1987.

김일성. 『자주성을 옹호하는 세계인민들의 단결을 위하여』. 평양: 조선로동당출판사, 1982.

김정일. "주체사상에 대하여" 『친애하는 지도자 김정일동지의 문헌집』. 평양: 조선로동당출판사, 1992.

김정일. 『김정일 선집 15』. 평양: 조선로동당출판사, 2005.

김흥규. "김정은 시대의 북한의 외교" 윤영관 편. 『북한의 오늘』. 서울: 늘품플러스, 2014.

노계현. "북한의 대중립국 외교" 김창순 외. 『북한외교론』. 서울: 북한연구소, 1978.

박태호. 『조선민주주의인민공화국 대외관계사 2』. 평양: 사회과학출판사, 1987.

서보혁. "체제 경쟁의 종식 혹은 변형?: 남북한 대외관계 비교 연구" 이화여자대학교 통일학연구원. 『남북관계사』. 서울: 이화여자대학교 출판부, 2009.

사회과학연구원. 『고려민주련방공화국 창립방안』. 평양: 사회과학출판사, 1989.

양성철·강성학. 『북한의 외교정책』. 서울: 서울프레스, 1995.

유세의·이정식. 『전환기의 북한』. 서울: 대한교과서주식회사, 1991.

유홍림. "북한 통치 이데올로기의 형성과 변화," 김세균 외. 『북한체제의 형성과 한반도 국제정치』. 서울: 서울대학교출판문화원, 2006.

이종석. 『북한의 역사 2』. 서울: 역사비평사, 2011.

이금순. 『대북 인도적 지원의 영향력 분석』. 서울: 통일연구원, 2003.

전재성. "세계적 차원에서 데탕트의 기원과 전개," 김세균 외. 『북한체제의 형성과 한반도 국제정치』. 서울: 서울대학교출판문화원, 2006.

통일교육원. 『북한의 이해 2008』. 서울: 통일교육원, 2008.

통일연구원. 『남북한 통일방안 분석』. 서울: 통일연구원, 2001.

한승주. "북한의 대미관계," 유세희·이정식. 『전환기의 북한』. 서울: 대한교과서
주식회사, 1991.


<논문>

김근식. "북한의 체제보전과 대외정책 변화: 진영외교에서 전방위 외교로"『국제
정치논총』. 제42권 4호, 2002.

양문수. "1970년대 북한 경제와 장기침체 메커니즘의 형성"『현대북한연구』. 제6
권 1호, 2003.

양문수. "북한의 대외채무 문제: 추세와 특징"『KDI 북한경제리뷰』. 3월호, 2012.

이석. "1980년대 북한의 식량생산, 배급, 무역 및 소비 식량위기의 기원"『현대북
한연구』. 제7권 1호, 2004.

전봉근. "북핵협상 20년의 평가와 교훈"『한국과 국제정치』. 제27권 1호, 2011.

전재성. "분단 70년의 국제환경, 대내구조, 남북 관계의 조명"『통일정책연구』.
제24권 1호, 2015.

정병호. "주체사상과 북한외교정책: 사상적 기조가 외교정책에 미친 영향을 중심
으로"『인문사회 21』. 제4권 1호, 2013.

정영철. "돌파와 협상의 북한 외교: 북한 대외·대남정책의 역사"『내일을 여는
역사』. 제42권 2010.

최대석·윤성식. "북한의 초기 대남정책변천과정 연구"『사회과학연구』. 제10권
2호, 2004.

허문영. "북한의 대외정책 이념: 형성과 적응"『통일연구논총』. 제5권 1호, 1996.

황지환. "선군정치와 북한 군사부문의 변환전략"『국제관계연구』. 제15권 2호,
2010.

도
입

이 주제와 관련 동영상
〈82년생 김지영.. 북한 여성은?〉
〈달라진 북한 여성 결혼. 출산 '뚝'〉
출처: MBC

교
육
목
표

1. 북한 여성·가족의 사회적 의미를 파악한다.
2. 북한 여성·가족 관련 법·정책의 변화를 고찰한다.
3. 최근 북한 여성의 현황을 파악한다.
4. 최근 북한 가족의 생활을 이해한다.

# 북한의 여성과 가족 이해

내
용
요
약

북한에서 여성은 법적·제도적으로 평등권이 보장되며, 공적(公的)·사회적으로 남성과 동등한 주체이자 능동적 존재로 인식된다. 반면에 사적(私的)·가족생활에서는 여성이 가사노동(집안일과 자녀양육)을 전담하고 남성의 권위가 강조되는 것이 일반적이다. 북한에서 가족을 사회의 세포로 규정하고 사회주의 건설의 효율적 단위로 인식한다. 북한은 사회 전체의 과업을 수행할 때 가족에서부터 시작할 정도로 가족의 역할을 중요하게 여긴다.

북한에서 여성에 대한 법적 평등권이 보장되고, 가족에 대한 국가의 보호조치가 마련되어 있다. 법과 현실 간의 괴리가 있더라도, 이러한 법 규정이 있다는 것 자체로도 의미를 찾을 수 있다. 여성과 가족이 지속적으로 실질적 평등권과 권리를 요구할수록 법과 현실의 격차가 줄어들 가능성이 높아지기 때문이다.

여성·가족 정책은 여성·가족 관련 법제도와 연관성을 갖고 추진된다. 시기별로 '평등권·가족변혁 → 사회주의노동자화·가족안정화 → 여성혁명화·가족혁명화 → 어머니역할 강조·선군가족 → 다산양육 강조·가족보수화' 등으로 정책이 변화된다.

김정은 시대 여성의 정치참여율은 17.6%이고, 주요 요직에서 여성이 차지하는 비율은 4.8~9.1%로 다양하다. 특히 외교무대에서 여성의 파워가 커지고 있다.

김정은 시대 여성의 경제활동참가율은 72%로 남성보다 12% 낮고, 고용률은 70%로 남성에 비해 11% 적다. 직업구성의 경우도 여성의 경우 남성에 비해 농업과 서비스직 비중이 높지만 전문직과 고급관리직 비중은 현저히 낮다. 반면 김정은 시대 시장경제 속에서 여성의 경제적 지위는 양분화된다. 돈주·도매상 등의 신흥부유층 중 여성이 상당수 나오는가 하면 장마당 소매상인의 절대다수를 차지한 여성들의 경제력은 축소된다. 김정은 시대에 시장경제의 발전은 복지 유상화를 초래하여 계층간, 가족간 경제적 격차가 확대된다.

김정은 시대 결혼연령은 높아지며 출산율은 떨어지고 있다. 부부와 2명의 자녀로 이뤄진 핵가족이 보편적 가족형태이다. 종래의 권위적 부부관계가 변화되고 있지만 아직은 가부장적 가족관계가 일반적이다. 김정은 시대 가족을 보수화하고 안정시키는 정책을 추진하는데, 구체적으로 어머니날 제정, 어머니대회 재개, 여맹 위상 강화로 나타난다. 시장화로 사회변화가 가속되는 속에서 가족이 보수적으로 유지된다면 전체 사회의 안정에 기여할 수 있다는 정책 의도로 해석된다.

# 01

# 북한 여성과 가족의 사회적 위상

북한에서 여성과 가족은 어떻게 살고 있을까? 한마디로 표현하기 어렵다. 왜냐하면 평양에 살고 있는 김정은 위원장의 부인 리설주 여사와 함경북도 회령시의 주부의 삶이 같지 않기 때문이다. 북한 여성과 가족은 지역, 연령, 계층에 따라 다른 삶을 살고 있다. 이러한 다양성 속에서 보통 여성·가족의 삶을 중심으로 살펴볼 것이다.

## (1) 북한 여성의 위상

북한에서 여성은 법적·제도적으로 평등권이 보장되며, 공적(公的)·사회적으로 남성과 동등한 주체이자 능동적 존재로 인식된다. 실제 정치참여, 경제활동, 사회단체 활동 등의 공적인 영역에서 여성들은 남성과 동등하게 활동하고 대우받는다. 반면에 사적(私的)·가족생활에서는 여성(부인)이 가사노동을 전담하고 남성(남편)의 권위가 강조되는 것이 일반적이다. 가사노동이란 식사준비, 청소, 세탁 등의 집안일과 자녀양육을 포함한 개념이다. 이는 제도적으로는 남녀평등이 실현되고 있으나, 현실 가족생활에서는 남성우위인 경우가 많다는 것을 의미한다. 법제도와 현실생활에서의 여성의 위상을 보면 다음과 같다.

먼저, 법·제도적으로 여성은 '혁명의 한쪽 수레바퀴'를 담당하는 주체이다. 여성은 남성과 함께 혁명의 수레를 움직이는 평등한 주체라는 것이다. 여성은 법적으로 남성과 동등한 권리를 보장받는다. 해방 직후인 1946년 7월 30일 「북조선의 남녀평등권에 대한 법령」이 공포되어 모든 영역에서의 남녀평등이 법적으로 보장된다.

다음으로, 사적·가족생활에서 남성은 권리가 많고(권리>의무), 여성은 의무가 많은(권리<의무) 것이 보편적이다. 가족생활에서 중요한 일의 결정권은 남편(남성)에게 있고, 밥하고 청소하는 집안일과 자녀 양육은 모두 일차적으로 아내(여성)의 몫이다.

보통 사회주의 국가에서 여성에게는 세 가지의 역할이 부과된다. 첫째, 사회구성원인 노동자로서 생산자 역할을 수행하는 것이다. 둘째, 가족구성원인 어머니로서 집안일과 자녀양육을 수행하는 것이다. 셋째, 계획경제의 소비자로서 생필품을 구하는 것이다. 생필품 구매자의 역할은 사회주의 계획경제에서 부족한 생필품을 사기 위해 상점에서 줄을 서거나 멀리 나가서 식량을 구해오는 일을 하는 것이다.

북한 여성도 다른 사회주의 국가 여성과 동일하게 노동자, 어머니, 소비자로서의 역할을 수행한다. 여기에 더하여 소매상인으로 가족생계를 책임진다. 구체적으로 1990년대 중반의 경제난 시기에 가족생계를 위해 여성들이 장마당에서 장사하고, 이후 2002년 7·1경제관리개선조치로 종합시장이 설치된 후에는 장마당이나 종합시장에서 경제활동을 하고 있다. 노동자는 국영기업이나 공장에서 일하는 것을 의미하고, 소매상인은 장마당·종합시장에서 시장경제활동 하는 것을 의미한다.

정리하면, 북한 여성은 공적으로 평등권이 보장된 상태에서 노동자로서 경제활동을 하면서도 사적으로는 어머니, 소비자, 소매상인으로서 역할을 수행한다. 여성들이 시장경제활동으로 돈을 벌면서 남편들에게 가사노동 분담을 요구하고 일부 남편들도 집안일을 거들기 시작했다. 하지만 여전히 가사노동은 여성의 몫으로 이중부담 문제가 제기된다. 이중부담이란 직업과 가족에서 이중역할 수행을 의미하며, 보통 여성이 노동과 가사노동(집안일 및 자녀양육), 취업과 돌봄노동(caring labor)을 담당하는 것을 말한다.

## (2) 북한 가족의 위상

자본주의 사회에서 가족은 혼인·혈연·입양으로 연결된 사람들(친족원)로 구성된 집단을 의미하며, 사회를 구성하는 기초단위이다. 북한에서도 가족을 사회의 기본단위로 인식한다. 하지만 자본주의와 달리 가족을 '사회의 세포'라 부른다. 사회를 하나의 유기체, 즉 인간의 몸과 같은 존재라 인식하며, 가족은 그 유기체를 구성하는 기초단위인 '세포'로 본다.

북한뿐 아니라 사회주의 사회에서 가족을 사회의 세포로 규정하고 '사회주의 건설의 효율적 단위'로 인식한다. 베트남의 호치민은 "사회의 핵심은 가족이다. 사회주의를 건설하기 위해서는 이 핵심부문에 충분한 관심을 두지 않으면 안 된다"며 가족의 중요성을 강조했다. 북한은 이러한 가족의 보호와 가족생활의 보장을 국가 의무로 여긴다.

북한은 가족의 중요성과 역할에 대해 각별한 관심을 기울였다. 다른 말로 가족을 잘 활용했다고 할 수 있다. 북한에서 중요한 목표 달성을 위한 과제는 가족부터 시작했다. 예를 들어 사회전체의 혁명화 과업을 위해 가족의 혁명화를 독려했다.

북한에서는 우리의 가족에 해당하는 개념을 '가정'으로 표현하는데, 사전적 개념으로 "가정은 부모와 처자, 형제자매를 비롯한 유기적으로 가장 가까운 사람들이 모여서 생활을 같이하는 우리사회의 세포"(『백과전서1』, 평양: 과학,백과사전출판사)이다. 구체적으로 '결혼이나 가장 가까운 핏줄관계에 기초'하여 현실적으로 공동 가정생활을 영위하는 일정한 범위 내의 친족으로 3촌 내 부계·모계 혈족과 배우자를 의미한다. 본 글에서는 북한에서 '가정'이라 칭하는 것을 우리식으로 '가족'으로 사용한다.

북한에서 가족을 중요시하는 것과 같은 맥락에서, 사회를 '사회주의 대가정'이라고 인식한다. 가족이 아버지와 어머니, 자녀로 이뤄진 것과 같이 '사회주의 대가정'(북한사회)은 수령(어버이), 당(어머니), 인민대중(자녀)으로 구성된다는 것이다. 이러한 공식은 부모에게 효도하듯이 수령(최고지도자)과 당에 충성해야 한다는 것으로 연결된다.

이처럼 사회의 지배관계를 가족관계에 적용한 것은 우리의 가부장제 전통을 활용한 것이라고 볼 수 있다. 가부장제란 성과 연령에 따른 위계구조를 의미한다. 구체적으로 남성 연장자(가장)가 우위에 있는 지배형태 또는 가부장이 가족에 대한 지배권을 행사하는 가족 형태를 말한다. 이러한 가부장제는 가족주의와 직결된다. 가족주의는 어떠한 경우라도 가족은 유지되고 해체되어서는 안 된다는 이념으로, 주로 여성의 희생에 의해서라도 가족을 유지시켜야 한다는 의식으로 나타난다.

북한 여성들이 가족에서 가사노동을 전담하고 남성이 우위에 있는 점, 경제난에 의해 가족생계가 위협받는 위기상황에서 가족을 살려야 한다는 일념으로 여성들이 시장경제활동을 했던 점 모두 북한사회와 가족에서 가부장제와 가족주의가 강하다는 것을 보여 준다. 이처럼 가족유지에 여성들의 역할이 중요하기에 "여자가 잘해야 집안이 흥한다"라는 말이 있을 정도이다.

# 북한 여성·가족 관련 제도 변화

북한의 여성제도와 가족제도를 분리하기는 쉽지 않다. 여성 관련법이나 정책이 사회활동 및 가족생활 영역으로 구성되고, 가족 관련법이나 정책에서 여성의 역할 등을 규정하여 상호 중첩되는 부분이 많기 때문이다. 따라서 여성과 가족을 묶어 법제도와 정책변화를 볼 것이다.

## (1) 북한 여성·가족 관련 법

① 1946년 3월 5일 「북조선 토지개혁에 관한 법령」 공포

1946년 3월 무상몰수·무상분배 원칙에 의해 자작농(농민)에게 토지를 나눠주는 토지개혁법이 실시되었다. 이때 여성은 독립자격으로 남성과 동등하게 토지를 분배받았다. 주목할 것은 토지를 분배받은 여성이 결혼하면 자기 몫의 토지를 가져갈 수 있고, 만약 이혼하면 자신 소유의 토지를 갖고 나올 수 있었다.

이처럼 여성은 토지를 분배받음으로써 경제적 기반을 확보할 수 있었다. 하지만 토지개혁으로 농민 소유가 된 토지는 협동농장화(1958년 8월 완수) 과정에서 협동농장으로 귀속된다.

② 1946년 7월 30일 「북조선의 남녀평등권에 대한 법령」(이하 '남녀평등법'이라 약칭) 공포

이 법은 봉건적 남녀관계를 개혁하고, 정치·경제·사회·문화 등 모든 영역에서의 남녀평등권을 보장하고 있다. 구체적으로 여성은 남성과 동등한 선거권을 갖고, 남성과 동일하게 노동하고 동등한 임금을 받으며, 동등한 사회보험 혜택과 교육받을 권리가 있으며, 자유결혼과 자유이혼을 보장받는다. 또한 일부일처제만 허용되고 남녀가 동등한 재산과 토지상속권을 가지며, 매춘이 금지된다.

남녀평등법으로 여성문제 해결을 위한 근본적 전환을 이루고, 그 결과 여성들은 법적으로 해방된다. 특히 일제강점기의 일부다처제(남편이 다수의 부인을 두는 결혼제도), 축첩제도, 매춘과 기생제도 등의 봉건적 관습이 남아 있던 당시 상황에서 봉건제 잔재를 타파하는 일부일처제 보장과 매춘 처벌 규정 등을 제도화하여 새로운 관습을 세워 나갔다.

③ 1946년 8월 9일 「공민증에 관한 결정서」 채택

이 결정서에 의해 호적 및 호주상속제를 폐지하고 공민증제도를 실시한다. 호적과 호주상속제란 집안의 가장인 아버지가 호주(戸主)가 되고, 이런 호주가 장남으로 계승되고, 장남은 재산과 제사를 상속받는다는 것으로 가부장제의 전형이다. 또한 공민증은 우리의 주민등록증에 해당하여 신분을 식별하는 증명서이다. 18세 이상의 여성에게도 남성과 동등하게 공민증을 교부함으로써 남녀평등의 신분장치를 제도화했다.

1955년 3월 5일에 「공민의 신분등록에 관한 규정」을 두어 북한 주민의 신분을 확인하는 절차와 혼인등록 절차를 강화한다. 한국전쟁 종전 후에 신분확인 제도를 강화하여 사회질서를 확립하려 한 것으로 볼 수 있다. 여기서 혼인등록은 거주지의 신분등록소에 부부가 출두하여 혼인신고서를 제출하고 공민증에 등록하는 절차로 이뤄진다.

④ 1948년 9월 8일 「조선민주주의인민공화국 헌법」 제정

1948년 헌법은 선거권의 평등(제12조), 남녀평등조항(제22조), 혼인 및 가정의 보호(제23조) 등의 조항을 명시하고 있다. 이는 남녀평등법으로 보장된 동등권을 재확인하는 동시에 가족을 보호하고 안정화하는 제도를 확립하는 것이다.

⑤ 1972년 12월 27일 「조선민주주의인민공화국 사회주의헌법」 제정

1948년의 헌법 대신 1972년 사회주의헌법이 제정됨으로써 북한은 사회주의체제의 성격을 강화한다. 1972년의 헌법은 8차례(1992년, 1998년, 2009년, 2010년, 2012년, 2013년, 2016년, 2019년)의 수정보충(개정)을 거친다. 최근 개정된 2019년 4월 11일 헌법은 북한 주민이라면 모든 분야에서 동등한 권리를 가지며, 여성은 남성과 동등한 사회적 지위와 권리를 갖고, 국가가 여성들의 모성을 보호하고 가정을 보호한다는 것을 규정하고 있다.

---

제65조 공민은 국가사회생활의 모든 분야에서 누구나 다 같은 권리를 가진다.
제66조 17살 이상의 모든 공민은 성별, 민족별, 직업, 거주기간, 재산과 지식 정도, 당별, 정견, 신앙에 관계없이 선거할 권리와 선거받을 권리를 가진다.
제77조 녀자는 남자와 똑같은 사회적 지위와 권리를 가진다. 국가는 산전산후휴가의 보장, 여러 어린이를 가진 어머니를 위한 로동시간의 단축, 산원, 탁아소와 유치원망의 확장 그 밖의 시책을 통하여 어머니와 어린이를 특별히 보호한다. 국가는 녀성들이 사회에 진출할 온갖 조건을 지어 준다.
제78조 결혼과 가정은 국가의 보호를 받는다. 국가는 사회의 기층생활단위인 가정을 공고히하는 데 깊은 관심을 돌린다.

---

⑥ 1990년 10월 24일 「조선민주주의인민공화국 가족법」(이하 '가족법'이라 약칭) 제정

가족법은 1993년, 2004년, 2007년, 2009년 개정된다. 가족법은 가

족의 결혼, 가정, 후견, 상속 등 가족을 형성하고 유지하는 것과 관련된 조항을 담아 기본적으로 가족의 공고화를 꾀하고 있다. 특히 가족법에서 가족구성원 간의 부양의 의무를 규정하는 점에 주목할 필요가 있다. 가족의 부양의무를 배우자간, 부모자식간, 형제자매간, 조부모손자녀간으로 규정하고 있다. 즉, 배우자는 노동력을 잃은 배우자를 부양하고, 부모는 자녀를 양육하고 자녀는 노동능력을 잃은 부모의 생활을 책임지고 돌봐야 하고, 조부모는 부모 없는 손자녀를 부양하고 성인 손자녀는 자녀가 없는 조부모를 부양하고, 형제자매는 돌볼 자가 없는 형제자매를 부양할 의무가 있다고 적시하고 있다.

이러한 가족부양 조항은 원래 가족을 보호하고 부양하는 일차적 의무는 국가에 있지만, 이미 80년대 말부터 경제적 어려움이 시작되어 가족부양의무를 가족에게 전가하기 위한 것이라고 해석된다.

2009년 개정법에서는 이혼할 때 부득이한 사유가 없는 한 3살 아래 자녀는 어머니가 양육하고(제22조), 양육비는 자녀수에 따라 월수입의 10~30% 범위에서 재판소가 정하게(제23조) 규정하여 이혼 할 때 어머니의 자녀양육권을 강화하고 양육비를 높이고 있다.

⑦ 2010년 10월 22일 「조선민주주의인민공화국 녀성권리보장법」 제정

여성권리보장법은 기존법령의 여성권리 및 보호규정을 재확인하는 동시에 여성권리 보장을 구체화한다. 이 법은 2011년, 2015년 개정되는데 2015년의 개정법을 보면 임신여성 야간노동 금지(제30조), 임금에서의 남녀차별 금지, 3명 이상 자녀를 둔 여성노동자는 6시간 노동하고 생활비(임금) 전액 지불 받음(제31조), 산전 60일 산후 180일간의 산전산후휴가 보장(제33조), 결혼·임신·산전산후휴가 등의 이유로 제적(해고) 금지(제34조), 여성들에 대한 사회보험제 철저한 실시(제35조) 등을 규정하고 있다. 그 외에 재산상속에서의 남녀평등, 가정폭력 금지, 출산의 자유 등을 보장하고 있다.

특이 사항은 가정폭력을 금지하는 조항이 있다는 것이다. 이는 남편이 아내나 자녀를 폭행하는 가정폭력이 법에서 금지해야 할 만큼 일상화된 현실을 보여 주는 동시에 국가가 이를 규제하기 시작했다는 것을 의미한다. 또한 240일간의 산전산후휴가 조항은 2011년 법에서 산전 60일 산후 90일로 150일의 산전산후휴가일을 90일 증대시킨 것이다.

※ 해석: 이상 살펴본 바와 같이 북한은 법적으로 여성의 평등권을 보장하고, 가족을 보호하고 있다. 특히 개정 가족법과 개정 여성권리보장법에서 이혼시 여성의 자녀양육권 강화, 가정폭력금지, 산전산후휴가일 연장 등의 조치가 취해져 여성의 권리증진을 위한 법제를 만들어 가고 있음을 알 수 있다. 그만큼 국가가 그 문제를 해결해 내겠다는 의지의 표현이기도 하다. 법과 현실 사이에 괴리가 있더라도, 이러한 법 규정이 있다는 것 자체만으로도 의미를 찾을 수 있다. 여성과 가족이 지속적으로 실질적인 평등권과 권리에 대한 요구를 많이 할수록 법과 현실의 격차가 줄어들 가능성이 높아지기 때문이다.

## (2) 북한 여성·가족 관련 정책

북한은 해방 직후부터 여성·가족정책을 추진하기 시작했고, 북한이 규정하는 혁명단계(시기별)로 여성·가족정책을 변화시켰다.

먼저 반제반봉건민주주의혁명단계(해방~1947년 2월)의 여성정책은 여성의 법·제도적 해방을 추구하며 평등권 보장에 집중했고, 가족정책은 봉건적 유습을 청산하고 가족을 보호하는 방향으로 진행되었다.

다음으로 사회주의혁명단계(1947년 2월~1958년 8월)에 농업집단화와 개인상공업이 폐지되어 '사회주의혁명 완수'(생산관계의 사회주의화)를 선언(1958년 8월)한다. 이러한 사회주의제도 속에서 여성들의 사회주의 노동자화(근로여성화)가 추진되고 경제적 역할이 강조된다. 이 시기 사회의 안정을 위해 가족의 해체를 막는 조치가 취해진다. 즉, 부부가 합의하여 이혼할 수 있는 합의이혼제가 폐지되고 재판으로만 이혼을 할 수 있는 재판이혼제가 도입된다.

다음 혁명단계는 사회주의혁명 완수 후의 '계속혁명단계'이다. 계속혁명단계는 김일성시기, 김정일시기, 김정은시기로 나눌 수 있다.

김일성시기는 사회의 혁명화가 주요 목표였고, 이와 관련하여 여성과 가족의 혁명화가 강조되었다. 즉, 사회혁명화는 가족혁명화에서 시작하는데, 이는 여성이 혁명화되어 여성의 모범으로 남편과 자녀를 혁명화시켜 가족의 혁명화를 이룰 수 있다는 것이다.

김정일시기는 선군정치를 표방했기에 선군가족정책이 추진된다. 선군가족에게는 군대를 원호하는 것이 가장 중요한 역할이고, 다음으로 자녀를 훌륭한 군인으로 양성하는 역할이 주어진다. 여성정책은 원군과 군인양성을 수행해야 할 어머니의 역할을 강조하는 데 집중된다.

김정은시기는 공식적으로는 선군가족정책을 계속 추진한다. 그러면서도 가족을 보수화하는 정책을 강화하고 있다. 사회적으로 시장경제개혁을 추진하면서 가족은 안정적으로 지켜내려는 정책 방향이다. 어머니의 가장 중요한 역할은 자녀를 많이 낳아 잘 키우는 것으로 강조되고, 이혼도 더욱 규제한다. 또한 2014년 농업개혁을 추진하여 가족단위의 자율경영제인 '포전담당제'를 시작했다. 포전담당제는 협동농장의 분조단위(작업단위)를 기존의 10~25명에서 4~6명의 가족단위로 줄여 생산력을 향상시키려는 조치이다. 이로써 일가족이 농사지어 나눠 갖는 영농방식이 적용되어 가족중심 경제구조를 형성한다. 이는 곧 가족에서 일반적으로 농사를 지시하는 세대주(가장)의 위상을 강화하고 실제로 농사를 짓는 여성의 부담 증가를 초래한다.

지금까지의 여성·가족정책은 앞서 살펴본 법제도 변화와 직결되어 있다. 관련법을 실현하는 것이 정책이기에 법제도와 정책은 함께 간다. 이상의 내용을 정리하면 다음 <표 7-1>과 같다.

<표 7-1> 북한 여성·가족 정책의 변화

| 혁명단계 | 가족 및 여성 정책의 내용 |
|---|---|
| 반제반봉건민주의<br>혁명단계<br>(1945.8~1947.2) | • 여성 법·제도적 해방: 봉건적 유습청산, 여성의 법적 평등권 보장<br>• 가족 봉건잔재 변혁: 봉건적 가족제도(호주제 등) 변혁하고 가족 보호 |
| 사회주의혁명단계<br>(~1958.8) | • 여성 사회적 해방: 여성의 사회주의 경제활동 강화, 사회주의노동자화(사회주의 노동자화란 농업집단화, 개인상공업폐지 상태에서 국영기업에 종사하는 것을 의미)<br>• 가족안정화: 합의이혼제 폐지하고 재판이혼제만 허용 등 가족안정화 추구 |
| 계속혁명단계1:<br>김일성 및<br>유훈통치시기<br>(~98.9) | • 북한사회의 혁명화 정책과 같은 맥락에서 여성이 혁명화함으로써 남편혁명화와 자녀혁명화(사회주의형 인간 양성)에 모범이 될 것을 강조.<br>• 가족혁명화는 전체 사회 혁명화의 기초, 가족의 부양책임 강조(가족법) |
| 계속혁명단계2:<br>김정일선군정치시기<br>(~2011.12) | • 여성은 가정에서 선군가족을 만드는 주체<br>• 선군가족정책으로 가족이 원군(군대를 도움)과 자녀를 군인으로 양성하는 역할 수행할 것을 강조<br>※ 경제난으로 가족해체의 사례 증가하고, 여성의 사경제활동 증가 |
| 계속혁명단계3:<br>김정은시기<br>(~현재) | • 여성의 어머니역할을 강조. 여성의 정치적 역할 확대<br>• 공식적으로 선군가족정책은 지속하면서도 가족보수화 정책 추진(대표적 예로 포전담당제, 이혼규제 강화)<br>※ 포전담당제: 2014농업개혁안에 생산체제(분조단위)를 가족단위로 자율경영하는 방식으로 전환(cf.70년대 중국 농가생산책임제와 유사), 이는 세대주(가장)의 위상 강화 및 여성 부담 증가를 의미 |

출처: 본 연구자가 작성함

# 03

## 김정은 시대 여성의 삶

### (1) 여성의 정치참여

여성의 정치적 지위는 정치참여율과 주요 요직을 차지하는 비율로 분석할 수 있다. 여성의 정치참여율은 의회에서 여성이 차지하는 비율을 의미한다.

먼저, 북한 여성의 정치참여율은 17.6%이다. 2019년 3월 10일 최고인민회의(우리의 국회에 해당) 14기 대의원(우리의 국회의원에 해당) 선거에서 687명의 대의원이 선출되었다. 40대와 50대 중심으로 구성되었는데 전체 대의원 중 여성은 17.6%를 차지한다. 참고로 우리의 20대 국회의원 중 여성은 51명으로 전체의 17.1%를 차지하며, 유엔에서 권고하는 여성정치참여율은 30%이다.

다음으로 주요 요직에서 여성이 차지하는 비율을 보면 4.8~9.1%로 다양하다. 조선로동당의 경우 2016년 5월 제7차 당대회에 참여한 결의권 대표자가 3,476명이고, 이 중 여성은 315명으로 9.1%를 차지한다. 결의권 대표자는 당원 1,000명당 1명이 선출되는 것을 기준으로 계산하면 전체 당원은 346만 7,000여 명(인구의 13%)이고, 여성은 전체 당원의 9.1%에 달한다. 북한의 평균 가족구성원이 4명인 점을 감안하면 인구의 절반 이상이 조선로동당원이나 그 가족이라 할 수 있다. 또한 조선로동당 중앙위원회 정의원이라는 요직의 여성은 김정은 위원장의 여동생인 김여정 당 선전선동부 제1부부장 외에 홍선옥(조선사회주의여성동맹 부위원장), 김정숙(조선대외문화연락위원회 위원장, 김일성주석의 사촌), 현송월(당 선전선동부 부부장 겸 삼지연관현악단장), 최선희(외무성 제1부상으로 우리의 외교부 차관에 해당) 등이다.

2019년 14기 최고인민회의 상임위원회 중 장춘실(조선사회주의여성동맹 중앙위원회 위원장) 위원이 유일한 여성이고, 최고인민회의 2명의 부의장 중 1명이 여성으로 박금희 평양교원대학장이다.

북한에서 국가주권의 최고정책 지도기관(최고 권력기관)은 국무위원회인데 김정은 국무위원장 아래 제1부위원장 최룡해와 부위원장 박봉주가 있으며, 위원이 11명이다. 위원 중 최선희 외무성 제1부상이 유일한 여성이다.

북한의 내각(우리의 행정부에 해당)은 2018년 기준으로 8위원회, 32성, 2국, 1원, 1은행 등 총 44개 부서로 구성된다. 이 중 일용품공업상 리강성과 보건상 오춘복이 여성(우리의 장관격)으로 전체의 4.5%에 해당한다.

북한에서 가장 강력한 여성은 김여정으로 김정은 위원장의 사실상 국정 운영의 동반자라 할 수 있다. 김정은 시대 변화된 점은 외교무대에서 여성의 파워가 커졌다는 것이다. 남북정상회담과 북미정상회담에서 최선희 외무성 제1부상과 현송월 당 선전선동부 부부장 겸 삼지연관현악단장의 활약이 눈에 띈다.

아울러 북한은 국제무대에서 여성파워가 커지고 있다는 점에 주목하며, 정부 및 민간에서 여성지도자 양성의 필요성을 인식하고 있다. 향후 여성 지도자가 증대할 것으로 예상된다.

## (2) 여성의 경제활동

통계청의 『2018 북한의 주요통계지표』에 의하면 2017년 기준으로 북한 인구는 2,501만 명이다. 남성은 1,222만 명, 여성은 1,280만 명으로 성비(여자 100명당 남자 수)가 95.4%이다. 15세 이상 인구(2,000만 명) 중 경제활동 하는 사람의 비율은 1,410만 명으로 경제활동참가율은 70.5%이다. 남한의 경제활동참가율은 63.2%로 북한보다 7.3% 낮다.

반면 ILO의 추계치(『2016 성평등자료집』)에 의하면 2013년 경제활동참가율의 경우 남성은 84.2%, 여성은 72.2%로 여성이 12.0% 낮다. 또한 고용률은 2013년 기준으로 남성은 79.9%, 여성은 69.4%로 여성이 10.5% 적다.

직업구성의 경우 2008년 기준(김두섭, 『2010 북한 인구센서스 분석연구』)으로 남성은 농수산·임업 30.2%> 기술직 22.0%> 기계조정 17.5%> 단순노동 13.7%> 전문직 10.5%> 고급관리직 2.5%> 준전문직2.4%> 서비스직0.9%> 사무직0.3%이며, 여성은 농수산·임업 39.9%> 서비스직 13.1%> 기술직12.5% > 단순노동10.9%> 기계조정 10.8%> 전문직 5.9%> 준전문직4.9%> 사무직1.4%> 고급관리직 0.5%를 차지한다.

이상의 내용을 정리하면 여성의 경제활동참가율은 72%로 남성보다 12% 낮고, 고용률은 70%로 남성보다 11% 적다. 직종의 경우도 여성의 경우 남성에 비해 농업과 서비스직 비중이 높지만 전문직과 고급관리직 비중은 현저히 낮다. 이상은 공적영역, 즉 사회주의 계획경제에서의 여성의 경제적 지위에 해당한다.

그러나 실제로 1990년대 중반의 경제난 이후 여성들은 시장경제활동을 통해 가족의 생계를 유지해 왔다. 1997년 기준으로 4인 가족 생활비가 2,000원 정도 필요한데 노동자의 평균임금은 100원이었다. 경제난 속에서 공장이나 기업소에 나가도 임금을 받을 수 없었고 받더라도 물가가 오른 인플레이션 상태라 임금은 턱없이 부족했다. 당시 장마당에서 토끼 한 마리 가격은 100원으로 노동자 한 달 임금에 해당하였다. 이는 여성들의 시장경제활동에 의해 가족생활이 유지되었다는 것을 의미한다. 1990년대 시장경제활동 종사자 중 50% 이상이 장마당 소매상인이었고, 소매상인 중 3/4 이상이 여성이었다.

여성들의 시장경제활동은 김정은 시대에도 활발히 전개되지만, 그 양상은 변화된다. 김정은 시대 들어 시장경제개혁이 강화된다. 특히 '사회주의 기업책임관리제'는 기업들의 적극적인 시장활동을 독려함으로써 무역회사의 무역업이 시장화의 핵심적 존재로 자리 잡는다. 반면 장마당 소매상인은 시장경제종사자 중 20% 전후로 축소된다.

권력층 중심의 무역회사가 시장경제를 장악하는 변화 속에 여성의 경제적 지위도 양분화 된다. 돈주(무역 등을 통해 부를 축적한 신층자본가), 도매상, 환전상 등의 신흥부유층 중 여성이 상당수 나온다. 반면 장마당 소매상인의 절대다수를 차지한 여성들의 경제력이 축소된다. 또한 계획경제도 안정화됨으로써 도시의 보통 여성들은 기업과 공장의 사무원이나 노동자로 일하는 것이 일반적이다.

김정은 시대에 시장경제의 확대는 복지 유상화를 초래한다. 식량배급제와 사회보장서비스가 사실상 유료화됨으로써 계층간, 가족간 경제적 격차가 확대된다.

# 04

# 김정은 시대 가족생활

## (1) 가족구조

기본적으로 가족의 형성은 결혼으로, 가족의 해체는 이혼으로 이뤄진다. 북한에서 결혼은 자유의사에 따라 결혼하는 자유결혼제를 보장하지만 법률혼만 인정하고 있다. 앞서 살펴본 것과 같이 신분등록소에 등록을 해야만 부부로 인정되어 사실혼은 불허한다. 법적인 결혼 연령은 남성 18세, 여성 17세이다. 이혼은 1956년부터 재판이혼만 가능하다. 법률적으로 공식적 이혼사유는 혼인을 지속할 수 없는 심각한 사유가 있을 때이며, 이혼을 제기하는 쪽에서 벌금을 내야 한다. 재판에서 인정되는 이혼사유는 정치사상범, 무자녀 등이다. 특히 김정은 시대 오면 자녀에게 좋지 않은 영향을 미칠 수 있다는 이유로 이혼을 더욱 규제하고 있다.

이와 같은 결혼과 이혼의 제도가 있지만, 현실적 적용은 다른 경우가 생긴다. 특히 여성들의 결혼관이 획기적으로 변화된다. 과거에는 남성 27세, 여성 24~25세를 결혼적령기로 여기고 결혼을 당연하게 생각했다. 그러나 이제 여성들은 결혼을 늦게 한거나 기피하는 경우가 많고, 이러한 경향은 증가하고 있다. 주로 종합시장이나 장마당에서 장사하는 사람은 여성들인데, 이들이 결혼하면 집안일 등으로 돈 버는 데 지장이 있고, 남편들이 도와주지 않으면서 권위를 세우는 것이 싫어서도 결혼을 기피한다.

동시에 출산율도 떨어지고 있다. 김정은 시대 들어 다산을 장려하고 '모든 종류의 낙태와 산아제한 절차를 금지'하는 정책을 실시하고 있지만 출산율 하락을 막지는 못하고 있다. 유엔 자료에 따르면 북한 출산율은 1960년대 후반과 1970년대 초반에 3명이었지만 이후 지속적으로 하락하여 현재 1.9명으로 둔화되었다. 나아가 도시와 전문직 여성들은 1명의 아이만 갖는 경우가 많아지고 있다. 보통의 사람들은 자녀 양육과 교육에 대한 경제적 부담으로 출산을 기피하는 경우가 많다. 노동자나 사무원은 공장과 기업소에 탁아소가 있어 큰 무리가 없지만, 장사하는 여성의 경우 이른 시간부터 늦은 시간까지 자녀를 맡길 곳이 없어서 최근엔 친정엄마, 친척을 동원하고 돌보미까지 두는 경우도 있다. 경제적으로 여유가 있는 사람들은 한 아이에게 집중적으로 투자하여 미래를 보장하기 위해 1명만 출산하는 경우가 많다

이혼실태를 보면 여성들이 이혼을 원하는 경우가 증대하는데, 법원에서 인정하는 이혼사유가 아니더라도 이혼을 제기하면서 벌금을 내고 이혼을 성사시키는 경우가 많다.

가족구조를 보면 부모와 2명의 자녀로 구성된 핵가족이 보편적 형태이다. 가족관계에서는 보통 남편이 지배하고 부인은 순종하는 부부관계를, 자녀가 절대복종하는 부모자식관계를 형성하고 있다. 북한에서 여성은 밖에서 일을 하여도 집에 와서 가사노동(집안일과 자녀양육)을 전담하여 이중부담을 진다.

그동안의 가족관계에서 여성들의 의식이 변화되어 남성들에게 가사노동 분담을 요구하기 시작했다. 남성들도 조금씩 변화되어 집안일이나 자녀 양육을 도와주는 비중이 늘고 있으나, 그건 어디까지나 '여성의 일인데 내가 도와주는 것이다'라는 생각이지 '당연히 내 일'이라는 동등한 역할분담의식을 갖는 비중은 크지 않다고 본다. 국가적으로도 가사노동의 남녀분담에 대해 아무런 언급이 없었는데 2004년 11월 대중종

합잡지인 「천리마」에서 남성들에게 집에 오면 밥 짓고 아이 옷단장도 시키라고 교양시키기 시작한다. 최근 남성들이 변화하고 있다 하더라도 가족구성원간의 가부장적 관계 자체가 변한 것은 아니다.

## (2) 가족보수화 정책

김정은 시대 들어 특기할 사안은 가족을 보수화하고 안정시키는 정책을 강화한다는 것이다. 구체적으로 어머니날을 제정하고, 어머니대회를 재개하며, 조선사회주의여성동맹(이하 '여맹'으로 약칭)의 위상을 높이는 것으로 나타난다.

첫째, 김정은 위원장 집권 초기인 2012년에 어머니날을 11월 16일로 제정한다. 김일성 주석이 1961년 11월 16일 제1차 전국어머니대회에서 '자녀교양에서 어머니들의 임무'를 연설한 날을 기념하여 어머니날을 제정한 것이다. 당시 김일성 주석의 연설 요지는 어머니들이 자녀를 공산주의 인간으로 교양하고 양육해야 한다는 것이다.

어머니날을 제정한 것을 두 가지 의미로 해석 가능하다. 먼저, 가족에서 어머니가 핵심역할을 수행하기에 어머니를 강조하는 것이다. 다음으로 당은 '어머니 당'이라 하여 어머니로 상징되기에, 어머니는 작게는 한 가정의 어머니뿐 아니라 크게는 당을 의미하기에 당을 존중하는 숨겨진 의미도 있다. 사회는 시장화로 개혁개방을 추구하나, 가족을 보수적으로 지켜 사회의 안정을 도모하는 의도도 있다. 어머니날 자녀들은 어머니에게 꽃과 선물을 선사한다.

둘째, 2012년 11월 15일 어머니대회를 개최한다. 1961년 처음 어머니대회가 열린 후로 1998년에 2차 대회, 2005년에 3차 대회가 열렸고 이번 대회는 7년 만이다. 어머니날 전날에 어머니대회를 열어 어머니날의 분위기를 더 고조시켰다. 김정은 위원장이 강조하는 어머니 역할은 "여성의 가장 큰 덕목은 아이 많이 낳아 키우는 것"이라 한 것처럼 다산과 양육에 있다.

셋째, 어머니 역할의 강화는 여맹 위상의 격상으로 연결된다. 여맹은 결혼한 가두여성(가정주부)으로 타 단체에 속하지 않은 여성들을 대상으로 한 근로단체이다. 김정일시기와 비교하여 김정은시기 어머니 역할을 더욱 강조하는 상황에서, 여맹은 어머니대회를 주최하고 어머니들을 독려하는 역할을 수행하면서 그 정치적 중요성이 부각된다. 관련하여 여맹은 2016년 11월 18일 조선민주여성동맹에서 조선사회주의여성동맹으로 명칭을 변경한다.

### (5) 북한 여성·가족의 이해와 해석

남북한은 사회주의와 자본주의로 체제가 다르지만, 그 속에 살고 있는 주민들의 삶, 가족의 생활은 비슷해져 가고 있다. 북한과 남한이 유사한 시기에 경제적으로 어려워져서 북한은 1994년부터 경제난을 겪고 우리나라는 1997년 11월부터 IMF 시기를 견뎌야 했다. 당시 남북한 모두 남편의 월급만으로는 살기 어려운 상황이 오자, 여성들이 경제활동에 적극 뛰어들기 시작했다. 남북한 모두 가부장적인 사회라, 집안일과 육아 모두 여성의 일이라 생각하는 관습상 여성들은 이중부담에 시달리고 있다. 그 결과 여성들이 결혼을 미루고 출산을 기피하는 현상도 남과 북이 동일하게 겪고 있다.

주목할 사안은 남북한 모두 가부장적 사회지만 아들보다 딸을 선호하는 현상이 강해지고 있다는 것이다. 북한에서 아들만 둘이면 '국제고아'라고 할 정도이다. 여성들이 맞벌이를 하면서 자녀양육을 친정에 부탁하기도 하고 경제적 여유가 생기면 친정을 먼저 도와주는 변화 속에서 나온 현상이라고 판단된다.

관련하여 남북한 가부장제, 남녀 역할에 대한 고정관념(성역할고정성)을 변화시킬 것이 요구된다. UN여성차별철폐위원회는 2017년 11월 북한에 대한 심의보고서에서 "여성과 남성의 가정과 사회 내 역할과 책임에 대한 차별적인 고정관념이 지속되는 것을 우려한다"고 지적하면서 "어린이를 양육·교육하는 사회와 가정에서의 임무에 여성들을 가두는 것"을 경계하고 있다.

---

토의주제

1. 북한 여성·가족 관련하여 법·제도적 보장과 현실 간의 차이를 어떻게 이해해야 할 것인가?

2. 김정은 시대 북한 여성의 정치적 지위와 경제적 지위를 고려할 때 북한 여성의 사회적 위상은 어느 정도라고 생각하는가?

3. 김정은 시대에 어머니날을 제정하고 어머니대회를 개최하며 여맹의 역할을 강화하고 있다. 이러한 가족의 보수화 현상을 어떻게 해석해야 할 것인가?

4. 남북한은 체제는 다르지만 가부장제라는 공통점을 갖고 있다. 남북한의 체제의 차이점과 가부장제의 공통점 중 어떤 것이 더 많다고 생각하는가? 그리고 공통점과 차이점 중 어떤 것이 더 결정적이라고 보는가?

5. 남북한 통합·통일과정에서 남북한의 가부장제를 극복하여 어떤 남녀관계와 가족을 지향해야 할 것인지 생각해 보자.

| | |
|---|---|
| 도<br>입 | 이 주제와 관련 동영상<br>〈북한군의 실상〉<br>출처: 통일부 통일교육원<br><br> |
| 교<br>육<br>목<br>표 | 1. 북한군에 대한 역사를 이해한다.<br>2. 북한의 군사체제와 군사력을 살펴본다.<br>3. 김정은 위원장 집권 이후 북한의 군사정책을 살펴본다.<br>4. 남북한 군사적 긴장완화와 신뢰구축을 위한 방안을 모색해 본다. |

# 북한 군사정책 이해

내용요약

　북한은 정부수립보다 7개월 앞선 1948년 2월 북한군(조선인민군)을 창설하였다. 이는 당시 북한 김일성이 정부수립 과정에서 보안대 등 국가무력기구를 장악하고 중요한 역할을 담당하였다는 것을 보여 준다.

　북한군은 창설 초기 소련군정에 의해 영향을 받았으며, 사회국가 특성상 군의 위상과 역할은 컸다. 북한군은 1950년 한국전쟁을 거치면서 우리에게 '인민군'에 대한 기억이 공포로 남아 있다. 한국전쟁 이후 약화된 북한군은 1960년대-1970년대에 증강된 군사력으로 대외압박을 강화해 왔다. 1990년대 이후 탈냉전기 시대를 맞이하면서 김정일 국방위원장 체제의 북한은 심각한 식량난과 경제난을 군 중심의 비상체제인 '선군정치'로 돌파하려 노력하였다.

　또한, 1980년대부터 진행되어 온 북한의 핵개발은 탈냉전기 도래 이후 북한의 정치·안보적 열쇠를 해결하기 위해 지속적으로 추진되었다. 1990년대 이후 탈냉전기 시대의 북한의 군사력 증강은 주로 핵개발과 연계되어 진행되어 왔으며 김정은 정권은 권력승계와 체제안정을 위하여 군사안보전략으로 '핵무력 강화정책'을 채택하였고, 대외안보정책 역시 핵무력 강화에 따른 후폭풍을 사후적으로 관리하는 데 중점을 두고 있다. 남한과 국제사회의 북핵의 평화적 해결 노력과 대북제재에도 불구하고, 북한은 2006년 1차 핵실험 성공 이후 2017년 까지 6차에 걸친 핵실험을 감행하였다. 결과적으로, 북한의 군사정책은 체제 보장을 근간으로 핵개발을 통한 대외 군사력 확보에 초점을 두고 있는 것으로 평가된다.

　하지만 우리 정부의 남북관계 개선 의지와 북한의 경제발전 추진은 지난 세 차례의 남북정상회담과 4.27판문점선언, 9.19평양공동선언 등으로 남북관계는 새로운 국면을 맞이하였다. 2018년 4월 27일 남북 정상이 합의한 '판문점 선언'에는 군사적 긴장완화와 전쟁위험 해소를 위한 조치로써 상호적대 행위 중지, 비무장지대의 평화지대화, 서해 북방한계선 일대의 평화수역 조성 및 우발적 충돌 방지조치, 군사 당국자 회담 수시개최 등이 포함되었다. 이러한 남북간의 군사적 긴장완화와 신뢰구축은 한반도 평화체제 구축에 중요한 역할을 담당할 것이다.

# 01

## 북한 군사정책의 인식과 이해

　　1990년대 이후 동구권의 몰락으로 인한 세계 냉전구도 와해에도 불구하고, 남북한은 한국전쟁 이후 휴전상태에 있으며 지금까지 체제 정통성 경쟁을 필두로 첨예한 정치적, 군사적 대립상황을 유지해 오고 있다. 특히, 타 국가와는 달리 북한은 '북한식 사회주의체제(유일수령체제)' 유지를 최고의 국가목표로 한국과는 물론 미국과 서방세계와의 대립구도를 구축하고 있다.

　　이 글은 폐쇄적인 북한체제를 이해하고 보다 과학적인 북한의 군사정책을 분석하기 위해 북한군의 역사와 성격을 살펴보고 김정은 정권의 군사정책의 특징을 분석하고자 한다.

　　먼저, 군사전략의 개념은 국가전략(Grand Strategy)의 이해에서 출발한다고 상정할 때 국가전략은 국제체제에서 국가지도부가 자국의 이익을 달성하기 위하여 군사력(hard power)과 경제적, 문화가치(soft power) 등의 수단을(means) 이용하는 것을 말한다. 그리고 국가안보는 국가전략의 가장 중요한 핵심고려사항이며, 군사안보의 개념은 국가생존의 가장 근본적인 수단으로 인식된다고 말할 수 있을 것이다.

　　1990년대 동구권의 몰락과 함께, 동아시아 지역에서 미국 주도의 정치적, 경제적 정세구축은 북한을 수세에 처하게 만드는 가장 큰 외부적 변화요소로 작용하게 되었다. 북한의 안보정책은 북한 지도부로 하여금 국가전략 목표의 핵심고려사항으로 인식하게 되었다. 일반적으로 군사정책은 국가안보를 위한 수단으로 사용되지만, 북한의 경우는 그 이상의 국가정책으로써 한국과의 체제경쟁, 한미군사동맹의 반대급부로 극대화하여 국내통치기제 및 정권유지 도구로 활용해 왔다. 또한, 북한 권력층 또는 정책결정자들은 수령체제의 붕괴는 곧 국가의 붕괴로 인식하고 있다는 것이다.

# 02

# 북한군의 역사와 성격

## (1) 북한군의 창건과 역사

북한은 정부수립보다 7개월 앞선 1948년 2월 북한군(조선인민군, 이하 북한군)을 창설하였다. 이는 당시 북한 김일성은 정부수립 과정에서 보안대 등 국가무력기구를 장악하고 중요한 역할을 담당하였다는 것을 보여 준다. 해방 직후 자생 치안조직이 결성되어 있었으나, 1945년 10월 12일 소련군 사령부는 북한 지역의 모든 무장조직을 해산시키고 신설 5도 행정국 10국의 하나인 보안대를 만들었다. 보안대를 김일성과 같은 빨치산 출신의 최용건을 맡기고, 군사·정치간부를 양성하기 위한 평양학원도 빨치산 출신인 기석복, 안길에게 맡김으로써 일찍부터 소련과의 협의하에 빨치산 출신 세력과 함께 무력기구를 통한 북한지역 장악에 주력하였음을 알 수 있다.

그 이후 1946년 1월 김일성의 지시에 따라 철도보안대, 6월 군부대의 양성기간인 중앙보안간부학교가 설치되었다. 8월에는 이들 조직을 통제하기 위한 보안간부훈련대대부가 창설되었고, 이어 1946년 2월 임시행정조직으로 김일성 위원장을 직접 보좌하는 무력기구가 되었다. 보안간부훈련대대부는 빨치산 출신인 최용건과 김일을 각각 사령관과 부사령관에 임명하고 연안파의 무정과 안길을 포병부사령관과 총참모장에 임명하였다. 해방 직후 북한 군대의 지휘부는 김일성과 이를 따르는 빨치산 출신이 장악하게 된 것이다.

북한군은 1946년 이후 보안간부훈련대대부의 통제를 받는 각급 훈련소가 통폐합과정을 거쳐 정규군대화 과정을 거치게 된다. 1947년 5월 보안간부훈련대대부가 북조선인민집단군사령부로 개칭되었고, 산하 인민집단군 제1경보병사단, 제2경보병사단, 제3혼성여단으로 확대되어 정규군 명칭을 사용하기 시작했다. 1948년 2월 4일 인민위원회 민족보위국이 설치되어 군에 대한 행정통제 역할을 담당하게 되었으며 2월 8일 인민군 창군식이 열려 인민집단총사령부가 인민군총사령부로 각 예하 사단도 정규군으로 편성되었다. 이로써 북한군은 정식 창군되었으며 1948년 9월 북한 정부가 수립되면서 북한 내 주둔하던 소련군(4만 5,000명)은 당해연도 12월 말까지 철수하게 된다.

북한군은 1950년 한국전쟁 이전에 중국내 한인부대의 귀환과 소련의 군장비 지원으로 확대되어 창군 시절보다 크게 증강되었다. 북한군 창군 당시 2개 보병사단, 1개 보병여단, 3개 예비대대 등을 포함하여 약 2만 9,000명 정도에서 1949년 8~9월에는 5개 보병사단, 1개 기갑여단, 1개 독립연대, 2개 포병부대 등으로 전체 8만 5,000명(육군 8만 명 포함)으로 늘어났고, 1950년 6월에는 10개 보병사단, 1개 기갑여단, 1개 포병사단 등 19만 8,000명(육군 18만 2,000명)으로 확대되었다(소련측 작성 문서).[1] 그러나, 1950년 한국전쟁 발발 이후 한국전쟁 개전 당시 남한보다 2배 정도의 병력과 군장비 우세에도 불구하고 미군을 비롯한 유엔군의 개입으로 북한군은 궤멸 수준으로 전력이 떨어졌다. 1950년 12월 북한군은 중국군과 함께 중·조연합사령부를 구성하여 이후 중국군의 도움을 받았다. 1953년 휴전 당시 북한군은 35만 명 수준으로써 유지되었으며, 한국전쟁 휴전 이후 중국군이 주둔하면서 중국과 소련의 군 주요

---

1) Alexandre Y. Mansourov, *Communist War Coalition Formation and the Origins of the Korean War* (New York: Columbia Univ. Press, 1997), pp. 440-447.

장비 지원으로 북한군이 재건되었다.

북한군은 한국전쟁 이후 1950년대 휴전 당시 수준의 40만 명의 병력 규모를 유지하였으며 공군력과 장비 현대화에 주력하였다. 1950년대 전반기에만 북한군은 소련으로부터 2,000여 대의 전차 및 자주포, 800여 대의 항공기가 공급되었다고 한다. 1958년 10월 중국군이 철수하면서 중·조연합사 작전통제를 받던 북한 최고사령부 참모부가 해체되고 1959년 1월 노농적위대가 창설하면서 북한군은 독자적인 군사정책을 펼치게 되었다. 이 시기인 1950년대 말 주한 미군의 핵무기 배치는 북한으로 하여금 심각한 안보적 위기감을 주었다.

1961년 한국정부의 5.16군사쿠데타가 일어나고, 1961년 7월 북한은 중국·소련과 동맹조약을 체결하였고, 이 무렵 중소분쟁의 소용돌이 속에서 독자적 군사방위 강화를 고민하게 되었다. 이후 1962년 10월 중국·인도국경분쟁과 쿠바 미사일 사태에서 소련의 태도에 불만을 갖고 반소(反蘇) 노선을 천명하면서, 이로 인한 군사력 강화를 대비하게 되었다. 1962년 12월 노동당 제4기 5차 전원회의에서 '국방에서의 자위', '경제건설과 군사력 건설의 병진' 정책을 천명하면서 국가예산의 1/3을 국방예산으로 증액하였다. 북한은 1966년 중국의 문화혁명 발생과 반김일성 움직임이 일어나면서 반중(反中) 입장으로 발전되었기에 독자적 방위 노선에 박차를 가하게 된다. 북한군은 1966년 노동당 제2차 대표자대회에서 전인민의 무장화, 전군 간부화, 전국토 요새화 등의 3대 노선에 전군 현대화를 추가하여 '4대 군사노선'을 처음으로 천명하고 군비증강에 집중하였다. 또한, 유격전을 중시하고 베트남전쟁에 북한은 공군을 파병하면서 경보병 및 특수부대를 강화하는 '배합전술'[2]을 채택하였다.

북한군은 1970년 중반 이후 정규군 중심의 군사정책을 강화하고,

---

2) 북한군은 제1전선(한국의 전방지역)에서 강력한 돌파와 공격, 그리고 제2전선(한국의 후방지역)에서의 교란 작전을 결합하는 이른바 '배합전'을 김일성 시대 때부터 기본전략으로 채택하고 있다.

정규군의 군구조를 기동작전에 적합하도록 총참모부가 군을 직접 지휘하는 등 군사지휘계통의 간편화를 추진하였다. 이 시기에 북한은 정규군이 80만여 명까지 증강되었고, 군사장비도 자체 조달 가능한 수준으로 발전하였다. 1970년대 말 북한은 사회주의권에 대표단을 파견하고 첨단 무기체계도입과 군사전술 교리의 발전을 꾀하였으며 1980년대에는 기계화군단을 창설하고 기습공격 강화에 집중하였다. 1980년대에는 특수부대를 전후방 부대에 모두 할당하는 등 정규군과 비정규군을 결합한 '주체전법'을 완성하고, 이 시기 남한의 군비증강과 한미군사동맹의 재래식 무기 전력 강화에 대응하기 위해 스커드미사일 등 전략무기의 개발에 몰두하기 시작하였다.

1990년대 탈냉전시기에 들어서는 구소련의 해체와 동구사회주의권 몰락으로 인해 군의 사상무장 강화와 군권확립에 주력하면서 김정일 후계체계 확립에 집중하였다. 1994년 김일성 사후 북한의 식량난과 경제위기, 정치적 고립화가 가중되면서 군에 우선적 물자 배분과 국가 비상체계를 군 중심의 위기관리 체계를 확립화하는 '선군정치'를 확립시키고자 하였다.

## (2) 북한군의 성격과 역할

북한군은 창군 당시 다른 나라와 마찬가지로 자신들의 영토와 주민의 생명과 재산을 보호하는 안전보장을 기본적인 임무로 채택하고 있었다. 하지만 조선노동당 규약과 헌법 등을 통해 북한군을 '수령, 당, 혁명의 군대' 등으로 규정하고 있어 군대는 수령의 군대, 당의 군대, 혁명무력으로 규정된다. 즉, 북한체제가 노동당 중심의 권력체계로 형성되면서 북한군은 당의 군대적 성격을 띄게 된다. 북한 최고지도자는 수령의 지위에 오르면서 군대가 수령의 군대로 규정된다. 북한의 주요 군사정책은 당중앙군사위원회에서 결정되고, 당 조직지도부가 군 고위 간부의 인사권을 행사하기 때문에 북한군의 특징은 최고지도자 중심의 노동당 수뇌부에 의해 군 전반을 통제한다는 특징을 가진다. 북한군은 국가 안보보장과 함께 최고지도자와 당의 수뇌부를 중심으로 '혁명의 수뇌부'를 보위하는 성격을 가지기 때문에 국가안보와 정권안보를 동일시 하는 경향을 보인다.

북한군은 사회주의체제 특성상 그 역할이 상대적으로 중요하다. 북한군 창설 당시에도 북한 정권 수립과정에서 항일무장세력인 빨치산 인사들이 적극적 역할을 담당하였으며, 노동당과 내각에서도 큰 역할을 담당하였다. 특히, 소련군정이 북한 정권 수립에 지원한 것은 북한군의 역할을 증대시켰으며, 한국전쟁은 북한군의 정치적 역할을 증대시켰다고 말할 수 있다. 북한군은 정전협정 체결 이후 전후 복구사업 및 사회주의 경제건설을 본격화하는 데 그 역할을 강화하였다.

특히, 1990년대 북한의 식량난과 경제난, 그리고 사회주의권 몰락의 국제정세 속에서 북한의 정치적 고립화가 가중됨에 따라 북한은 북한 군대의 역할과 중요성을 강화하는 데 치중하였다. 1994년 김일성 사망 이후 북한 김정일 체제는 모든 분야에서 군민일치를 슬로건으로 군대를 앞세우는 '선군정치'를 추진하여 북한의 경제난과 고립화에 대응하였다. 이에 따라 군사적 비상체제 운영 방식인 '국방위원회'가 사실상 국가운영을 담당하는 '군' 중심의 정치체제를 수행함으로써 군의 역할이 크게 확대되었다.

김정은 시대에는 김정일 시대에 비해 상대적으로 군의 역할이 감소 추세인 것으로 파악된다. 김정일 시대에는 선군정치를 필두로 국가 모든 사업에 군이 주도하는 양상을 보였으나, 김정은 시대에는 당을 중심으로 사회주의 정상국가 체계를 추진하면서 군의 역할보다는 내각 중심으로 국가 사업이 진행되는 것으로 보인다. 물론 대규모 인력과 장비가 동원되는 토목사업등에 군대가 주도적인 역할을 담당하는 것으로 파악되고 있으며 유류 공급, 운송 및 물류 등 군대의 영향력이 강한 것으로 알려져 있다.

# 03

# 북한군 지휘체계와 군사력

## (1) 북한의 군사기구와 지휘체계

북한의 주요 군사기구는 당중앙군사위원회, 인민무력성, 군 총정치국, 군 총참모부, 국무위원회(전 국방위원회) 등이 있다. 국방위원회는 1972년 '사회주의헌법' 채택 시 신설되었으며 2009년 헌법 개정을 통해 국가주권의 최고 국방지도기관으로 국방위원회를 규정하였고, 2012년 개정헌법을 통해 국방위원회 제1위원장은 '국가의 최고영도자'(헌번 100조)로 삼고 있다. 김정은 정권은 2016년 6월 헌법 개정을 통해 국방위원회를 국무위원회로 개편하였다. 또한, 2019년 개정헌법은 김정은 위원장(국무위원장)을 국가수반으로 헌법에 명시하고 있다. 즉, 국무위원회는 국방분야 뿐 아니라 국가의 중요 정책을 결정하는 최고 정책지도기관이며, 국무위원장은 군무력의 최고사령관을 겸임하여 모든 군사력을 지휘·통솔하도록 헌법에 명시되어 있다.

북한군은 김정은 위원장을 중심으로 지휘체계를 가지고 있다(<표-1> 참조). 김정은 국무위원장은 인민군 최고사령관, 당 중앙 군사위원회 위원장을 겸직하면서 북한군을 실질적으로 지휘하고 있다. 또한, 북한군은 국무위원회와 별도로 노동당의 직접적 통제를 받는다. 당중앙군사위원회는 '당의 군사노선과 정책을 관철하기 위한 대책을 토의 결정하며 혁명 무력을 강화하고 군수공업을 발전시키기 위한 사업을 비롯하여 국방사업 전반을 당적으로 지도한다(당규약 27조)'라고 명시되어 있어, 당의 군사노선과 정책을 당중앙군사위원회가 당의 군사노선과 정책을 결정하는 것으로 파악할 수 있다.

국방백서에 따르면 북한군은 총참모부 예하에 육군, 해군, 항공 및 반항공군, 전략군이 통합군 식으로 편성되어 있다. 총정치국은 군의 당 조직과 정치사상 사업을 관장하고, 총참모부는 군사작전을 지휘하는 군령권을 행사한다. 인민무력성은 1948년 북한 정권 수립 시 민족보위성으로 출범하여 대외적으로 인민군을 대표하면서 군수, 재정 등 군정권을 행사한다.

〈표-1〉 북한군 지휘체계

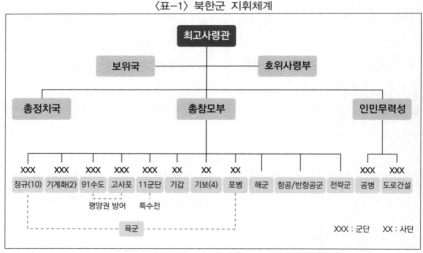

출처: 국방부, 『2018 국방백서』(서울: 국방부, 2018), p. 22.

북한 김정은 위원장은 2011년 12월 30일 노동당 중앙위원회 정치국 회의에서 김정일 유훈에 따라 인민군 최고사령관으로 추대되었으며, 현재 김정은 위원장은 인민군 최고사령관, 당위원장, 당중앙군사위원회 위원장, 공화국 원수, 국가 수반, 국무위원장으로서 군무력 일체를 관장하고 군정권과 군령권을 행사하는 것으로 알려져 있다.3)

## (2) 북한의 군사력과 특징

### 〈표-2〉 남북한 군사력 비교

| 남한 | | 병력(평시) | 북한 | |
|---|---|---|---|---|
| 59.9만여 명 | | 계 | 128만여 명 | |
| 46.4만여 명 | | 육군 | 110만여 명 | |
| 7만여 명(해병대 2.9만여 명 포함) | | 해군 | 6만여 명 | |
| 6.5만여 명 | | 공군 | 11만여 명 | |
| – | | 전략군 | 1만여 명 | |

| | | 주요전력 | | |
|---|---|---|---|---|
| | | 육군 | | |
| | | 부대 | | |
| 13개(해병대 포함) | | 군단(급) | 17개 | |
| 40개(해병대 포함) | | 사단 | 81개 | |
| 31개(해병대 포함) | | 여단(독립여단) | 131개 | |
| | | 장비 | | |
| 2,300여 대(해병대 포함) | | 전차 | 4,300여 대 | |
| 2,800여 대(해병대 포함) | | 장갑차 | 2,500여 대 | |
| 5,800여 대(해병대 포함) | | 야포 | 8,600여 문 | |
| 200여 문 | | 다연장·방사포 | 5,500여 문 | |
| 발사대 60여 기 | | 지대지유도무기 | 발사대 100여 기(전략군) | |
| | | 해군 | | |
| | | 수상함정 | | |
| 100여 척 | | 전투함정 | 430여 척 | |
| 10여 척 | | 상륙함정 | 250여 척 | |
| 10여 척 | | 기뢰전 함정 | 20여 척 | |
| 20여 척 | | 지원함정 | 40여 척 | |
| 10여 척 | | 잠수함정 | 70여 척 | |
| | | 공군 | | |
| 410여 대 | | 전투임무기 | 810여 대 | |
| 70여 대(해군 항공기 포함) | | 정찰·감시통제기 | 30여 대 | |
| 50여 대 | | 공중기동기 | 340여 대 | |
| 180여 대 | | 훈련기 | 170여 대 | |
| 680여 대 | | 헬기(육·해·공군) | 290여 대 | |
| 310만여 명(사관후보생, 전시근로소집, 전환/대체 복무 인원 등 포함) | | 예비전력(병력) | 762만여 명(교도대,노농적위군, 붉은청년근위대 등 포함) | |

\* 『2018 국방백서』, 국방부, p. 244.
\* 남북 군사력 비교를 위해 육군 부대·장비 항목에 해병대 부대·장비도 포함하여 산출
\* 북한군 야포 문수는 보병 연대급 화포만 76.2mm를 제외하고 산출

---

3) 2019년 4월 북한은 헌법을 개정하면서 최고사령관의 직함을 '무력 총사령관'으로 바꾸었다. 북한 헌법은 국무위원장을 "조선민주주의인민공화국 전반적 무력의 최고사령관(102조)"으로 규정해오다 2019년 4월 북한 매체에서 '공화국 무력의 최고사령관' 호칭이 사용되기 시작했다.

'2018 국방백서'에 따르면 북한군은 2018년 12월 기준 상비 전력으로 육군 110만여 명, 해군 6만여 명, 공군 11만여 명, 전략군 1만여 명 등 총 128만여 명으로 추정되며, 한국군 총 병력 59.9만여 명의 배가 넘는 규모이다.

북한 지상군은 총참모부 예하에 10개의 정규 전·후방 군단, 2개의 기계화군단, 91수도방어군단(구 평양방어사령부), 고사포군단, 11군단(전략적 특수부대, 일명 폭풍군단), 1개 기갑사단, 4개 기계화보병사단, 1개 포병사단 등으로 편성되어 있다. 총참모부는 지휘정보국을 신설하여 조직을 개편하고 통합전술지휘통제체제를 구축하고, 사이버전 능력도 배양하고 있는 것으로 알려져 있다.

〈표-3〉 북한 육군의 주요 보유 장비

| 남한 | 장비 | 북한 |
|---|---|---|
| 2,300여 대 (해병대 포함) | 전차 | 4,300여 대 |
| 2,300여 대 (해병대 포함) | 장갑차 | 2,500여 대 |
| 2,300여 대 (해병대 포함) | 야포 | 8,600여 문 |
| 200여 문 | 다연장·방사포 | 5,500여 문 |
| 발사대 60여 기 | 지대지유도무기 | 발사대 1000여 기 (전략군) |

* 「2018 국방백서」, 국방부, p.244

북한 지상군은 평양–원산선 이남 지역에 지상군의 70%를 배치하고 유사시 기습공격이 가능한 군태세를 유지하고 있으며, 20만여 명에 달하는 특수작전대(별도군종: 특수작전군)를 창설하여 요인 암살 작전을 전담시키고 있는 것으로 파악된다. 최근 북한이 개발한 것으로 알려진 300mm 방사포는 사거리를 대폭 늘려 한국 중부권 지역까지도 위협할 수 있는 것으로 평가된다. 그러나 북한 지상군은 주요 장비가 노후되어 그 실효성이 의심된다. 전차의 야간 사격 능력과 장갑차의 도하 능력, 야포의 정밀타격 등이 미흡한 것으로 평가된다.

북한 해군은 해군사령부 예하에 동해 및 서해 2개 함대사령부, 13 전대, 2개의 해상저격여단으로 구성되어 있다. 해군 총 전력의 60%를 평양─원산선 이남에 전진 배치하고 있으나, 유도탄정, 어뢰정, 소형경비정 및 화력지원정 등이 대부분 소형 고속함정 위주여서 원해 작전능력이 떨어지고 수동·재래식 무기를 탑재하고 있어 야간작전 및 정밀타격 능력이 떨어지는 것으로 평가된다.

〈표-4〉 북한 해군의 주요 보유 함정

| 남한 | 장비 | 북한 |
|---|---|---|
| 100여 척 | 전투함정 | 430여 척 |
| 10여척 | 상륙함정 | 2,50여 척 |
| 10여 척 | 기뢰전 함정 | 20여 척 |
| 20여 척 | 지원함정 | 40여 척 |
| 10여 척 | 지원함정 | 70여 척 |

* 「2018 국방백서」, 국방부, p.244

그러나 최근 북한은 잠수함 발사 탄도미사일(SLBM) 개발과 이를 탑재할 수 있는 잠수함 건조에 집중하고 있는 것으로 파악된다. 북한은 2015년 5월 8일 신포 앞바다에서 '북극성−1'이라고 표기된 SLBM의 수중사출 시험에 성공한 것으로 평가되었다. 이후 북한은 2016년 4월 23일과 7월 9일 신포 해상에서 SLBM발사 시험을 하였으며, 8월 24일에는 신포 인근 해상에서 SLBM 1발을 발사하여 500km를 비행한 후 일본 방공식별 구역 내에 낙하시켰다. 북한은 2016년 8월 SLBM 비행시험을 시행한 후 SLBM을 3~4발 탑재할 수 있는 3000t급 잠수함 건조에 노력을 기울여 온 것으로 보인다. 북한은 2019년 7월 23일 새로 건조한 잠수함의 측면 사진을 공개하기도 했다. 만약 신형 잠수함이 실전 배치될 경우 북한의 전략적 핵억제력과 공격력은 더욱 강화될 것으로 예상된다.

북한 공군은 항공 및 반항공사령부 예하 4개 비행사단과 2개의 전술수송여단 및 2개의 공군저격여단, 방공부대 등으로 구성되어 있다. 전투임무기의 총 40%를 평양−원산선 이남에 배치하고 있으며 서남북·서북부·동부·동북부 등 4개 권역으로 나누어 주요 공군 전력을 배치하고 있다. 북한의 방공체계는 항공기 지대공미사일, 고사포, 레이더 방공부대 등으로 통합 구축되어 있다.

북한 전투기는 수적 우위를 나타내고 있지만, 1990년대 이후 기종 업그레이드가 이루어지지 않아 구형화, 노후화되고 있어 공군 전력은 약화되었다. 또한, 유류공급이 원활하지 않아 조종사의 비행훈련 부족으로 조종사의 능력이 한계가 있는 것으로 판단된다. 하지만 전방 배치된 전투기와 AN−2 등 저속 침투용 항공기를 다수 보유하고 있어 기습공격이 가능하다. 최근에는 정찰·공격용 무인기를 생산·배치하고 있는 것으로 알려져 있다.

〈표-5〉 북한 공군의 주요 항공기 현황

| 남한 | 장비 | 북한 |
|---|---|---|
| 410여 대 | 전투임무기 | 810여 대 |
| 70여 대<br>(해군 항공기 포함) | 감시통제기 | 30여 대 |
| 50여 대 | 공중기동기 | 330여 대 |
| 180여 대 | 훈련기 | 170여 대 |
| 680여 대 | 헬기(육·해·공군) | 290여 대 |

* 「2018 국방백서」, 국방부, p.244

　북한군 체계에서 주목할 부분은 북한 전략군사령부이다. 전략군사령부는 2014년 언론에 노출되었으며 과거의 미사일 지도국－전략 로켓사령부를 모체로 창설된 것으로 파악된다. 북한 전략사령부는 러시아의 전략사와 중국의 제2포병과 유사한 기능을 수행하는 것으로 알려져 있다. 북한군 전략군사령부는 예하에 9개의 미사일 여단을 편성하고 있는 것으로 알려져 있다. 2017년 북미 간 군사적 긴장 고조 시기에는 대변인 성명발표와 전략군사령관의 경고성명 등 긴장국면에서 전면에 나서기도 했다.

　북한은 무기급 핵물질인 플루토늄과 고농축우라늄(HEU) 생산을 지속하고 있다. 북한은 2009년 6자회담에서 탈퇴한 이후 계속해서 플루토늄 생산하고 있는 것으로 추정된다. 북한이 보유한 핵물질 생산량이 얼마인지에 대한 일관된 평가는 없으나, 국방백서(2018)에 따르면 북한은 수차례의 폐연료봉 재처리 과정을 통해 핵무기를 만들 수 있는 플루토늄을 50kg 보유하고 있으며, 고농축우라늄도 '상당량'을 보유한 것으로 평가된다. 2017년 8월 미국 국방정보국(DIA)은 북한이 60개의 핵무기를 만들 정도의 핵물질을 보유하고 있으며, 핵탄두 소형화 능력을 가진 것으로 평가하였다. 스톡홀름 국제평화연구소(SIPRI)는 북한의 핵탄두 보유량을 2018년에는 '10~20개'로 평가하였으나, 2019년에는 20~30개로 상향 조정하였다.

〈그림-1〉 북한 미사일의 사거리

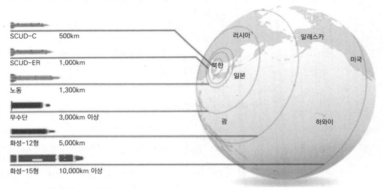

SCUD-C    500km
SCUD-ER   1,000km
노동       1,300km
무수단     3,000km 이상
화성-12형  5,000km
화성-15형  10,000km 이상

러시아    알래스카
북한      미국
일본
괌        하와이

2018 국방백서, 국방부. p. 26.

북한은 다양한 사거리의 지대지 탄도 미사일을 개발·보유하고 있는 것으로 평가된다. 북한 스커드-B/C 미사일과 신형 고체연료 지대지 탄도 미사일은 남한을 타격 가능한 사정거리이며, 스커드-ER 및 노동 계열 미사일은 일본이 사정거리 안에 들어오며, 화성-10형(무수단) 및 화성-12형 미상일은 괌과 태평양 북서부 지역, 화성-14형/15형 미사일은 미국 본토를 타격 가능한 것으로 알려져 있다. 북한은 2019년 미국과의 비핵화 협상이 진행되는 가운데 재래식 무기와 핵 투발 수단인 탄도미사일을 계속해서 고도화하는 모습을 보였다.

이외에도 북한은 사이버전 6,800여 명의 사이버 인력을 운영하고 있으며, 전문인력 육성과 최신기술에 대한 연구개발을 지속하고 있다. 최근에는 정찰총국의 주도하에 사이버 공격을 수행하고 있다. 2018년 유엔보고서에 따르면 북한은 외화를 획득하는 수단으로 은행과 암호화폐 거래소들에 대해서 사이버 공격을 수행한 것으로 평가된다.

1990년대 이후 탈냉전기 시대의 북한의 군사력 증강은 주로 핵개발과 연계되어 진행되어 왔고, 이 과정에서 김일성, 김정일의 급작스러운 사망과 두 차례에 걸친 권력승계 과정을 통해 북한은 체제생존의 국가정책목표를 설정하여 지금까지 이어지고 있다. 김정은 정권은 권력승계와 체제안정을 위하여 군사안보전략으로 '핵무력 강화정책'을 채택하였고, 대외안보정책 역시 핵무력 강화에 따른 후폭풍을 사후적으로 관리하는 데 중점을 두고 있다. 남한과 국제사회의 북핵의 평화적 해결 노력과 대북제재에도 불구하고, 북한은 2006년 1차 핵실험 성공 이후 2017년 까지 6차에 걸친 핵실험을 감행하였다. 결과적으로, 북한의 군사정책은 체제보장을 위한 국내적 요건에 종속되는 결과를 초래하였다고도 볼 수 있다.

여기에 북한은 거대한 군사경제를 가진 군수산업 국가의 특징을 갖고 있다. 북한군은 1966년 전인민의 무장화, 전군 간부화, 전국토 요새화, 전군 현대화의 '4대 군사노선'을 천명한 뒤에 군수산업을 담당하는 '제2기계공업성'을 내각에 신설하였다. 이후 1972년 제2기계공업성을 내각에서 분리하고, 군수산업 관련 조직을 '제2경제위원회'로 통합 신설하여 현재 제2경제위원회는 국무위원회 산하 조직으로 내각과 분리되어 독자적으로 운영되는 것으로 알려져 있다. 북한은 군수산업에 필요한 재원과 물자를 우선적으로 배분하고 있으며, 제2경제위원회가 산하 외화벌이 기관과 무역회사 등을 통해 재원 일부분을 자체 충당하는 것으로 파악된다. 결국 북한 전체 경제에서 군수산업이 차지하는 정확한 비중을 파악하기는 힘들지만, 그 비중이 매우 클 것으로 추정된다.

04

# 북한 김정은 시대의 군사정책

## (1) 북한의 전통적 군사정책

북한의 군사정책은 '북한유일체제 존속'이라는 국가전략기조하에 군사적 전략을 수립해 왔다. 김정일의 선군정치 역시 북한정권 붕괴위기를 돌파하기 위한 군사정책으로 삼았다고 볼 수 있다. '선군정치'는 곧 서방세계의 봉쇄정책을 약화시키는 내부 통치기제이며 핵개발은 선군정치의 구심점이다. 또한, 북한 인민군의 존재 목적은 북한수령체제 유지·확장을 위한 혁명군대로서 '남조선 인민해방'이라는 북한정권의 무력적 수단이며 1960년대 말 이후 전 국토의 요새화, 전 군의 간부화, 전군의 현대화라는 4대 군사노선을 유지하고 있다. 또한, 1990년대 이후 군사전략의 수단으로서 첨단 핵전력 구축을 중심으로 하는 비대칭 군사력에 집중해 왔다.

북한은 전통적으로 속전속결, 기습전, 선제공격에 주안을 두고 무력으로 한반도를 공산화하려는 군사전략을 추구해 왔다. 군사안보 전략의 방법으로 크게 강경적인 군사전략과 전방위 외교전술, 그리고 민족정신을 내세우는 북한식 민족주의 전술방법이 있다. 김정은 정권 출범 이후 지금까지 이처럼 다양한 전략적 방법을 가지고 북한 군사안보정책을 이끌어 왔다. 군사안보전략 목표를 달성하기 위한 수단으로 핵실험과 미사일 발사 등을 통한 도발적 수단과 대화를 통한 유화적 수단으로 나눌 수 있다. 이와 같은 도발과 대화를 통한 벼랑 끝 외교 수단은 주로 북한이 미국을 상대로 벌여 왔으며, 도발과 대화를 통한 합의과정은 핵을 중심으로 합의, 파기를 반복하였다. 북한은 핵을 이용하여 미국으로 부터 북한의 체제보장과 경제적 수혜를 받으려 노력하였다는 점을 보여 준다.

## (2) 김정은 집권 이후 군사정책 특징

김정일 사망 이후인 2012년 4월 권력을 공식 승계한 김정은 위원 장은 핵무력 건설과 경제발전에 매진해 왔다. 그러나 지난 2017년 12월 북한은 '핵무력 완성'을 선언하고, 2018년 1월 김정은 위원장은 신년사를 통해 '경제집중 및 남북관계 전면개선' 정책 방향을 제시한 후 북한 대내외 전략이 역동적으로 움직이기 시작했다. 2018년 4월 북한은 핵병진 노선에서 '북한 경제건설'로의 전환을 공표하면서 남북관계 진전과 북미 간 비핵화 협상에 나서기 시작한 것이다.

그러나 북한은 남북대화와 북미 간 비핵화 협상과정에서 군 현대화에 지속적인 관심을 가지고 있으며, 재래식 무기 개발과 전략무기 개발 등을 시도하고 있다. 또한, 북한은 대규모 재래식 전력을 유지, 증강하면서 군사력 대부분을 평양−원산선 이남에 배치하고 있어 유사시 군사력의 재배치나 조정이 없이 기습공격과 속전속결이 가능한 태세를 유지하고 있다. 북한은 2018년 이후 '비핵화 의지'를 표명하였지만, 지난 2차 하노이 북미정상회담 결렬 이후 재래식 무기 증강과 개발에 힘쓰고 있다. 북한은 재래식 무능 개량과 미사일, 장사정포, 잠수함, 특수전 부대, 사이버 부대 운용 등 비대칭 전력을 강화하고 있다.

따라서 북한은 북미 간 비핵화 협상이 진전되지 않는다면 강압 군사정책을 유지할 것으로 예상된다. 북한은 북미 간 비핵화 협상 국면인

2019년 1월 1일 신년사에서 '새로운 길'을 모색한다고 경고하였으며, 하노이 정상회담이 '노딜'로 종결된 이후부터 김정은의 군사지도 활동은 다시 증가하기 시작했다는 점이다. 북한은 한국의 전시작전통제권 전환을 대비한 한미동맹연습을 맹비난하고 나섰고, 우리 정부가 북한 핵미사일 위협에 대응하기 위한 F-35A 스텔스기 수입을 두고 대남 맹비난을 거듭하고 있다.

　　김정은 시대 북한이 추진하는 군사정책에는 근본적 한계가 있다. 먼저 미국을 중심으로 국제사회의 대북 경제제재가 견고하다는 것이다. 북한이 비핵화 의지를 가시화하지 않을 경우 북미 간 비핵화 협상은 난관에 봉착할 것이기 때문이다. 또한, 북한의 핵·미사일 개발을 지속할 경우 대북 경제제재 강화와 정치적 고립화 등 대북압박 정책이 강화될 가능성이 커지기 때문에 한반도 군사적 긴장감은 고조될 개연성이 크다. 결국, 북한의 경제개발과 남북관계 진전, 한반도 평화체제 구축은 북한의 비핵화 의지에 달려 있다고 말할 수 있을 것이다. 여기에 북미 간 비핵화 협상 과정에서 양국의 신뢰구축과 북한의 비핵화에 따른 미국의 보상이 필요하며, 한국정부의 역할도 매우 중요하다.

# 05

# 남북한 군사적 긴장완화와 신뢰구축

　북한의 핵·미사일 개발로 막혀 있던 남북관계는 2018년 평창동계 올림픽을 계기로 지난 10여 년 간의 남북대결과 군사적 긴장상태를 완화하게 되었다. 우리 정부의 남북관계 개선 의지와 북한의 경제발전 추진은 지난 세 차례의 남북정상회담과 4.27판문점선언, 9.19평양공동선언 등으로 남북관계는 새로운 국면을 맞이하였다. 2018년 4월 27일 남북 정상이 합의한 '판문점 선언'에는 군사적 긴장완화와 전쟁위험 해소를 위한 조치로써 상호적대 행위 중지, 비무장지대의 평화지대화, 서해 북방한계선 일대의 평화수역 조성 및 우발적 충돌 방지조치, 군사 당국자 회담 수시개최 등이 포함되었다.

　2018년 9월 평양에서 남북정상회담이 개최되었고, 여기서 남북한 정상은 2018년 4월 27일 체결한 판문점 선언 이행과정에서 남북관계의 확대와 발전을 위한 실천적 조치를 담은 '9월 평양공동선언'을 합의하였다. 2018년 9월 19일 남북한은 '9월 평양공동선언'의 부속합의서로서 '판문점 선언이행을 위한 군사 분야 합의서'를 체결하였다. 군사 분야 합의서에는 남북 간 군사적 긴장완화 및 신뢰구축을 위한 조치들과 한반도 전쟁위험을 해소하려는 실질적 조치들이 담겨 있다.

　남북한은 2018년 11월 1일부터 지상, 해상, 공중에서의 상호 적대 행위를 일체 중지하기로 합의하고 이를 이행하고 있다. 남북한과 유엔사는 '9·19군사합의' 이행의 초기단계 조치로서 3차례의 '3자 협의체'

회의를 개최하여 판문점 공동경비구역 비무장화 조치를 이행하였다. 남북한은 2018년 10월 21일 – 25일 까지 JSA 초소 내에서 모든 화기와 장비를 철수하고 인원을 각각 35명 수준으로 조정하였다. 남북한은 DMZ 내 상호 시범적 GP 철수를 위해 2018년 11월 20일 11개 GP에서 시범적으로 인원과 장비를 철수하고 시설을 철거하하였다. 이후 11월 30일 1개 GP를 제외한 10개 GP에 대한 철거작업을 완료한 것이다.

2018년 11월 30일 남북한은 비무장지대 내 철원 지역의 화살머리고지에서 공동유해발굴 개시를 위해 책임 지역 내 지뢰 제거를 완료하였으며, 12월 7일 유해발굴지역을 남북으로 연결하는 남북 간 전술 도로를 개설하였다. 2019년 4월 1일 국방부는 한국 단독으로 철원 내 비무장지대인 화살머리고지에서 사전 준비 차원에서 지뢰 제거 및 기초발굴 작업을 착수했다. 이러한 '9·19군사합의' 이행은 남북한의 군사적 신뢰구축과 한반도 평화를 정착하는 데 실질적 역할을 담당할 것으로 기대된다.

물론, 북미 간 비핵화 협상이 담보상태에 놓이면서 남북한의 군사적 긴장완화와 신뢰구축 이행이 중단되고 있다. 하지만 한반도의 군사적 긴장완화와 신뢰구축을 위해서 '9·19 군사합의 이행을 위해 지속적으로 남북한이 노력해야 할 것이다. 남북한은 이미 합의한 남북군사공동위원회를 구성하고 운영하도록 협의해 나가야 한다. 또한, 군사적 신뢰구축을 비롯한 재래식 군비통제는 남북간 군사적 긴장완화와 한반도의 평화체제를 구축하기 위해서 필요한 조치들이다. 여기에 남북한 군사적 신뢰구축과 지속 가능한 군비통제 정책이 수립되기 위해서는 우리 사회 내부의 공감대 형성과 합의가 중요하다.

1. 북한군 창설과 역사적 추이를 살펴보고 북한군의 특징과 역할을 토론해 보자.
2. 북한의 군사력을 남한과 비교 평가하고, 이에 대한 남한의 대응방안을 논의해 보자.
3. 김정은 시대의 군사정책을 토론하고, 향후 북한 핵문제의 평화적 해결 방안을 논의해 보자.
4. 한반도의 군사적 긴장감 완화를 위한 남북 군사적 신뢰조치 이행과 재래식 무기 상호 감축에 대한 찬반 의견을 토론해 보자.

## 참고문헌

<단행본>

체제통합연구회 편, 북한의 체제와 정책: 김정은시대의 변화와 지속 (서울: 명인문화사, 2014)

통일부, 『2019년 북한 이해』 (서울: 통일교육원, 2018)

국방부, 『2018 국방백서』 (서울: 국방부, 2018)

Alexandre Y. Mansourov, *Communist War Coalition Formation and the Origins of the Korean War* (New York: Columbia Univ. Press, 1997)

# 통일교육원(일반영상) 북한군의 실상

https://www.uniedu.go.kr/uniedu/home/pds/pdsatcl/view.do?id=19448&mid=SM00000753

9월 평양공동선언(2018.9.19.) 연합뉴스자료

## 1) '9월 평양공동선언' 전문

　　대한민국 문재인 대통령과 조선민주주의인민공화국 김정은 국무위원장은 2018년 9월 18일부터 20일까지 평양에서 남북정상회담을 진행하였다.

　　양 정상은 역사적인 판문점선언 이후 남북 당국 간 긴밀한 대화와 소통, 다방면적 민간교류와 협력이 진행되고, 군사적 긴장완화를 위한 획기적인 조치들이 취해지는 등 훌륭한 성과들이 있었다고 평가하였다.

　　양 정상은 민족자주와 민족자결의 원칙을 재확인하고, 남북관계를 민족적 화해와 협력, 확고한 평화와공동번영을 위해 일관되고 지속적으

로 발전시켜 나가기로 하였으며, 현재의 남북관계 발전을 통일로 이어
갈 것을 바라는 온 겨레의 지향과 여망을 정책적으로 실현하기 위하여
노력해 나가기로 하였다.

   양 정상은 판문점선언을 철저히 이행하여 남북관계를 새로운 높은
단계로 진전시켜 나가기 위한 제반문제들과 실천적 대책들을 허심탄회
하고 심도 있게 논의하였으며, 이번 평양정상회담이 중요한 역사적 전
기가 될 것이라는 데 인식을 같이하고 다음과 같이 선언하였다.

1. 남과 북은 비무장지대를 비롯한 대치지역에서의 군사적 적대관계 종
   식을 한반도 전 지역에서의 실질적인 전쟁위험 제거와 근본적인 적
   대관계 해소로 이어나가기로 하였다.
   ① 남과 북은 이번 평양정상회담을 계기로 체결한 <판문점선언 군
      사분야 이행합의서>를 평양공동선언의 부속합의서로 채택하고
      이를 철저히 준수하고 성실히 이행하며, 한반도를 항구적인 평화
      지대로 만들기 위한 실천적 조치들을 적극 취해 나가기로 하였다.
   ② 남과 북은 남북군사공동위원회를 조속히 가동하여 군사분야 합
      의서의 이행실태를 점검하고 우발적 무력충돌 방지를 위한 상시
      적 소통과 긴밀한 협의를 진행하기로 하였다.

2. 남과 북은 상호호혜와 공리공영의 바탕 위에서 교류와 협력을 더욱
   증대시키고, 민족경제를 균형적으로 발전시키기 위한 실질적인 대책
   들을 강구해 나가기로 하였다.
   ① 남과 북은 금년 내 동·서해선 철도 및 도로 연결을 위한 착공식
      을 갖기로 하였다.
   ② 남과 북은 조건이 마련되는 데 따라 개성공단과 금강산관광 사
      업을 우선 정상화하고, 서해경제공동특구 및 동해관광공동특구
      를 조성하는 문제를 협의해 나가기로 하였다.

③ 남과 북은 자연생태계의 보호 및 복원을 위한 남북 환경협력을 적극 추진하기로 하였으며, 우선적으로 현재 진행 중인 산림분야 협력의 실천적 성과를 위해 노력하기로 하였다.

④ 남과 북은 전염성 질병의 유입 및 확산 방지를 위한 긴급조치를 비롯한 방역 및 보건·의료 분야의 협력을 강화하기로 하였다.

3. 남과 북은 이산가족 문제를 근본적으로 해결하기 위한 인도적 협력을 더욱 강화해 나가기로 하였다.

① 남과 북은 금강산 지역의 이산가족 상설면회소를 빠른 시일 내 개소하기로 하였으며, 이를 위해 면회소 시설을 조속히 복구하기로 하였다.

② 남과 북은 적십자 회담을 통해 이산가족의 화상상봉과 영상편지 교환 문제를 우선적으로 해결해 나가기로 하였다.

4. 남과 북은 화해와 단합의 분위기를 고조시키고 우리 민족의 기개를 내외에 과시하기 위해 다양한 분야의 협력과 교류를 적극 추진하기로 하였다.

① 남과 북은 문화 및 예술분야의 교류를 더욱 증진시켜 나가기로 하였으며, 우선적으로 10월 중에 평양예술단의 서울 공연을 진행하기로 하였다.

② 남과 북은 2020년 하계올림픽경기대회를 비롯한 국제경기들에 공동으로 적극 진출하며, 2032년 하계올림픽의 남북공동 개최를 유치하는 데 협력하기로 하였다.

③ 남과 북은 10·4 선언 11주년을 뜻깊게 기념하기 위한 행사들을 의의있게 개최하며, 3·1운동 100주년을 남북이 공동으로 기념하기로 하고, 그를 위한 실무적인 방안을 협의해 나가기로 하였다.

5. 남과 북은 한반도를 핵무기와 핵위협이 없는 평화의 터전으로 만들어 나가야 하며 이를 위해 필요한 실질적인 진전을 조속히 이루어 나가야 한다는 데 인식을 같이하였다.

  ① 북측은 동창리 엔진시험장과 미사일 발사대를 유관국 전문가들의 참관하에 우선 영구적으로 폐기하기로 하였다.

  ② 북측은 미국이 6·12 북미공동성명의 정신에 따라 상응조치를 취하면 영변 핵시설의 영구적 폐기와 같은 추가적인 조치를 계속 취해 나갈 용의가 있음을 표명하였다.

  ③ 남과 북은 한반도의 완전한 비핵화를 추진해 나가는 과정에서 함께 긴밀히 협력해 나가기로 하였다.

6. 김정은 국무위원장은 문재인 대통령의 초청에 따라 가까운 시일 내로 서울을 방문하기로 하였다.

2018년 9월 19일
대한민국 대통령 문재인 /
조선민주주의인민공화국 국무위원장 김정은

## 2) '역사적인 판문점 선언이행을 위한 군사분야 합의서' 전문

[역사적인 '판문점선언' 이행을 위한 군사분야 합의서]

남과 북은 한반도에서 군사적 긴장 상태를 완화하고 신뢰를 구축하는 것이 항구적이며 공고한 평화를 보장하는 데 필수적이라는 공통된 인식으로부터 한반도의 평화와 번영, 통일을 위한 판문점선언을 군사적으로 철저히 이행하기 위하여 다음과 같이 포괄적으로 합의하였다.

1. 남과 북은 지상과 해상, 공중을 비롯한 모든 공간에서 군사적 긴장과 충돌의 근원으로 되는 상대방에 대한 일체의 적대행위를 전면 중지하기로 하였다.
   ① 쌍방은 지상과 해상, 공중을 비롯한 모든 공간에서 무력충돌을 방지하기 위해 다양한 대책을 강구하였다.

   쌍방은 군사적 충돌을 야기할 수 있는 모든 문제를 평화적 방법으로 협의·해결하며, 어떤 경우에도 무력을 사용하지 않기로 하였다.

   쌍방은 어떠한 수단과 방법으로도 상대방의 관할구역을 침입 또는 공격하거나 점령하는 행위를 하지 않기로 하였다.

   쌍방은 상대방을 겨냥한 대규모 군사훈련 및 무력증강 문제, 다양한 형태의 봉쇄 차단 및 항행방해 문제, 상대방에 대한 정찰행위 중지 문제 등에 대해 '남북군사공동위원회'를 가동하여 협의해 나가기로 하였다.

   쌍방은 군사적 긴장 해소 및신뢰구축에 따라 단계적 군축을 실현해 나가기로 합의한 판문점선언을 구현하기 위해 이와 관련된 다양한 실행 대책들을 계속 협의하기로 하였다.

② 쌍방은 2018년 11월 1일부터 군사분계선 일대에서 상대방을 겨냥한 각종 군사연습을 중지하기로 하였다.

지상에서는 군사분계선으로부터 5km 안에서 포병 사격훈련 및 연대급 이상 야외기동훈련을 전면 중지하기로 하였다.

해상에서는 서해 남측 덕적도 이북으로부터 북측 초도 이남까지의 수역, 동해 남측 속초 이북으로부터 북측 통천 이남까지의 수역에서 포사격 및 해상 기동훈련을 중지하고 해안포와 함포의 포구 포신 덮개 설치 및 포문폐쇄 조치를 취하기로 하였다.

공중에서는 군사분계선 동 서부 지역 상공에 설정된 비행금지구역 내에서 고정익항공기의 공대지 유도무기 사격 등 실탄사격을 동반한 전술훈련을 금지하기로 하였다.

③ 쌍방은 2018년 11월 1일부터 군사분계선 상공에서 모든 기종들의 비행금지구역을 다음과 같이 설정하기로하였다.

고정익항공기는 군사분계선으로부터 동부지역(군사분계선표식물 제0646호부터 제1292호까지의 구간)은 40km, 서부지역(군사분계선표식물 제0001호부터 제0646호까지의 구간)은 20km를 적용하여 비행금지구역을 설정한다.

회전익항공기는 군사분계선으로부터 10km로, 무인기는 동부지역에서 15km, 서부지역에서 10km로, 기구는 25km로 적용한다. 다만, 산불 진화, 지·해상 조난 구조, 환자 후송, 기상 관측, 영농지원 등으로 비행기운용이 필요한 경우에는 상대측에 사전 통보하고 비행할 수 있도록 한다. 민간 여객기(화물기 포함)에 대해서는 상기 비행금지구역을 적용하지 않는다.

④ 쌍방은 지상과 해상, 공중을 비롯한 모든 공간에서 어떠한 경우에도 우발적인 무력충돌 상황이 발생하지 않도록 대책을 취하기로 하였다.

이를 위해 지상과 해상에서는 경고방송 → 2차 경고방송 → 경고

사격 → 2차 경고사격 → 군사적 조치의 5개 단계로, 공중에서는
경고교신 및 신호 → 차단비행 → 경고사격 → 군사적 조치의 4개
단계의 절차를 적용하기로 하였다.

　　쌍방은 수정된 절차를 2018년 11월 1일부터 시행하기로 하였다.

⑤ 쌍방은 지상과 해상, 공중을 비롯한 모든 공간에서 어떠한 경우
에도 우발적 충돌이 발생하지 않도록 상시 연락체계를 가동하며,
비정상적인 상황이 발생하는 경우 즉시 통보하는 등 모든 군사
적 문제를 평화적으로 협의하여 해결하기로 하였다.

2. 남과 북은 비무장지대를 평화지대로 만들어 나가기 위한 실질적인
군사적 대책을 강구하기로 하였다.

① 쌍방은 비무장지대 안에 감시초소(GP)를 전부 철수하기 위한 시
범적 조치로 상호 1km 이내 근접해 있는 남북감시초소들을 완
전히 철수하기로 하였다.

② 쌍방은 판문점 공동경비구역을 비무장화하기로 하였다.

③ 쌍방은 비무장지대 내에서 시범적 남북공동유해발굴을 진행하기
로 하였다.

④ 쌍방은 비무장지대 안의 역사유적에 대한 공동조사 및 발굴과
관련한 군사적 보장대책을 계속 협의하기로 하였다.

3. 남과 북은 서해 북방한계선 일대를 평화수역으로 만들어 우발적인
군사적 충돌을 방지하고 안전한 어로활동을 보장하기 위한 군사적
대책을 취해 나가기로 하였다.

① 쌍방은 2004년 6월 4일 제2차 남북장성급군사회담에서 서명한
'서해 해상에서의 우발적 충돌 방지' 관련 합의를 재확인하고, 전
면적으로 복원 이행해 나가기로 하였다.

② 쌍방은 서해 해상에서 평화수역과 시범적 공동어로구역을 설정
하기로 하였다.

③ 쌍방은 평화수역과 시범적 공동어로구역에 출입하는 인원 및 선박에 대한 안전을 철저히 보장하기로 하였다.

④ 쌍방은 평화수역과 시범적 공동어로구역 내에서 불법어로 차단 및 남북 어민들의 안전한 어로활동 보장을 위하여 남북공동순찰 방안을 마련하여 시행하기로 하였다.

4. 남과 북은 교류협력 및 접촉 왕래 활성화에 필요한 군사적 보장대책을 강구하기로 하였다.

① 쌍방은 남북관리구역에서의 통행, 통신, 통관(3통)을 군사적으로 보장하기 위한 대책을 마련하기로 하였다.

② 쌍방은 동·서해선 철도·도로 연결과 현대화를 위한 군사적 보장 대책을 강구하기로 하였다.

③ 쌍방은 북측 선박들의 해주직항로 이용과 제주해협 통과 문제 등을 남북군사공동위에서 협의하여 대책을 마련하기로 하였다.

④ 쌍방은 한강(임진강) 하구 공동이용을 위한 군사적 보장대책을 강구하기로 하였다.

5. 남과 북은 상호 군사적 신뢰구축을 위한 다양한 조치들을 강구해 나가기로 하였다.

① 쌍방은 남북군사당국자 사이에 직통전화 설치 및 운영 문제를 계속 협의해 나가기로 하였다.

② 쌍방은 남북군사공동위원회 구성 및 운영과 관련한 문제를 구체적으로 협의·해결해 나가기로 하였다.

③ 쌍방은 남북군사당국 간 채택한 모든 합의들을 철저히 이행하며, 그 이행상태를 정기적으로 점검·평가해 나가기로 하였다.

6. 이 합의서는 쌍방이 서명하고 각기 발효에 필요한 절차를 거쳐 그 문본을 교환한 날부터 효력을 발생한다.
   ① 합의서는 쌍방의 합의에 따라 수정 및 보충할 수 있다.
   ② 합의서는 2부 작성되었으며, 같은 효력을 가진다.


                                                      2018년 9월 19일


                               대한민국 국방부 장관 송영무
                조선민주주의인민공화국 인민무력상 조선인민군 대장 노광철

| 도<br>입 | 이 주제와 관련 동영상<br>〈통일운동 앞장서는 최재영 목사의 북한 '봉수교회' 탐방기〉<br>출처: 미션라이프 TV<br><br> |
| --- | --- |
| 교<br>육<br>목<br>표 | 1. 북한당국과 주민의 종교에 대한 관념과 태도가 무엇인지 파악한다.<br>2. 역사적 맥락에서 북한종교의 소멸과 재등장 과정을 분석한다.<br>3. 북한종교의 현 실태를 객관적이고 균형잡힌 시각으로 진단한다.<br>4. 미래 북한종교의 변화와 관련하여 외부세계와 교류협력 방안을<br>탐색한다. |

# 북한종교의 어제와 오늘

내
용
요
약

　　북한은 헌법에 신앙의 자유를 명시하고 있으나 대부분의 주민들은 종교를 비과학적 세계관이나 미신으로 간주하고 있고 종교인들을 비정상적이거나 혐오감을 갖고 대한다. 과거 역사에서 특히 전쟁을 거치며 종교를 극단적으로 탄압하고 종교인들을 처형하거나 대대적으로 추방하는 한편, 조직적인 반종교교육을 진행하였다. 그 결과 기존 종교는 소멸되고 국가가 허용하는 새로운 형태의 종교가 등장하였고, 식량난 이후에는 탈북종교경험을 바탕으로 지하종교가 형성되었다. 즉 과거 종교인 가족과 지하종교인의 두 그룹이 현 북한종교를 구성하는 주요 형태이다. 이 두 종교집단은 국가적으로 감시와 통제를 받고 있고 사회적으로는 차별의 주된 대상들이다. 이 이질적인 종교공동체가 향후 어떻게 발전할 것이며, 바람직한 미래를 대비하여 어떻게 협력하며 변화시켜 나갈 것인가 그 대안을 준비해야 한다.

# 01

## 종교를 두려워하는 북한

　　북한당국은 2018년 현재 북한에 불교, 천주교, 천도교, 기독교, 러시아정교 등 5개 종교가 허용되고 있고, 천도교인 1만 5,000명, 불교신자 1만 명, 천주교인 800명, 개신교 신자 1만 2,000명이 있다고 주장하고 있다. 그러나 국제종교자유위원회(USCIRF)의 평가에 의하면 이러한 종교활동 가운데 현재 북한에서 활성적으로 움직이고 있는 종교는 기독교(개신교)가 유일하다. 불교는 활발한 움직임이 없고 천도교는 청우당이라는 정치조직으로 운영되고 있으며 천주교도 활동이 거의 없는 반면, 기독교만이 유일하게 북한 안에서 활성조직으로 꿈틀거리고 있다.

　　1992년 4월에 발간된 「조선말대사전」에는 종전의 「조선말사전」(1981년 발행)이나 「철학사전」(1985년 발행)과는 달리 종교에 대한 이러한 새로운 해석을 대폭 반영하였다. 종교에 대해 "억압, 착취하는 도구," "제국주의자들이 뒤떨어진 나라들을 침략하는 사상적 도구," "인민대중의 혁명의식을 마비시키고 착취와 억압에 무조건 굴종하는 무저항주의를 고취하는 아편"으로 간주했던 부정적 평가를 삭제하고, "신이나 하나님과 같은 거룩한 존재를 믿고 따르며," "원시종교로부터 시작하여 불교, 기독교, 회교 등 수많은 종교와 크고 작은 류파들이 있다"는 등 보다 긍정적인 표현법으로 설명했다. 1998년 4월에 발행된 '세기와 더불어'의 학습사전에는 기독교와 선교사에 대해서도 매우 전향적으로 해석하고 있다.[1]

이러한 해석과 변화는 1992년 4월 개정된 헌법에서 기존의 '반종교 선전의 자유' 조항을 삭제하고 제한적이나마 '신앙의 자유'를 명시함으로써 가능해진 것이다. 1992년 개정헌법 제68조에서 "공민은 신앙의 자유를 가진다. 이 권리는 종교건물을 짓거나 종교의식 같은 것을 허용하는 것으로 보장된다. 종교를 외세를 끌어들이거나 국가사회질서를 해치는데 리용할 수 없다"라고 규정하였고, 이 내용은 2012년 헌법 및 2016년 헌법(68조)에까지 변함없이 유지되고 있다. 그러나 헌법에 명시된 바와 같이 북한에서 말하는 신앙의 자유란 예배당 건물을 건축하거나 그 안에서 예배의식을 거행할 수 있는 정도의 매우 제한적인 활동을 의미한다.

그러나 정부차원의 종교정책은 변화되었지만 이러한 정책은 사람들의 인식 및 이해와는 괴리가 있는 것이 보통이다. 정책변화와는 달리 일반적으로 북한에서 종교에 대한 인식은 매우 부정적이다. 일반주민들은 보통 종교는 "비과학적 세계관이다. 인민의 아편으로 사상의 흐리게 한다. 종파의 온상이다"라고 생각한다. 반종교 교육의 결과로 북한주민들은 종교에 대해 일반적으로 강한 거부감을 갖고 있다. 그들은 종교를 사람을 홀리고 마비시키는 두렵고 무서운 공포의 대상으로 생각한다. 특히 기독교에 대해서는 무섭다거나 섬뜩한 느낌을 받을 정도로 두려운 실체로 이해하고 있고, 초기 선교사들의 만행을 열거하면서 혐오감을 드러내곤 한다. 기독교의 십자가는 대부분 죽음을 느끼게 하며, 선교사는 '승냥이' 즉 제국주의 침략의 앞잡이 역할을 하는 사람, 또는 "사람의 피를 뽑아 죽이는 행동을 서슴지 않고 하는 사람" 등 섬뜩한 존재로 각인되어 있다.

북한주민들은 기독교라는 말을 들으면 미국인 선교사가 조선소년

---

1) 사회과학출판사, 「조선말대사전 2」 (평양, 1992), p. 264; 과학백과사전종합출판사, 「위대한 수령 김일성 동지의 《세기와 더불어》 학습사전 1」(평양, 1998), pp. 193-194.

이 과수원의 떨어진 사과 한알을 주워 먹었다고 하여 그의 이마에 청강수로 '도적'이라는 글자를 새기는 만행을 저질렀다는 일화를 떠올리곤 한다.[2] 이 이야기는 북한에서 반기독교 교육에서 대표적인 예화로 언급하고 있는 내용이다. 이 이야기는 북한의 소학교 교과서에 "미제 승냥이"란 주제로 실려 있어 어린시절부터 기독교와 선교사에 대한 나쁜 감정을 갖게 한다. 특히 반미감정이 반기독교 정서와 연결되어 있어서 기독교에 대한 일반주민들의 감정은 매우 좋지 않다.

반면 주체사상이 종교적 신앙으로 자리잡고 있다. 주체사상에 대한 북한주민들의 자긍심은 약 70.3%(2018년)를 유지하고 있는 것으로 평가된다. 사랑과 믿음, 영생 등 윤리적·종교적 신념과 가치를 강조하며, 교리와 상징체계, 각종 집회와 모임, 행위규범과 윤리생활에 있어서 주체사상의 조직활동은 기독교인의 신앙생활 양식과 유사성을 띠고 있다.[3] 이는 아마도 김일성의 기독교적 가정환경에 기인하는 것으로 추측된다. 유년시기에 주일학교에서 성경을 배우고 기독교 사상을 접하였던 김일성은 출애굽의 해방과 구원의 역사를 통해 일본식민통치의 억압으로부터 나라를 해방시켰다는 '해방신화'를 쉽게 만들 수 있었을 것이며 평등, 이상사회를 지향하는 기독교 사상을 자연스럽게 활용했을 것으로 생각된다.

---

2) 김일성, "우리의 예술은 전쟁승리를 앞당기는데 이바지하여야 한다," 「김일성저작집 6」 (평양: 조선로동당출판사, 1980), p. 226. 김정일, "당의 두리에 굳게 뭉쳐 새로운 승리를 위하여 힘차게 싸워 나가자," 「김정일 선집 14」 (평양: 조선로동당출판사, 2000), p. 3. 1925년 안식교 선교사 허시모(헤시모어) 사건을 가리킨다.
3) 김병로, 『북한사회의 종교성: 주체사상과 기독교의 종교양식 비교』. 서울: 통일연구원, 2000.

02

# 처형과 추방, 그리고 반종교교육

　해방당시 북한에 형성되어 있던 기독교 교세는 3,000교회 30만 신도 혹은 2,000교회 20만 신도로 평가되고 있다. 한국의 교회관련 자료들은 해방당시 북한의 기독교 교세를 3,000교회 30만 신자로 추산한다. 대한예수교장로회총회 북한교회재건위원회의 자료에 의하면 해방이전에 현재의 황해남도 지역에 513개, 평안북도 지역에 452개, 평안남도에 439개, 황해북도 지역에 348개를 포함하여 총 3,022개의 교회가 있었던 것으로 분석하고 있다. 그러나 북한의 공식자료는 1949년 북한지역에 대략 20만 명의 개신교인과 5만 3,000여 명의 천주교인이 존재한 것으로 밝히고 있다. 이 자료는 아마도 북한당국이 과거 기독교 인구에 대해 공식적으로 발표한 유일한 자료일 것이다. 북한당국의 평가에 의하면 1950년 이전 북한 기독교는 교회수 약 2,000개, 신자 20만 명, 목사 410명, 전도사 498 명, 장로 2,142명 등이었다고 한다.4)

　한국전쟁은 여러 면에서 북한 기독교에 커다란 변화를 몰고 왔다. 전쟁으로 극심한 물적, 인적 피해를 당한 결과 전쟁 이후 사회 전반적으로 미국에 대한 적개심이 높아졌고 미국과 연관되는 기독교에 대해 매우 부정적인 인식을 갖게 되었다. 특히 1951년 1.4후퇴 이후 북한정부는 연합군에 협조하거나 반공단체에 가담한 기독교인들에 대해 처형하거나 투옥시켰다. 연합군 퇴각 후인 1951년 초 북한정부는 '반공단체

---

4) 조선로동당출판사, 『조선중앙년감 1950』(평양: 조선로동당출판사, 1950), p. 365.

가담 처벌에 관한 결정'과 '군중심판에 관한 규정' 등의 조치를 통해 전쟁 시기에 반공단체 가담자나 연합군에 협조한 사람을 색출하였다. 이때 반동분자로 분류된 사람들 가운데 많은 부분이 종교인이었다. 이들 가운데 상당수의 종교인들은 연합군과 함께 이미 월남한 후여서 처형을 피할 수 있었으나, 남은 종교지도자들은 인민재판에 의해 공개처형되거나 수용소에 수감되었다. 종교인 가족 중에는 북한군에 의해 살해되기도 했지만, 북한정권에 협조했다는 이유로 연합군과 반공주의자들에 의해 살해되는 비극도 발생했다.

또한 한국전쟁 중에 미군의 폭격으로 희생된 신자와 성직자들도 많았다. 당시 기독교 성직자들과 신자들은 신앙을 지키기 위해 전쟁 중에도 교회에 모여 집회를 하는 경우가 많았는데, 미군의 공중폭격으로 많은 기독교인들이 목숨을 잃기도 했다. 이러한 정황 때문에 북한당국은 북한 기독교인들이 신앙을 버리게 된 이유를 정치적 탄압 때문이 아니라 미군의 폭격으로 인한 엄청난 피해 때문이라고 주장한다. 실제로 1950년 11월 8일(일요일), 신의주 제1, 2교회에서 예배를 드리던 수백 명의 교인들이 미군의 폭격으로 몰사한 사례를 들 수 있다.

이 시기 교회 건물에 대한 물리적 피해나 국민들 사이에서의 반기독교적 정서 심화도 큰 문제였지만, 전쟁 중 사망자와 월남자, 처형 등으로 인해 초래된 기독교 인구의 절대감소는 가장 심각한 문제였다. 그 결과 기독교 지도자들의 해체가 급속이 진행되었다. 교직자를 안수 받은 목사로 본다면 410명의 목사 가운데 절대 다수인 350명을 잃었다는 것이고 60명밖에 남지 않았다는 얘기가 된다. 다른 기록에는 전쟁 후에 목회자가 약 20여 명밖에 남지 않았다는 평가도 있다. 기독교 교회사 연구에 의하면, 한국전쟁 이후 순교 또는 행방불명된 북한의 교직자 수는 장로파 260명, 감리파 50명이며, 성결교와 그 외의 교파를 합하면 350명에 달한다고 한다. 이 부분에 대한 조사와 연구가 필요하다.

전쟁 이후 생존한 10만 명의 기독교인들은 전쟁 이전보다 더욱 혹독한 탄압에 직면하였다. 1958년 5월 30일 당중앙위 상무위원회는 "반혁명분자와의 투쟁을 전군중적으로 전개할데 대하여"를 결정하고, 그해 12월부터 1960년 12월까지 중앙당집중지도를 실시하여 "종교인과 그 가족"을 분류했다. 이때 파악된 종교인과 그 가족의 숫자는 약 10만 가구 45만 명으로 집계되었다. 이를 토대로 북한당국은 1958년부터 1960년대 초까지 대대적인 종교인 탄압을 실시했다.

북한당국은 1960년대에 조직적인 반종교정책을 전개했다. 반종교 활동이 정당, 직장, 학교, 근로단체 등 공공기관을 통해 공적으로 행해졌으며, 공식적인 종교의식은 사라졌다. 조선기독교도연맹을 제외한 종교단체도 없어졌다. 기독교는 불법화되었고 북한지역에서는 어떤 종류의 예배의식이나 종교모임도 발견할 수 없게 되었다. 다행히 1960년대 후반에 이르러 이른바 '풀어주는 사업'을 실시하여 60대 이상 '노인층 골수신자'로서 신앙을 포기하지 않고 지하에서 종교행위를 계속하고 있던 자들에게 가정예배를 허용하여 조그만 틈새가 생겨났다.

1960년대 후반에 국가적으로 '풀어주는 사업'과 김일성혁명역사 발굴과정에서 기독교가족의 가정예배소 활동을 제도적으로 인정했음에도 불구하고 기독교 신앙활동에 대한 사회적, 정책적 차별과 박해가 느슨해졌던 것은 아니었다. 1967~72년 사이 유일사상체계 확립 작업을 추진하면서 봉건적 요소로 간주된 종교 활동은 여전히 억제되었고 종교인 가족은 국가적, 사회적 배척의 대상이 되었다. 1968년에 200개의 가정예배소가 허용되었으나 시간이 지나면서 기독교 가족은 반기독교 교양사업을 통해 점차 기독교를 떠나도록 압박받았다. 그 결과 가정예배소는 1972년 남북대화의 무드가 조성되던 시기에 100여 개 처소로 허용한 것을 예외로 한다면 40개소로 급감했고, 그 후 20여 개로 크게 줄어들면서 명목상 유지하는 수준으로 전락했다.

03

# 새로 등장한 종교

　　종교인 가족의 신앙 활동은 1972년 이후 북한의 공인종교 조직인 조선그리스도교연맹이 활동을 재개함으로써 새로운 전기를 맞았다. 1972년에 남북대화가 시작되면서부터 북한 내에도 종교 활동의 자유가 있는 것처럼 보이기 위해 종교단체의 활동을 허용하였다. 그러나 허가받지 않은 활동에 대해서는 처벌할 수 있도록 법적 조항을 마련하였다. 1972년 12월 헌법 개정을 통해 신앙 활동을 법적으로 규제하는 '반종교선전의 자유'(제54조)를 명시하기에 이르렀다.5) 1948년 헌법에 신앙 및 종교의식 거행의 자유를 허용한다고 되어 있던 대목에 '반종교선전의 자유'를 명시함으로써 종교 활동의 탄압 근거를 마련한 것이다.

　　북한당국은 1980년대 초 기독교인들을 '장악'하기 위한 대책을 강구해야 할 필요성 때문에 1982년부터 조직사업을 시작했다고 설명한다. 1983년에 신약성서와 찬송가가 출판되고 1984년에 구약성서가 출판된 사실을 감안하면 1982년에 이러한 정책적 결정이 이루어졌다는 증언은 사실일 것으로 판단된다. 그리고 1986년 김정일 명의로 새로운 종교정책이 하달된다. 북한은 1986년 김정일 명의로 종교에 대한 전향적인 해석

---

5) 1948년 헌법 제14조는 "공민은 신앙 및 종교의식거행의 자유를 가진다"라고 되어 있던 조항을 1972년 12월 개정 헌법 54조에 "공민은 신앙의 자유와 반종교선전의 자유를 가진다"라고 규정하였으며, 1992년에 "공민은 신앙의 자유를 가진다. 이 권리는 종교건물을 짓거나 종교의식 같은 것을 허용하는 것으로 보장된다. 누구든지 종교를 외세를 끌어들이거나 국가사회질서를 해치는데 리용할 수 없다"(68조)라고 수정하였다.

을 내리고 그에 따라 종교정책을 새롭게 바꾸었고 1992년에는 신구약성
경 합본을 「성경전서」로 출판하였다. 이러한 종교정책의 변화로 1980년
대 들어 평양에 봉수교회(1988년)와 칠골교회(1992년)가 설립되었다.

1995년 북한에 대홍수가 발생하여 극심한 식량난이 초래되었고 이
후 3년 동안 연속적인 홍수와 가뭄 피해로 북한은 이 난관을 극복하기
위한 '고난의 행군'을 전개하였다. 이 과정에서 30만 명의 북한인이 중
국으로 탈북하여 중국교회와 선교사들의 도움으로 생존을 유지하며 기
독교에 관한 소식과 복음을 접하였다. 이 시기 탈북자들의 70~80% 이
상이 기독교 복음을 들었거나 교회의 실질적인 도움을 받았을 것으로
판단된다. 이후 30만 명 중 20만 명이 다시 북한으로 돌아갔으며 이들
이 잠재적 기독교인으로 간주될 수 있는 사람들이다. 이 가운데 5만 명
정도를 식량난 시기에 중국에서 복음을 받아들인 '지하교회성도'로 추산
해 볼 수 있다. 물론 이 중에는 과거 기독교인 가족들, 즉 그루터기로
분류되는 가족과 중복되는 사람들도 있다.

북한이 봉수교회와 칠골교회 건축을 허용하고 기독교에 대한 억압
을 완화한 배경에 대해서는 북한당국이 종교를 정치적으로 활용할 목적
이 있었을 터이나 해외 한인 기독교 지도자들의 헌신적인 노력도 적지
않은 역할을 했다고 할 수 있다. 또한 북한사회의 변화와 함께 북한 안
에서 활동하던 과거 기독교인들의 역할도 관심을 가져볼 필요가 있다.
대규모로 추방되었던 기독교인들이 사면을 받아 복귀했다는 증언이 나
오고 있고, 때문에 북한의 기독교는 공식적으로 허용된 교회이건 지하
교회이건 사면을 받아 돌아온 과거 기독교인들이 주축을 이룬다는 증언
들이 나오고 있다.[6] 이러한 정황들을 더 깊이 추적해 보아야 하겠지만,
만약 이러한 내용이 사실이라면, 1980년대 북한 기독교 교회의 건축과

---

6) 한 탈북자의 증언에 의하면, 북한은 "1980년 10월 6차 당대회를 앞두고 기독교인에 대
   한 대사면을 단행했으며, 이 가운데 산골오지로 추방되었던 기독교인들이 대거 사면되
   어 돌아왔고, 북한에서 지상교회 교인이건 지하교회 교인이건 간에 교인이라고 불릴
   수 있는 사람들은 바로 이 사람들이 중심축을 이룬다"고 주장한다.

기독교 활동의 재개는 사회 내적 필요성이라는 시각에서 새롭게 재조명해 볼 필요가 있다.

# 북한성도의 두 그룹: 과거 기독교인과 식량난 이후 개종자들

　　현재 북한의 교회, 혹은 북한의 기독교인은 크게 두 그룹으로 나누어 볼 수 있다. 하나는 과거 종교인(기독교인) 가족으로 분류되는 그루터기 공동체이고, 다른 하나는 식량난 이후 중국에서 복음을 받아 개종한 기독교인이다. 이러한 분류는 역사적으로 형성된 북한의 기독교인을 구분해본 것이다. 해방전 30만 명의 기독교인 가운데 현재 남은 그루터기 규모를 5만 명, 식량난 이후 탈출한 30만 명 가운데 복음을 받아 돌아온 20만 명의 탈북자 중 5만 명이 잠재적 지하교회 성도들이라고 보면, 북한에 현재 약 10만 명의 그리스도인들이 있는 셈이다. 지하교회 성도들 가운데 그루터기 가족들로 중복된 인원을 빼면 숫자가 조금 줄어들 수도 있을 것이다. 이러한 점들을 고려하여 북한의 기독교인 규모를 7~10만 명으로 추산해 볼 수 있다.

## (1) 과거 기독교인 가족 (공인교회 포함)

　　북한에는 해방 이후 신실하게 기독교 신앙을 지켜온 신앙인의 뿌리가 남아 있다. 월남한 수많은 기독교계 인사들이 북쪽에 남겨놓고 온 가족들과 그곳에서 순교한 신앙인들의 후손들이 바로 그 뿌리이다. 1958년의 대박해로 흩어지기 시작한 그루터기 신앙공동체는 그 후 가족·친적 내 개별적 혹은 소규모 모임으로 존재하였으며, 1972년 이후 공인교회로 동원되기도 하고 1995년 이후 지하교회 활동에도 참여하고 있다. 이들은 2대, 3대로 내려오면서 부모들로부터 구두로 신앙을 전수받고 막연하게나마 그 신앙을 유지해 오고 있다. 이들은 북한당국으로부터 당적 관리를 받으며 감시와 통제하에 신앙생활을 유지하고 있다. 이들은 50년 가까이 신앙을 버리지 않았으며, 정부당국과 가족들의 냉대 속에서도 꾸준히 신앙을 지켜왔다. 가족·개인 등 개별적으로 유지되고 있는 그루터기 교회는 외부에 전혀 드러나지 않는 형태로 존재한다. 그루터기 신앙인들의 규모는 전국적으로 5만 명 정도로 추산된다. 그루터기를 인구학적으로만 평가한다면 수십만이라고 말할 수 있으나, 그 가운데서 신앙의 정체성, 혹은 기독교 가족이라는 정체성을 어느 정도 인지하고 있는 사람들만을 따져 보았을 때 5만 명 정도가 되지 않을까 생각한다. 그루터기 신앙인들은 북한의 공인교회로 동원되거나 지하교회와 연결되어 활동한다.

과거 신앙인 가족들의 일부는 봉수교회, 칠골교회, 가정예배소(520여 개소) 같은 공인교회에 동원되어 활동하고 있다. 공인교회 신자는 1만 2,300명이며 이들은 대부분 선대 신앙인들의 후손들로 가족·친지 관계 때문에 당과 연맹에 조직적으로 통제되고 있는 사람들이다. 과거 북한지역에는 30만 혹은 20만의 개신교인이 존재했던 것으로 파악되고 있다. 이들 가운데 월남자를 제외한 사람들은 북한에서 생활하는 2대 혹은 3대 신앙인들로 가족들로부터 구두로 신앙을 전수 받고 막연하게나마 그 신앙을 유지해 오고 있는 신자들이다. 당적 관리를 받으며 생활하는 북한의 그리스도인들을 무조건 가짜로 배척해야 할 이유는 없다.

북한당국의 종교관계자의 설명에 의하면, 1만 2,000명 가운데 절반(6,000명)은 조선그리스도교연맹에 등록한 신자이며, 나머지 절반은 조그련에 등록하지 않은 채 개별적으로 신앙을 유지하고 있는 사람으로 평가하고 있다. 등록되지 않은 신앙인들은 농촌지역처럼 방대한 지역에 신자들이 별로 없어 조직으로 묶을 수 없는 사람들이라고 설명한다. 칠골교회는 수년간 출석한 사람의 증언에 의하면 칠골교회는 매주 예배를 드리는 것은 물론이고 성도들이 매우 진지한 교제를 한다. 남한사람들이나 외국인들이 찾아와 함께 예배를 드리는 경우에는 긴장되고 통제되기 때문에 오히려 부자연스럽게 보이는 면이 있을지 모르나, 평소에는 예배를 마치고 차를 마시며 담소를 나누는 등 매우 자연스럽게 교제하며 모임을 갖고 있다고 한다.

공인교회의 참가자들은 조선그리스도교연맹과 노동당에서 조직적으로 동원하고 있다는 점에서 북한당국에 통제를 받고 있다는 점은 명백하다. 그렇지만 이 공인교회를 긍정적으로 보아야 하는 이유는 첫째로 다수의 그루터기 신앙인들이 포함되어 있다는 점이며, 둘째는 동원된 사람들 사이에도 변화가 일어나고 있다는 점이다. 교회에 나오는 신자들 가운데는 선대 신앙인들의 후손들로 가족·친지관계 때문에 종교인 가족으로 동원되어 나온 사람들도 섞여 있다. 이들은 이른바 그루터기 신앙인 가운데 일부다. 봉수교회에는 과거 목사, 장로, 권사의 자녀들로서 최소한 20명 이상의 그루터기 신자들이 출석하고 있음을 확인할 수 있다. 뿐만 아니라, 봉수교회에서 북한성도들과 예배를 함께 드려본 경험이 있는 사람들은 봉수교회의 성도들 가운데 상당수는 기독교 집안 후손들일 것으로 평가한다.

그런가 하면, 봉수교회나 칠골교회에 동원된 사람들 가운데 매주 교회에 출석하면서 변화를 받기도 한다. 봉수교회에 출석하던 한 핵심 당원은 매주 예배에 참석하면서 설교말씀을 듣고 성경을 조금씩 읽던 중 예수를 믿게 된 경우도 있다. 혹시 자기의 의사와 무관하게 동원된 사람이라 하더라도 공식적으로 세워진 교회에서 찬양을 부르고, 설교를 듣고, 말씀을 읽는 가운데 복음의 역사는 일어날 수 있음을 겸허하게 인정해야 할 것이다. 반드시 남한교회와 똑같은 방식으로 예배를 드려야만 '진짜' 교회이고, 남한과 조금 다르면 '가짜'라고 정죄하는 것은 매우 위험한 일이다. 그렇게 따진다면 남한에서 교회에 출석하는 신자들 중에는 '가짜'가 없겠는가! 북한에 존재하는 교회를 공산주의 정권의 통제와 감시 속에 제한된 신앙활동을 유지하고 있는 '사회주의 속의 교회'라는 시각으로 바라볼 필요가 있다. 겉모습으로 판단하기 어려운 신앙의 문제를 우리의 잣대로 속단하지 말고 역사를 이루어 가시는 하나님의 눈으로 바라보아야 할 것이다.

가정예배소는 북한교회에서 중추적인 역할을 담당해 왔는데 북한 측에서는 북한에 약 520여 곳의 예배처소가 있는 것으로 밝히고 있다. 평양과 남포, 개성에 각각 30개소, 평안남북도 각 60개소, 그 외의 도에 40개소씩 존재하고, 양강도와 자강도는 산간지역이어서 가정교회가 아직 없다고 한다. 이들 가정예배소는 장로나 집사 등 평신도에 운영된다. 가정예배소에 동원된 구성원들 역시 과거 기독교인 가족들이다. 필자를 포함하여 한국에서 방문한 6~7곳의 가정예배처소 참관 경험에 의하면, 가정예배처소로 묶여져 있는 사람들은 과거 기독교 가정의 자손들로 파악된다. 그러나 가정예배처소가 일주일 단위로 활동하는 것 같지는 않고 필요할 때 언제든지 동원할 수 있도록 조직화되어 있는 단위일 가능성이 높다.

북한당국은 주민들 사이에 신앙의 뿌리가 깊게 내려지는 것을 달가워하지 않고 북한당국이 장려하는 것은 아니지만, 과거 신앙인 가족의 개별적 신앙행위로 묵인되고 있다. 또 대외적인 이미지 개선, 즉 미국 등 서방국가와의 관계개선 촉진을 위한 방안의 하나로 부득불 신앙활동을 허용하고 있는 측면도 있다. 더러는 탈냉전 20여 년간 외부의 꾸준한 노력으로 신앙활동을 재개한 사람들도 있다. 북한의 기독교인 가족들은 거주제한 등 비당원보다 공민권상 많은 제약을 받으면서도 묵묵히 신앙을 지켜 나가고 있다. 사회적 차별 때문에 결혼이 어려워 결국 기독교 가족들 사이에 결혼이 이루어지고 있어 혼인은 그루터기의 정체성을 유지하는 중요한 통로가 되고 있다. 북한의 교회는 공인교회와 지하교회를 막론하고 결국 그루터기 가족들이 중심적 역할을 하고 있다.

## (2) '지하교회': 식량난 이후 탈북과 전도로 개종한 신자들

남한의 선교단체들은 적어도 수천 명에서 수십만 명까지 북한의 지하교회가 당국의 눈을 피해 활동하고 있는 것으로 평가하고 있다. 1990년대 중반 식량난으로 중국을 탈출한 30만 명 가운데 교회와 선교단체의 도움을 받고 북한으로 다시 들어간 사람들은 20만 명이다. 이 가운데 70~80%의 탈북자가 복음을 직간접적으로 접했을 것으로 본다. 이들 중 북한 안에 돌아가 지하교회 활동을 하고 있는데, 그 규모는 추정하기는 쉽지 않다. 어림잡아 5만 명 정도로 볼 수 있지 않을까 생각한다.

그러나 실제로 북한당국의 감시망을 피해 활동하고 있는 지하교회는 그리 많지 않다고 보아야 옳을 것이다. 선교단체 중 지하교회에 대해 신중하게 평가하는 기관은 북한 안에서 실제 복음을 받아 활성적으로 모임을 갖고 있는 사람들이 수천 명 정도에 불과하다고 주장하는 단체도 있다.

뿐만 아니라 지하교회라고 활동하고 있는 조직도 대부분 북한의 국가보위부의 정보망에 장악되어 있고 심지어 국가보위부에서 직접 운영하는 지하교회도 있는 상황이다. 지하교회 종교활동은 1997년부터 정보요원들의 침투공작에 상당부분 영향을 받고 있는 것이 사실이다. 황장엽 씨의 망명 이후 보위사령부(1996년 조직)에 탈북자 침투반을 운영하면서 탈북자에 대한 선교정보를 조직적으로 입수하고 있다. 중국의 선교사들은 비밀스럽게 운영한다고 생각하고 있는 부분까지도 거의 대부분 북한 정보기관의 정보망하에 들어가 있다. 북한의 정보기관은 이러한 루트를 역이용하여 지하교회 조직을 통해 정보도 얻고 외화벌이도 하는 등 심각한 문제점이 있다.

이런 점에서 지하교회의 규모나 실체가 실제보다 과장되게 알려져 있을 가능성이 있으며, 그 활동에 대해서도 보도되는 내용을 액면 그대로 받아들 수 없는 부분이 많다. 그럼에도 불구하고 지하교회는 북한에 실제로 필요한 사람들에게 도움을 전달할 수 있는 강력한 통로가 되고 있고, 또 그루터기 신앙인들에게 기대와 희망을 줌으로써 이들을 격려할 수 있다는 점에서 긍정적인 역할을 하고 있으며 신중하고 지혜로운 접근과 활동이 요구된다.

# 05

# 북한교회 성도들의 신앙생활

북한교회를 떠올릴 때 가장 풀리지 않는 질문은 하나님이 북한의 그리스도인들을 왜 그 오랜 시간 동안 고통가운데 머무르게 하시는가 하는 의문이다. 해방 당시 북녘에 있던 30만 명의 그리스도인은 공산주의의 폭압에 의해 짓밟히고 처형되고 오지로 추방되어 1960년대부터는 흔적을 찾아볼 수 없을 정도로 완전히 사라졌다. 북한당국은 2018년 현재 북한에 불교, 천주교, 천도교, 기독교, 러시아정교 등 5개 종교가 허용되고 있고, 천도교인 1만 5,000명, 불교신자 1만 명, 천주교인 800명, 개신교 신자 1만 2,000명이 있다고 주장하고 있다. 그러나 국제종교자유위원회(USCIRF)의 평가에 의하면 이러한 종교활동 가운데 현재 북한에서 활성적으로 움직이고 있는 종교는 기독교(개신교)가 유일하다. 불교는 활발한 움직임이 없고 천도교는 청우당이라는 정치조직으로 운영되고 있으며 천주교도 활동이 거의 없는 반면, 기독교만이 유일하게 북한 안에서 활성조직으로 꿈틀거리고 있다.

북한에 있는 수만 명의 그리스도인들은 지상에서, 지하에서, 그리고 공식적으로 동원된 북한의 교회에서 온갖 사회적 차별을 받으며 삶을 살고 있다. 사회적 차별과 국가적 탄압으로 30만 명의 믿음의 형제자매들 가운데 96%가 사라지고 4%만이 남아 있게 되기까지 북녘의 그리스도인이 당했을 엄청난 고통과 시련은 감히 상상할 수 없을 것이다. 종교 자체를 '비과학적 세계관, 인민의 아편, 종파의 온상'으로 생각하며 종교인들을 차별할 뿐 아니라 특히 기독교인에 대해서는 초기 선교사들의 만행을 열거하면서 '제국주의 침략의 앞잡이', '사람의 피를 뽑아 죽이는 행동을 서슴지 않고 하는 사람' 등으로 기독교인에 대한 부정적 정서와 의식이 매우 강하다.[7]

기독교인에 대한 이러한 부정적 정서와 의식은 사회생활과 국가정책에서도 그대로 반영되어 나타난다. 상류층에도 기독교 가족들이 없지는 않지만 대부분은 '반동분자'로 낙인 찍혀 사회진출이 불가능하고 경제적으로도 최빈곤층으로 전락하여 힘겨운 삶을 유지하고 있다. 북한에서 기독교인으로 분류된 사람들은 대학진학이나 직장배치, 군 입대 등의 과정에서 차별을 받는다. 종교인 가족이라는 성분 때문에 국가적 활동과 사회진출이 제한되고 북한의 일반주민보다 공민권상 많은 제약이 존재한다. 일부 지하교회에서 의욕적인 전도활동을 하는 사례가 있지만 이러한 경우는 곧바로 '간첩'으로 처형되곤 한다.

그럼에도 불구하고 과거 신앙인 가족들이 3대째 이어가며 믿음을 유지하고 있다는 것은 놀라운 일이다. 최근 북한에서 3대를 이어가며 신앙을 유지한 10가족을 심층면담을 실시한 바에 따르면, 북한에서 믿음의 가족들이 3세대에서 열매를 맺고 있는 모습을 발견하였다. 2세대는 60~70년대의 냉혹한 현실에서 가시적인 열매가 없었지만, 조부모의 신앙을 기억하고 있는 3세대에서 사회적 환경이 변화하는 속에서 신앙이 꽃피고 있음을 볼 수 있다. 참으로 기이하고 놀라운 일이다.

이러한 사회적 차별과 국가적 감시 때문에 북한에서 신앙의 3세대를 유지한 가족조차도 미성년 자녀들과는 신앙문제로 어떠한 대화도 나눌 수 없는 상황이며 성인이 된 이후에야 조심스럽게 신앙대화를 나누는 정도로 신앙 활동은 제약받고 있다. 사실, 북한교회 교인들의 신앙생활은 예배를 드린다기 보다는 기독교적 설명을 해주는 정도거나 베껴놓은 주기도문을 읽고 그것에 따라 잘못한 것을 생활총화처럼 말하고 진

---

7) 김병로, 「북한 종교정책의 변화와 종교실태」(서울: 통일연구원, 2002), pp. 62-67.

행하는 정도이다. 하나님을 하늘님으로, 기도를 빈다는 일상적인 언어로 바꾸어 사용하고 있다. "하늘은 다 안다 너의 마음을 하늘에 빌어라"라고 가르친다. 그러나 아무도 보지 않는 새벽 2~3시에 일어나 기도하는 생활을 하기도 하고, 집집마다 순회하며 믿음을 돌보는 인도자가 있는가 하면, 탈북할 수 있는 기회가 있음에도 남은자로서의 사명의식 때문에 한사코 탈북을 거부하며 북한 내 사역을 고집하는 신실한 일군들도 있다. 그러나 북한 그리스도인 가정의 존재 양식에 관해서는 한 두 편의 자료가 나와 있을 뿐 아직도 북한의 그리스도인들에 대해 전모를 파악하지 못하고 있는 것이 현실이다.

06

# 평화의 영성 회복과 재부흥의 길

## (1) 북한 신앙공동체의 현실

종교인 가족으로 분류·관리되고 있는 과거 기독교인들과 새롭게 성장하고 있는 기독교인들은 북한의 열악한 종교적 환경에서도 70년 넘게 종교인 가족의 정체성을 유지하고 있으며 정부당국의 억압과 차별, 사회적 냉대 속에서도 꾸준히 신앙의 가계를 이어오고 있다. 북한 종교인 가족은 당국에 의해 가정예배소와 공인 종교조직에 동원되어 종교활동을 지속하고 있고, 지하 종교활동을 통해서도 신앙활동의 공간을 확대하고 있다. 북한당국에 의해 동원되어 활동하고 있는 신앙인들을 향해 '꼭두각시' 혹은 '가짜'라는 비판이 제기되기도 한다. 북한당국이 대외관계 개선이나 정치적 목적이나 외화벌이 수단으로 종교단체를 활용하고 있는 것은 사실이나, 그렇다고 북한 안에 형성되어 있는 기독교인 가족들을 북한당국의 꼭두각시로 정도로 치부해서는 안 될 것이다. 북한당국에서 차별 대상으로 존재하는 과거 종교인 가족이 남한과 국제사회에서도 비난의 대상이 된다면, 이들은 이중적 차별을 받는 불행한 존재로 전락하고 만다. 종교인 가족의 신앙내용이 없다거나 활동이 부족하다고 하여 폄훼해서는 안 되는 이유가 여기에 있다. 신앙활동이란 지식의 많고 적음이나 수행의 연한으로 따질 수 없는 것임은 두말할 필요도 없다. 우리가 해야 할 일은 북한의 종교인 가족이 신앙의 정체성을 회복하고 신앙활동을 지속할 수 있도록 지원 내지 협력할 수 있는 방안을 강구하는 것이다. 북한종교의 부흥과 발전을 위해 종교인 가족의 존재와 역할이 중요함을 인식하여 앞으로 기독교 외에 불교와 천주교, 천도교의 종교인 가족에 대해서도 실체를 밝히는 데 더 많은 연구와 노력이 진행되기를 기대한다.

북한종교의 성격을 연구하기 위해서는 과거 종교인 가족을 주의 깊게 살펴보아야 한다. 당국의 통제하에 종교활동이 이루어지고 있으며 공인 종교조직은 과도하게 정치화되어 있고 지하 종교활동은 정보네트워크에 포섭되어 있다. 그 속에서 종교인 가족들은 2대, 3대로 내려오면서 부모들로부터 구전을 통해 신앙의 가족이라는 전통을 이어오고 있다. 교리는 주설적 신앙이나 민속신앙과 혼합되어 존재하고 있고 '하나님'이라든가 '기도'라는 개념도 제대로 사용하지 못한다. 종교적 의례를 거의 가져보지 못하기 때문에 신앙적 교리의 내용은 거의 없고 종교인 가족이라는 의식과 몇 가지 도덕윤리 생활지침을 유지하고 있을 뿐이다.

## (2) 평화의 영성회복

북한사람들은 6·25전쟁을 통해, 그리고 그 이후 반종교교육을 통해 기독교에 대한 반감을 뿌리 깊게 갖고 있다. 남한기독교인들이 북한 공산체제에 대해 깊은 불신과 원한의 감정을 갖고 있는 것과 같다. 남북한 사회와 주민들 사이에 높게 쌓여 있는 적대감과 두려움, 원망의 감정을 기독교와 공산주의가 고스란히 짊어지고 있다. 남북한은 전쟁을 통해 200만 명의 인명살상을 초래했다. 남한 82~85만 명, 북한 123만 명의 직접적인 인적 손실을 입었다. 이 인명살상 과정에서 남북한 주민들은 전쟁의 강렬한 체험을 하였으며, 원한과 분노, 적개심을 내면화하였다. 그런데 이러한 원한의 감정을 미제, 기독교 선교사들에 투영하고 있다는 것이다.

뿐만 아니라 지난 1995~2000년 사이 고난의 행군으로 많은 주민들이 굶어죽었다. 60~80만 명으로 추산되는 많은 사람들이 먹을 것이 없어서 목숨을 잃은 비참한 사건이다. 폭력으로 짓밟힌 고통과 원한에다 먹지 못해 굶어죽는 고통과 아픔을 겪었다. 가족과 주변 이웃들의 처참한 광경을 눈으로 보았다. 어린이들이 영양실조에 걸려 정신지체아가 경우도 많다. 16%의 어린이가 정신지체를 겪을 수 있는 심각한 영양실조 상태에 있다. 북한주민들은 고난의 행군만 회상하면 눈물이 가득해진다.

적대와 불신의 마음으로 가득한 북한사람들의 마음을 녹이고, 경제적 궁핍으로 고통받고 있는 북한사람들의 마음을 열게 하는 것은 그리스도인들의 화해의 영성밖에 없다. 이러한 적대와 두려움, 증오의 감정을 녹일 수 있는 힘은 우리 사회 안에서 기대하기 어렵다. 교회가 희망인 이유가 여기에 있다. 한국교회는 휴전선으로 상징되는 분단이 단지 정치적 대립과 갈등의 문제가 아니라, 미움, 증오, 적개심, 두려움 등이 뿌리를 내리고 있는 죄의 문제임을 꿰뚫어보는 통찰력을 가져야 한다. 한국교회는 남북한 민족이 분단으로 짓고 있는 죄를 회개하도록 촉구해야 한다. 이것은 단순히 정치적 대결이 아니라 영적 싸움이기 때문이다. 세상은 너희에게 이에는 이, 눈에는 눈으로 철저히 보응해야 한다고 가르치나, 나는 너희에게 이르노니, 네 원수를 사랑하고 핍박하는 자를 위해 기도하라. 할 수 있거든 모든 사람들과 화목하라. 네 원수가 주리거든 먹이고 목마르거든 마시우라. 그리함으로 네가 숯불을 그 머리에 쌓아 놓으리라. 악에게 지지 말고 선으로 악을 이기라. 평화를 지키는 데 머무르지 않고 만들고 세워 나가는 삼겹줄 평화의 노력을 기울여야 한다. 이러한 화해의 영성을 우리 스스로 회복하여 북한사람들의 아픔과 눈물을 이해하고 위로할 준비가 되어 있지 않다면 통일 이후 북한의 복음화와 북한교회의 부흥은 기대하기 어려울 것이다.

## (3) 북한교회 리더십 세우기

북한의 변화가 진행되고 있는 현 상황에서 한국교회는 가장 먼저 북한의 성도들을 어떻게 세워 나갈 것인가를 고민해야 한다. 동독의 경험에 비추어 본다면, 북한의 공인교회와 지하교회까지도 정보당국의 관리하에 놓여 있을 것이므로, 개방 시 북한교회 내부에서 공인교회와 지하교회 간에 정치적 갈등이 심화될 가능성도 우려된다. 만약 남한교회가 이러한 갈등을 통합하려고 하지 않고 근본주의적 신념에 사로잡혀 공인교회와 지하교회의 진위논쟁을 부추긴다면 갈등은 걷잡을 수 없는 상황으로 치닫게 될 것이다. 이런 점에서 한국교회는 북한교회를 이념적 흑백논리로 접근하지 말고 각 유형의 교회 안에서 신실한 성도들을 중심으로 서로 연합할 수 있도록 적극 도와주어야 한다. 북한 개방 초기에 북한교회를 이끌고 갈 핵심리더십을 세우는 일이 중요할 텐데 신실한 성도들을 중심으로 북한교회를 책임질 지도자들을 세워야 한다.

이러한 연합적 리더십을 구축하면 자연스럽게 북한교회를 단일교단으로 세워 나갈 수 있게 된다. 남한교회가 여러 교파로 분열하여 사회적 불신과 부정적 영향을 미쳤던 경험을 교훈삼아 북한교회는 교파로 나누어지지 않고 '북한기독교'라는 단일교단으로 세워져야 한다. 북한교회가 단일교단을 형성하면 남한의 분열된 교단을 대상으로 엄청난 권력을 행사할 우려도 없지 않다. 그러나 현재 남한의 여러 교파들이 경쟁적이고 소모적으로 선교활동을 펼칠 경우, 이단이나 타종교와 효과적인 전도활동이 어렵게 되므로 이러한 문제를 사전에 방지하기 위한 연합적 노력이 필요하다. 분파적이고 분열된 모습으로 선교활동을 펼친다면 북한주민들에게 신뢰할 수 있는 종교로 다가가기 어려울 것이다.

특히 개방 초기에는 북한교회를 지도해 나갈 지도력이 필요하고 연합교회를 세운다는 전략적 목표를 공유하는 남한 사역자들이 필요하다. 이를 위해서는 북한선교의 전문사역자를 세우기 위한 실질적이고 구체적인 연합선교교육기관 설립은 필수적이다. 남한 내 교파를 초월하여 북한교회 지도자를 세우고 북한교회와 협력하여 선교적 사명을 감당할 수 있는 선교전문인력을 양성하는 일은 매우 시급하다. 이를 위해 최소한 주요 교단만이라도 교단차원의 연합과 협력을 구체적으로 도모할 필요가 있다. 각 교단의 북한선교 책임자들이 포럼의 형태로 기구를 결성한다거나, 교파연합의 통일선교대학을 운영하여 개방 시기를 대비한 북한선교를 실질적으로 준비해야 한다. 보다 구체적인 내용들, 예컨대 효과적인 전도방법과 복음화 전략과 같은 내용들은 연합선교교육기관을 통해 준비해 나갈 수 있을 것이다.

한국교회와 그리스도인들은 정치적 감시와 통제 상황에서도 신앙생활을 유지하고 있는 북한의 공인교회와 지하교회 신앙인들에 대해 더 많은 관심을 가져야 한다. 사회주의 체제에서도 복음에 대한 직간접 접촉을 하고 있는 이 신앙인들은 북한 내에서 복음의 수용성이 가장 높은 집단이며 이런 점에서 선교적 의미도 크다. 북한교회의 회복과 부흥을 위해 먼저 복음을 접하고 있는 사람들의 중요성을 인식하여 앞으로 북한교회의 역사와 현재의 실태를 밝히는 데 한국교회의 더 많은 참여와 지원이 있기를 기대한다.

---

| 토의주제 |

1. 북한에 설립된 봉수교회와 칠골교회, 가정예배소, 그리고 지하교회로 불리는 성도들이 있다. 과거 기독교가족과 새로 개종한 기독교인의 두 그룹으로 분류한다면, 각 그룹의 상황에 대해 알고 있는 바를 나누며 토론해 보자.

2. 북한종교의 미래와 관련하여 어떻게 될 것으로 전망하며, 바람직한 방향으로 변화를 추동한다면 어떤 협력방안이 가능할지 토론해 보자. 또 선교적 관점에서 동원할 수 있는 방안은 무엇일지 논의해 보자.

| 도<br>입 | 이 주제와 관련 동영상<br>〈1989년, 독일 통일의 비하인드 스토리〉<br>출처: 내셔널지오그래픽<br>〈예멘의 통일 사례〉<br>출처: 김건우<br>〈베트남의 통일 사례〉<br>출처: 김건우 |
|---|---|

| 교<br>육<br>목<br>표 | 1. 일제 식민지에서 해방된 후 한반도에 미군과 소련군이 주둔하게<br>된 배경을 이해한다.<br>2. 미군정과 소군정 시기 활동했던 남북 주요 정치인들의 입장과 견<br>해를 파악한다.<br>3. 남북 정부 수립으로 분단이 공고화되어 가는 과정을 역사적 관점<br>에서 고찰한다.<br>4. 우리가 남북 분단과정에 살고 있었다면, 어떻게 판단하고 행동했<br>을 것인지에 대해 탐구한다.<br>5. 남북 분단이 한반도에 살고 있는 기독교인들과 교회에 주는 의미<br>가 무엇인지 고찰한다. |
|---|---|

# 분단국 통일사례와 분석

내
용
요
약

　이번 장에서는 분단되었다가 통일된 독일, 예멘, 베트남의 사례를 분석해 본다. 그리고 통일을 이룩한 국가들과 비교하여 한반도에서는 왜 통일이 달성되지 않고 있는가 하는 원인을 생각해 보고 어떠한 통일이 가능하며 부작용이 덜한지, 우리의 상황에 맞는지 생각해 보고자 한다. 세 나라의 사례를 간단히 요약하면 다음과 같다.

　독일의 경우, 고르바초프 등장 이전 소련을 중심으로 한 바르샤바 동맹국들과 서방진영 간의 냉전시기에 양독간 활발한 교류는 있었지만 통일의 조짐은 보이지 않았다. 그러던 것이 동서독 간의 점점 벌어진 힘의 격차와 더불어 동구권의 몰락으로 인한 힘 균형의 한 축이 와해됨으로 독일은 통일되었다. 동서독 간의 교류로 동독 주민들은 서독의 체제에 대한 선호를 이미 가지고 있었고 이는 결국 흡수통일의 형태로 귀결되었다.

　예멘의 경우를 보면 북예멘을 지원하는 사우디와 서방진영, 남예멘을 지원하는 소련 등 공산진영 간의 대립이 계속되고, 한편으로 그 지원이 활발했을 때 남북예멘 두 체제는 팽팽한 대치상태를 지속했다. 대치상태는 아랍연맹의 중재를 가져왔고 이것이 통일의 단초가 되었지만 현실화되지는 못했다. 그러한 상태에서 소련의 남예멘에 대한 지원 중단으로 남예멘을 지탱하던 힘의 한 축이 무너졌다. 마침 국경지대의 유전을 남북예멘 공히 개발할 필요를 느낀 것이 통일을 촉진시킨 매개였다. 그래서 체제 위기에 봉착한 남예멘은 본격적인 통일논의에 임했다. 그리하여 독일만큼의 힘 격차가 나지는 않았지만 상대적으로 우세했던 북예멘의 주도로 비례대표식 통일을 이루었다. 그들의 사회 다방면에 걸친 교류는 통합을 위해 의도적으로 추진된 일련의 정치회담 결과였다. 이 정치적 교류들이 역시 증가적 결정작성(incremental decision making)을 가져와 마침내 통일을 달성할 수 있었다.

　베트남의 경우를 보면, 남북은 시종일관된 군사적 대결상태에서 무력으로 흡수통일이 되었다. 남북 베트남의 사례는 무형의 힘, 즉 정치지도력과 통합력, 민심 등이 한 국가의 유지와 존립에 얼마나 중요한가를 잘 보여 준다.

# 01

# 독일 통일의 사례

독일의 분단은 「얄타 협정」에서 합의되었고, 「포츠담 선언」으로 확정되었으며 잠정적인 조치로서 전후 처리과정에서 빚어진 산물이었다. 그러나 이데올로기와 사회체제를 달리하는 서방과 소련은 독일에 대한 전후 처리과정에서 점차 그 처리방법에 대하여 견해 차이를 보였으며 종국에는 대립상태에 빠지게 되어 독일의 분단은 사실상 동결되고 고정화되었다.[1]

1947년 3월과 11월에 모스크바와 런던에서 「4개국 외상회담」이 열렸으나 의견대립으로 결렬되었고, 1948년 2월 23일 미·영·불 3개국은 점령지역의 정치적, 경제적 통합에 합의하여 3개국 통합을 이룩하였다. 한편, 소련은 서방 측이 3개 점령지역을 통합하는 것을 인식하자, 3월 20일에 연합국 관리이사회에서 대표를 철수시킴으로써, 이후 연합국 관리이사회의 기능은 상실되고 말았다.[2] 이같이 이사회 기능이 마비되자 서방측 3개국은 동년 6월 20일에 서독만의 단독 통화 개혁을 단행하게 되었다. 이에 소련은, 이 같은 행위는 포츠담 협정에 위반되는 것이라고 비난하고 이에 대한 보복조치로 동독의 통화개혁을 단행하고 서독과 베를린간의 모든 지상 교통, 운수를 차단하는 이른바 베를린 봉쇄를 실시

---

1) 국토통일원 통일연수원, 『분단국 통일문제』 (서울: 통일연수원, 1990), p. 7.
2) Selected Documents on Germany and the Question of Berlin, 1944–1961 (London: Her Majesty's Stationary Office, 1961), p. 99.

하였다.

베를린 봉쇄 이후 동서독에는 분단정권의 수립이 촉진되어 서독은 1949년 9월 20일에 독일 연방공화국의 수립을 선포하였고, 동독도 같은 해 10월 7일 독일 민주공화국의 성립을 선포하였다. 그리고 서독은 나토(NATO)에 가입(1955)하고, 동독은 바르샤바 조약에 가입(1956)하여 양독이 다같이 재군비를 하게 되었다.

이리하여 당초 연합군의 점령관리를 위한 구분에 불과했던 분할은 두 개의 정치체가 구성됨에 따라 동서독으로 완전히 분할되고 말았던 것이다.

그러나 동서독 간의 대립은 마침내 41년 만에 종결을 맺게 되어 1990년 2월 13일 오타와 회담에서 독일의 위상과 국제관계를 설정하는 '2+4=1의 원칙'의 합의를 보았다.3) 4차에 걸친 2+4회담에서 '독일문제의 최종해결에 관한 조약'이 조인되었다. 이 조약으로 통일독일의 영토는 동서 양독일과 전(全)베를린으로 이루어졌고 마침내 독일분단의 전후처리가 종결되었으며, 독일은 완전주권을 회복하게 되었다. 그것은 외교와 내정에 있어서 전승국으로부터 독일의 완전한 해방을 의미하는 것이었다.

이에 앞서 1990년 3월 8일 동독에서는 동독정부 수립 후 처음인 자유선거인 동시에 통일의 방향을 결정짓는 중요한 선거를 실시하였다. 총선의 결과는 '사회주의는 다시는 안 돼, 자유와 번영을!'(Nie wieder Sozialismus, Freiheit und Wohlstand)이라는 구호를 내건 기민연맹(CDU)이 40.9%의 지지를 얻어 제1당으로 부상하고, 사민당(SPD)4)이 21.9%를

---

3) 가장 중요한 것은 동서독(2) 간의 합의이고, 그 다음이 미국, 영국, 프랑스, 소련(4) 전 승국의 승인으로 하나의 독일(1)이 된다는 것이다 [이영기, "독일통일, 브란트 외교 20 년만의 성과", 『신동아』 1990.6, p. 516].

4) 동독 사민당은 '이브라힘 뵈메'를 대표자로 하여 1989년 10월 7일 창당되었으며, 창당 시에는 당이름을 'SDP'로 하였으나 1990년 1월 13일 서독 사민당과 같이 'SPD'로 바꾸었다.

얻어 제2당이 되었다. 이로써 조기통일을 주장하고, 서독의 콜 정부와 통일방안이 일치하던 기민연맹이 통일협상을 주도하게 되어 독일통일은 앞당겨지게 되었다.

이는 동독인의 다수가 서독 자유민주체제로의 흡수통합을 요구하고 있었음을 반영한다. 뿐만 아니라 그해 5월 18일의 '통화, 경제, 사회 통합의 창설에 관한 국가조약' 체결은 동독이 자신의 경제주권을 서독에 넘겨주고 그에 예속하기를 자청한 것이었다. 동독 인민회의도 찬성 294, 반대 62, 기권 7표로 압도적으로 서독으로의 편입, 통합을 지지하고 나섰던 것이다.

이와 같이 독일의 통일방식은 동독의 서독편입 형태였지만, 서독의 강압에 의한 것은 결코 아니었고 동독주민들의 자발적인 요구에 의한 흡수통일 형태였음을 실증한다. 동독인들의 서독 편입연유는 동독 공산당체제의 탄압과 빈곤 그리고 서독의 자유민주 발전과 경제성장에 기인했다. 동독의 서독으로의 흡수통일은 마치 부도난 부실기업이 우량기업에 흡수해 주기를 애원한 것과 같았다.

1990년 8월 31일, 동서독은 총 900페이지의 9장 45조와 10개의 각서로 이루어진 국가조약의 체결에 성공하여, 통일독일의 수도를 베를린으로 결정하고, 10월 3일의 통독 이후 실시될 양측의 정치, 법률, 제도 등 전반적인 사회체제를 단일화하는 합의사항을 도출해 내어 하나의 독일을 성취하는 준비작업을 사실상 마무리하였다. 이제 독일분단의 전후처리를 종결시키고 자결권에 준한 독일의 통일을 승인하는 절차만 남게 된 것이다.

1990년 10월 2일 밤 베를린 11시 55분, 황·적·금색의 독일국기가 오르고 통일을 알리는 자유종이 은은하게 울리자 바이츠제커 대통령은 감격적으로 "우리는 오늘 하나의 독일을 성취하였다"는 독일통일을 선포하였다. 통합의 종료상태는 통합의 분류화를 위한 유용한 기초를 제공하는바 동서독의 통일은 동독의 서독에로의 흡수통합이었다.

동독의 서독편입으로 독일은 통일 후에도 정치에 있어서는 자유민주체제요, 경제에서는 시장경제원리를 받든다. 외교에 있어서도 통일독일은 친서방노선을 그대로 답습하고 있으며 군사동맹체제 또한 서방의 북대서양 조약기구 회원자격을 계속 유지하고 있는 것이다. 독일통일은 동서독 간의 힘의 격차뿐만 아니라 외부적인 힘의 균형을 이루어 주었던 소련과 동구의 몰락에 기인한 흡수통일 유형이었다.

　　독일의 경우는 나토와 바르샤바 조약 기구들에 의해 동서 냉전이 힘의 균형을 이루고 있을 때는 교류는 계속 이루어졌으나 본격적인 통일논의는 이루어지지 않았다. 그러다가 소련과 동구권의 몰락으로 힘의 균형이 깨어짐으로써 확연한 서독의 우위로 나타나게 되고 상대적인 동독의 열세는 마침내 흡수통일의 형태로 귀착되었던 것이다.

# 02

# 예멘 통일의 사례

역사적으로 「아덴」항이 예멘 비극의 시작이라고 볼 수 있다. 이는 포르투갈이 희망봉을 돌아서 인도양으로 가는 항로를 개척할 때까지 아덴은 홍해와 지중해를 이어 주는 상당히 중요한 지역으로 각광을 받고 있었고, 이 과정에서 상업적인 배후지로서 무역항 혹은 상품의 보관창고로서의 역할이 지대했던 것이다. 그리하여 포르투갈이 아덴 항을 점령하려고 공격을 했으나 오스만 제국이 이를 물리치고 영향력을 가지게 된다. 1913년에 들어와서 오스만 제국의 영향력이 쇠퇴해 가자 영국이, 특히 나폴레옹의 이집트 점령을 계기로 아덴 항의 중요성을 인정하고 침투하게 된다.[5] 따라서 이 지역에서 가장 주축이 되는 외국세력은 오스만의 영향과 영국의 영향이라고 할 수 있다.[6]

정치사 부문에 있어서 남북예멘이 역사적으로 분단된 근원은 1873년의 오스만 터키와 대영제국과의 협정에 의해서이다. 그러다가 오토만 제국이 제1차 세계대전이 끝날 무렵에 패망하여 물러나면서 1918년에 북예멘이 독립했는데 이 북예멘은 막스 베버(Max Weber)의 분류에 의하면 가부장적 정치제도였고 관습과 전통에 의해 작동되는 하나의 왕조

---

5) 1837년 9월 처음으로 영국은 Muhammad Ali에게 아덴을 자신의 영향력 아래 두겠다는 경고를 보냈다 [Robin Bidwell, The Two Yemen (Longman: Westview press, 1983), p. 32].

6) 중동문제 연구소, 『통일예멘과 남북한』 (서울: 한국외대 외국학 종합연구센터, 1992.7), p. 23.

였다.7) 그러나 1962년에 군사구테타가 일어나서 이 왕정이 붕괴되고 그때부터는 권위적인 군사독재체제가, 정권은 여러 번 바뀌곤 했지만 통일의 시기까지 계속되었다. 반면 남예멘은 영국의 보호령이었던 아덴에서 1967년에 독립이 되었다. 독립이 되었을 때는 중도적인 세력이 집권했다가 1969년에 정변이 일어나서 완전히 좌익 사회주의 세력이 정권을 장악하면서 이때부터 점점 사회주의국가로서, 그리고 결국은 통일 직전까지 체제상으로는 아라비아반도에서 가장 공산주의적이었던, 그래서 거의 소련의 위성국가처럼 되다시피 한 정체를 유지하게 되었던 것이다.8)

남북예멘은 독일과는 달리, 식민지의 일부가 먼저 해방이 되고 일부는 좀 늦게 해방이 되는 과정에서 분단이 됐기 때문에 분단되는 과정에서 그 양국가 간에 존재하는 민족간의 이질감이 별로 존재하지 않았다고 볼 수 있다. 즉 아주 직접적인 냉전의 산물이 아니었기 때문에 고도화된 정치구조가 들어서지 못하고 상당히 느슨한 형태의 공화주의 정권과 그 다음에는 사회주의 정권이 들어섰다. 그래서 이것 자체가 시민사회에 대한 강한 통제력을 발휘할 수 없게 되어 체제적으로는 분단이 되었음에도 불구하고 이슬람의 전통문화를 국가 자체가 파괴하면서 이질화를 격화시키지 못한 요인이 되었던 것이다. 따라서 남북예멘 사이에는 공통된 민족감정이 넓고도 깊게 퍼져 있었고 통일은 수많은 장애에도 불구하고 두 정부의 공언된 목표였다. 그리하여 수많은 시행착오를 겪고 마침내 1990년 5월 22일 북예멘의 '살레'(Ali Abdullah Saleh) 대통령과 남예멘의 '아타스'(Haider Abu Bakr al Attas) 대통령은 남예멘의 수도 '아덴'에서 통일을 위한 최종문서에 서명한 후 통일된 '예멘 공화국'(The Republic of Yemen)의 수립을 선포하였다.

---

7) Robert D. Burrows, The Yemen Arab Republic: The Politics of Development, 1962–1986 (Boulder, Colorado: Westview Press, 1987), p. 16.

8) 중동문제 연구소, 앞의 책, p. 11.

남북 '예멘'의 통일은 양국이 오래 전부터 추구해 오던 노력이 국제 환경의 변화와 더불어 결실을 맺게 된 것이라고 볼 수 있는데, 근본적으로 북예멘의 통일정책은 이슬람교리에 입각한 정치체제하의 통일인데 반하여 남예멘의 통일정책은 마르크스주의에 입각한 적화통일을 추구했기 때문에 1970년대부터 양측이 여러 가지 합의를 도출했음에도 불구하고 1990년대에 이르기까지 완전한 통일을 이룰 수 없었다.

## 1) 1차 통일 - 형태상: 흡수통일, 과정상: 비례대표, 합의제 유형

남북예멘이 통일된 방식은 후진국도, 베트남과는 달리 폭력이 아닌 평화적 방법에 의해 통합될 수 있음을 2차대전 후 처음으로 실증해 주었다. 특히 자본주의와 공산주의라는 두 상극적인 체제가 두 정부간의 타협을 통해 하나로 합쳐질 수 있다는 것도 보여 주었다.

더욱이 예멘의 통일은 두 개의 정부가 서로 국력의 비례에 따라 통합정부의 권력을 배분하는 형태를 취했다는 특성이 있다. 즉 예멘통일은 양측 국력의 지분을 통일정부 권력구성에 반영시킨 비례대표유형이라 하겠다.9) 인구와 경제수준에서 우위를 점하고 있는 북예멘이 통일정부의 주도권을 장악하면서도 적지 않은 보직을 남측에 배분한 것이다. 자본주의 체제인 북예멘은 공산주의 체제였던 남예멘보다 면적이 3분의 2밖에 되지 않지만 인구에서는 4배나 많고 1인당 국민소득은 680달러 대 420달러로 앞서가고 있었다.

통치기구의 직책은 남북예멘 지도자들 사이에서 공정하게 배분되었다. 즉 대통령은 북예멘의 대통령이던 '살레'(Ali Abduilah Saleh)가, 수상은 남예멘의 대통령이었던 '아타스'(Haider Abu Bakr Attas)가, 부통령은 남예멘의 사회당서기장이었던 '알 비드'(Ali Salim al-Bid)로 각각 정하고 기타 3명의 대통령위원회의 위원에는 북예멘의 국회의장과 남예

---

9) 양호민 외, 『남과 북 어떻게 하나가 되나』 (서울: 나남, 1992), p. 128.

멘 사회당 부서기장, 그리고 북예멘의 수상에게 각각 돌아 갔으며 부수상은 남북예멘에 각각 2명씩, 또한 각료는 북예멘에 19명, 남예멘에 15명이 배정되었다.

선거구는 소선거구제로서 인구 5%를 가감한 인구비례에 따라 평등배분했으며 통일의회의 구성비율은 북예멘 159명, 남예멘 111명, 비당파적 인사 31명, 합계 301명으로 구성되어 있고, 17개 분과위원회의 분과위원장은 북예멘에 10명, 남예멘에 7명으로 각각 돌아갔다.[10]

가장 요직이라고 할 수 있는 군관계에서는 북예멘의 대통령이 최고 군통수권자, 북예멘의 참모장이었던 사람이 통일예멘의 군참모장이 되었으나 국방장관직은 남예멘 국방장관이 맡게 되었다.

외교부문은, 외무장관은 북예멘에 배정되고 외무담당 국무장관과 외무성 차관은 남예멘에 배정되고, 주(駐)유엔대사는 남예멘의 주(駐)유엔 대사에 배정되었다.

예멘통일은 예멘의 지정학적인 정치환경인 행정을 남과북, 1:1의 평등원칙에 의한 대등한 관계에서 이루어졌다고 볼 수 있다. 다시 말하면 기존의 남북예멘의 모든 기구를 그대로 둔 채 중앙기구만을 만들어 연방식으로 관장하는 형태를 취하였다.[11]

이 같은 통일예멘의 권력구조배분은 두 정부지도자들이 양측의 전반적인 국력을 바탕으로 비례 배분한 것으로 보인다. 북예멘이 통일정부를 주도하되 남예멘도 무시 못할 견제세력의 직위를 보장받았던 것이다. 그러나 정치와 경제체제에 있어서는 북예멘의 자유민주와 시장경제 원리에 의해 통합되었는데, 정치는 복수정당제도로, 경제는 사유권인정과 자유시장경제에 바탕했다. 다만 외교노선에 있어서는 남북예멘이 함께 아랍국가로서 원칙적으로 추구하고 있었던 비동맹 중립노선을 고수

---

10) 외무부,『예멘공화국 개황』(서울: 외무부 중동일과, 1991.5), pp. 25-26.
11) 홍순남, "남북 예멘의 통일정책과 UN,"『통일문제연구』제3권 3호 (서울: 통일원, 1991), pp. 143-144.

하기로 하였다.[12]

북예멘이 남예멘을 정치적으로 주도했다는 것은 이미 밝힌 바와
같이 통일예멘의 대통령이 북예멘에서 추대되고 5인의 대통령평의회
위원 중 3명이 북예멘인이고 29명의 각료 중 과반수인 20명이 북예멘인
이라는 데서 확인되고 있다. 또한 경제통합에 있어서도 남예멘이 북예
멘을 따라 시장경제 체제로 재편되었다. 남예멘의 공산독재가 북예멘의
자유주의로 흡수되었던 것이다. 이는 통일에 있어서 실질적으로는 흡수
통일 형태라고 말할 수 있겠으나 형식상에는 비례대표 유형이었고, 일
방에 의한 흡수통합이 아니라 상호변화를 추구한다는 점에서 특징적이
며, 쌍방의 양보와 협상을 통해 통일로 나아갔다는 것과 상대방의 일방
적인 항복을 강요하지 않음으로써 상대방을 자연스럽게 통일을 위한 협
상의 자리로 유도한 것이었다. 말하자면 실질 내용은 흡수형이나 형식
상으로 합의형의 형태를 보여 주고 있다고 할 수 있을 것이다.

## 2) 예멘 1차 통일의 갈등과 2차 통일: 무력적 자본주의 통일유형

통일공화국은 총 72억 5,600만 달러(북예멘이 28억 9만 달러, 남예멘
이 43억 6,600만 달러)의 외채를 안고 있었지만 예멘의 장래는 낙관시되
었다. 그것은 남예멘의 풍부한 지하자원과 잘 훈련된 관료, 그리고 북예
멘의 잉여 노동 및 기업가적 활동이 결합하게 될 때 예멘의 경제가 크
게 부흥하게 될 것이라고 믿었고, 또한 아덴을 자유항으로 개발하고 연
안어업도 진흥시킬 것을 아울러 고려하였다. 그러나 걸프전으로 예멘의
입지는 매우 어렵게 되었다. 예멘은 유일한 아랍권 이사국으로 친이라
크 입장에 서서 쿠웨이트를 침공한 이라크를 응징하는 유엔결의에 기
권[13]함으로써 국제적 고립과 경제적 제제를 받아 예멘 경제는 위기에

---

12) 호민 외, 앞의 책, pp. 128-129.
13) 아랍 민족주의 의식이 강한 예멘인들은 아랍 국가 간의 타협에 의해 전쟁이 종결될 것
   을 희망하는 입장이었다. 예멘과 이라크는 전통적으로 우호적이었기 때문에 과도정부

처하게 되었다.[14] 구체적으로 살펴보면 사우디가 예멘에 지원을 중단했고 미국이 기술원조단 철수와 경제원조를 대폭 삭감했으며 쿠웨이트도 99만 달러 상당의 지원을 중단했으며, 쿠웨이트, 사우디 아라비아 등지에서 추방[15]된 100만 이상의 예멘 노동자의 국내유입으로 인한 해외송금의 결손 등으로 실업과 인플레가 극심했다.[16] 또한 통일헌법 자체도 그 초안이 1981년에 기초된 것으로 의회민주주의를 예정했고, 남예멘의 마르크스주의와 모순되는 북예멘의 자유주의적 이상과 이슬람교의 전통이 혼재해 있는데 이슬람법을 입법의 절대적 존재에서 상대적 존재로 끌어내려 이슬람 부족세력의 맹렬한 항의를 받았으며 경제적 질서와 사회적 질서간의 모순이 내재하고 있었다. 뿐만 아니라 급조된 통일정부의 기구들이 불협화음과 갈등의 진원이 되었다. 통일선포 직후 이와 같은 경제난과 정치질서의 문란 등이 계속되었지만 연방의 두 집권 정당 간의 협력관계는 비교적 원만한 수준을 유지해 왔었다. 그러나 통일과도기 후반에 들어 총선의 법정시한이 다가오면서 국민회의당(북예멘)과

---

는 걸프 전쟁에 비교적 중립적 입장이었다고 평가할 수 있다 [Eric Watkins, "The Shadow of Suspicions," The Middle East, March 1991, p. 25].

14) Ursula Braun, "Yemen: Another Case of Unification," Aussen Politik, German Foreign Affairs Review, Vol. 43. (Hamburg: Inter Press Verlag, 1992), p. 182.

15) 사회주의자와의 합작한 통일과 통일 후의 민주화 실험을 못마땅하게 생각하고 있던 사우디와 쿠웨이트는 통일정부가 연합군 편을 들지 않았다는 이유로 예멘에 대해 경제적 제제를 가하는 한편 민주화를 방해하기 위해 보수적 부족세력과 이슬람 원리주의자들에게 재정적 지원을 하며 반정부 운동을 지원하였다 [김국신, "예멘 통일 이후 문제점,"『분단 극복의 경험과 한반도 통일 2』(서울: 한울 아카데미, 1994), p. 217].

16) 1992년 가을과 겨울 사이에 약 80만 예멘인이 사우디와 쿠웨이트로부터 추방되었고 그중 6만 명은 연고가 없어 홍해연안의 알 후다이다흐 주변의 피난민 수용소에 거처했다. 또한 이들 귀환 노동자의 송금손실은 대략 연 10억 달러 정도로 추산된다. 오만의 경제정보 기관은 18억 달러로 보고했다 [Charles Dunvar, "The Unification of Yemen: Process, Politics and Prospects," Middle East Journal, Vol. 46, No. 43, Summer 1992, pp.471－472 ; The Economist Intelligence Unit, Oman, Yemen Country Report, No. 3, 1991, p. 3. 김용욱,『한민족의 평화통일론』(서울: 대왕사, 1995), p. 284. 재인용].

예멘사회당(남예멘)간의 연정체제에도 균열의 징후가 보이기 시작했으나 우여곡절 끝에 총선은 실시되었다. 총선 결과는 다음과 같다.

〈표〉 예멘 총선거 결과(93. 4.27) 정당별 의석

| 국민회의당 | GPC | 121 |
|---|---|---|
| 예멘개혁당 | YRC | 62 |
| 예멘사회당 | YSP | 56 |
| 무소속 | | 47 |
| 사회아랍바스당 | SABP | 7 |
| 알하크당 | AHP | 2 |
| 통일나세르당 | NU | 1 |
| 민주나세르당 | ND | 1 |
| 교정나세르당 | NC | 1 |
| 기타 | | 3 |
| 의석정원 | | 301 |

총선 후의 결과는 통일 이전 사우디와 함께 남예멘 사회주의 정권과의 통일을 반대했던 재야정치세력인 개혁당이 제2당으로 부상, 기존의 2당 연정질서가 사회당의 저항에도 불구하고 3당체제로 확대함으로써 국민회의당과 사회당간의 균열을 가속화시켰다.17)

통일 당시 남예멘 수뇌부는 과도기를 이용하여 서방외자와 기술도입으로 석유자원 개발과 아덴 자유항 건설사업을 추진하는 동시에 남부의 조직력과 행정력을 잘만 구사한다면, 중앙정부와 부족사회간의 전통적 갈등구조를 내포하고 있는 북부예멘에서 사회당의 세력을 확대할 수 있을 것으로 판단한 듯하다.

그러나 이 예측은 앞에서 살펴 본 바대로 치안부재, 통일정부의 무기력, 연간 100%를 웃도는 인플레, 특히 걸프전 당시 예멘이 취한 친 이

---

17) 한겨레신문, 1994, 5, 7.

라크 노선에 대한 사우디의 보복조치(예멘인 근로자 추방과 경제원조 중단) 등으로 크게 빗나가 사회당은 입지를 염려하지 않을 수 없게 되었다. 게다가 이슬람 정신이 사회문화 통합의 기초가 됨에 따라 전통적 가치관에 익숙한 북예멘 주민들과 달리, 영국의 식민지 경험으로 개방화되고 사회주의 평등에 물든 남예멘 주민들은 문화차이(음주관습, 1부1처제, 무기소지 등)를 극복하지 못하고 과격한 반정부시위로 불만을 터뜨렸다.

통일정부의 무기력 현상은 정부통합이 권력배분원칙에 따라 이루어졌기에 정책적 결단을 내리기 힘들고 행정조직이 이원화되어 있어서 업무와 관련된 징계가 곤란하여 위계질서가 이완되고 생활고가 겹쳐서 공무원의 사기는 저하된 것에 기인한다. 남북예멘은 화폐를 비롯, 차량 등록번호, 국영항공사, 통관절차, 여권, 야전군, 군복도 통합되지 않고 있었다.[18] 특히 핵심적인 군대마저 실질적으로 단일화되지 못하였고 토착부족 세력[19]은 무장하고 있어 정치폭력을 효과적으로 규제하지 못해 혼란은 지속되었던 것이다.

남예멘 출신 부통령 바이드는 그간의 살리흐 대통령의 권력독점추구, 예멘사회당 당원에 대한 암살, 정치테러의 묵인, 국정운영에 있어서 사회당의 소외에 강력히 반발하였다.[20]

군사적인 면에서 공식적으로는 국방부서와 통합사령부를 하나로 만들었으나 실제로 단위부대는 그대로 두고 북예멘군의 일부를 남예멘 지역에, 남예멘 부대를 북예멘 지역에 이동·배치했을 뿐이다. 따라서 실질적인 군통합은 이루어지지 않았기 때문에 남예멘 수뇌부의 '아덴'으로의 복귀 단행은 가능했고 마침내 내전은 시작되었던 것이다.

예멘은 권력의 지주가 되는 군대를 통합하지 않았고, 민중의 참여

---

18) 유지호, "예멘통일 이후 문제점," 민족통일연구원 제12회 국내학술회의 발표논문, p. 3.
19) 부족세력은 사회주의적이고 인구수에서 북예멘의 4분의 1 정도밖에 안 되는 남예멘이 정부 요직을 북예멘과 거의 동등하게 차지하게 된 것에 불만이 많았기 때문에 사우디 아라비아의 재정지원을 받아 이슬람개혁당을 설립하고 반정부 운동을 전개하였다.
20) 김용옥, 『한민족의 평화통일론』(서울: 대왕사, 1995), p. 291.

없는 권력 엘리트간의 편의와 권력야합에 의해서 통합을 추진했기 때문에 기반이 취약할 수밖에 없었다. 통일과정에서 민중의 참여가 가능했던 독일통일은 후유증에도 불구하고 성공했고, 이러한 과정이 생략되고 무시된 예멘은 재분단의 위기까지 맞이했던 것이다.[21] 따라서 과정으로서의 통일이 가장 중요시하는 민중의 참여가 얼마나 중요한지 우리는 예멘의 경우를 통해서 잘 알 수 있다. 진정한 통일은 민중의 참여가 있을 때 가능한 것이기 때문이다.

1994년 4월 27일 시작된 내전은 2,000여 명의 사망자[22]를 내고 북예멘군이 남예멘의 수도 아덴을 점령함으로써 북예멘 측의 승리로 끝나 무력흡수통일이 되었다. 처음부터 남예멘과 북예멘의 힘의 격차가 아주 두드러져서 남예멘이 패할 것을 예상했을 정도였다면 내전은 발발하지 않았을 수도 있다. 그러나 그렇지 못했기 때문에 결국 내전은 발발했고 결국은 힘의 우위에 있던 북예멘이 승리를 거두었던 것이다.

예멘의 경우를 보면 남북 예멘 사이의 어느 정도 힘의 균형이 이루어졌을 때는 전쟁과 협상이 지속되다가 남예멘에 대한 소련과 공산권의 지원이 중단되고 경제적 어려움이 지속되는 등 북예멘의 상대적인 우위가 커지자 필요에 의해 비례대표 통일이 이루어졌다. 그러나 힘의 격차가 아주 커지는 않았기 때문에 가능했던 비례대표 통일은 마침내 내전으로 치닫고 말았다. 그리하여 힘의 우위를 점했던 북예멘의 무력 통일로 끝남으로써 힘의 균형에 바탕을 둔 통일 논의가 내포하고 있는 위험성을 잘 보여 주고 있다.

---

21) 위의 책, p. 293.
22) 중앙일보, 1994, 5, 3.

# 03

# 베트남 통일의 사례: 공산주의 무력 흡수 통일

　　베트남은 역사적으로 중국으로부터 끊임없는 내침을 받아야 했다. 중국에서는 안남이라고 불렀는데 이는 남쪽 야만인을 평정했다는 데서 비롯된 호칭이었다. 청나라가 쇠퇴하자 서세동점의 물결을 타고 프랑스가 베트남을 식민지로 삼았다. 2차 세계대전 동안 프랑스가 독일에 의해 점령되자 일본은 1940년 프랑스령 베트남을 점령하고 베트남의 황제였던 황제 바오 다이를 괴뢰정부의 수장으로 삼았다. 이때 공산주의 게릴라 지도자 호치민은 독립연맹을 결성하여 항일독립운동에 나섰다.

　　1945년 일본이 물러나자 연합국에 속했던 프랑스가 재지배권을 주장하였고 여기에 맞서 호치민은 1945년 9월 하노이에서 베트남 민주공화국을 선포하였다. 동년 12월 하노이에서의 무력충돌을 계기로 프랑스－베트남 전쟁이 시작되어 8년 후 제네바에서 휴전협정이 서명되었다. 이 협정으로 베트남은 북위 17도선을 경계로 양분되고 말았다. 이는 베트남이 또 다른 국제적 현실정치의 희생물이 되었다는 점을 말해 주는 것이다.[23] 분단 이후 월남과 월맹의 동족상잔은 1956년부터 확산되어 갔다. 베트콩은 1960년 12월 20일 베트남 민족해방전선을 결성하여 월

---

23) 이는 미국이 제안한 유럽방위 공동체에 대해서 프랑스가 미국의 입장을 곤란하게 만들지 않는다는 조건을 전제로 미국이 프랑스의 고민을 대신했는데 한편으로 미국이 프랑스의 고민을 선뜻 대신할 수밖에 없었던 것은 팽창하는 중국에 대한 저지의 목적도 있었다 [Keith Buchanan, The Southeast Asian World, (New York: Anchor Books, 1968), pp. 148－149].

남 공산화에 적극 나서게 되었고 프랑스를 대신한 미국의 월남지원은 미－월맹 전쟁을 야기했다. 그로부터 8년 5개월 만인 1973년 1월 27일 파리에서 베트남 평화회복에 관한 협정이 조인되고 미국 개입은 일단락 되었다.[24]

　미국이 물러나자 힘의 균형을 형성했던 한 축이 급격히 무너짐으로 해서 1975년 4월 30일, 베트남에서의 민족해방전쟁은 북베트남 측의 완전한 승리로 대단원의 막을 내렸다. 그때까지의 베트남에서의 민족해방운동은 학자나 민족주의자들에 의한 반불 봉기, 일·불의 이중지배와 전후, 프랑스가 재식민지화하자 베트남 독립 동맹, 약칭 베트민에 의한 독립투쟁(인도차이나 전쟁), 그리고 마지막으로 베트남 전쟁(제2차 인도차이나 전쟁)으로 이어지는 매우 오랜 역사를 지니고 있었다.

　베트남의 통일은 그 방식에 있어서 사회주의 이데올로기 중심의 통일이 가져다주는 결과에 대한 평가와, 분단이 장기화된 지역에서 나타나는 이질성의 심화가 통일 이후의 과제인 정치, 경제, 사회, 문화 등 여러 분야에서의 통합과정에 어떠한 어려움을 초래하는지에 관하여 확인할 수 있는 기회를 제공하고 있다.

　베트남의 경우를 보면 공산권의 지원을 받고 국민의 사기가 높았던 월맹과 자유세계의 지원을 받아 물리력이 앞섰던 월남 사이에 힘의 균형이 지속되었을 때는 전쟁은 계속되는 소모전의 양상을 띠었다. 그러나 반전 운동으로 마침내 미국이 손을 떼자 급격한 힘의 균형 파괴로 마침내 월맹이 승리한 무력 흡수 통일로 귀결되었던 것이다.

---

24) 양호민 외, 앞의 책, pp. 124－125.

# 04

# 결론

앞에서 우리는 통일을 이룩한 세 나라의 경우를 살펴보았다. 독일의 경우를 볼 때 통일과정에서 동질성회복과 상호신뢰 기반구축을 위해 경제교류의 지속적인 추진이 무엇보다도 중요하다는 것이다. 북한경제의 개방과 이를 통한 경제성장은 통일을 위한 경제적, 사회적 비용을 감소시킬 것이므로 이를 위한 지원과 협력강화 노력이 필요하다. 독일과는 달리 전쟁의 체험 때문에 아마도 독일의 경우보다는 훨씬 긴 기간의 교류와 협력을 통한 북한사회의 대외개방이 이뤄진 뒤에나 독일식 통합이 가능할 것이다. 남한의 민주주의와 복지국가가 꽃을 피워야 한다는 것이다. 한국정치발전의 역사적 출발점은 서구의 발전패턴과 매우 다르다. 서구의 자유민주주의는 다원적인 봉건제도를 그 전통적 정치구조로 하고 있었던 반면 한국은 역사적으로 중앙집권화된 관료제를 택하고 있었다.[25] 그러므로 앞으로는 진정한 의미의 지방자치제의 실천이 필요하며 독일 연방정부가 실시해 온 사회보장제도의 점진적 채택(연금, 건강, 실업, 사고보험제도의 확충, 노사단체, 교섭자율성, 파업권, 노사공동결정권, 해고방지법, 기업 내 민주주의의 긍정적 검토 및 점진적 실천 실험)도 민주주의의 내실과 사회경제적 정의실현 차원에서 고려해야 할 과제이며 통일을 위해 반드시 이루어야 할 준비이다.

---

25) 장달중, "한국정치의 사회적 기원과 자유민주주의의 과제", 『2000년대와 한국의 선택』, (서울: 고려원, 1992), p. 75.

요약하면 남한은 서독이 아니다. 따라서 통일을 서두르기에 앞서 남한 내의 착실한 민주화, 자유화, 사회화 그리고 외적, 내적 걸림돌이 되는 모든 제도적, 법적 장치를 제거하고 이를 추진할 수 있는 새로운 법적, 제도적 장치의 마련이 필요하다고 할 수 있다.

　　남북예멘의 장기간의 통일협상과정은 남북한이 평화적 통일을 달성하기 위해서는 상대방의 실체를 인정하고 상대방 체제에 대한 분열전략을 추구해서는 안 된다는 것을 보여 준다. 남예멘이 내란을 겪고 있을 때 북예멘은 군사적 도발을 자제함으로써 남예멘 정부는 북예멘 정부에 대해 신뢰감을 갖게 되고 통일협상에 적극적으로 임하게 되었던 것이다.26) 그러므로 한반도에 있어서도 자주적이고 민주적인 강력한 통일지향정부가 등장하는 것이 꼭 필요하며 정상회담을 추진하여 정치적 신뢰를 강화하는 것이 필요하다. 북예멘은 사우디 아라비아에, 남예멘은 소련에 경제적으로 예속되어 있었지만, 북예멘은 소련과 정상적인 외교관계를 유지하고 있었고 남예멘도 주변 아랍국으로부터 경제적 원조를 받고 있었다. 그 결과 남북예멘은 한 나라에 일방적으로 의존하는 데서 오는 피해를 줄일 수 있었고 불신감도 해소할 수 있었다. 남북한도 주변 강대국과 정치 경제적 유대를 형성하여 남북한 통일이 이들 국가의 이익에 해가 되지 않는다는 신뢰감을 얻어야 한다. 따라서 남북한은 국제기구 활용뿐만 아니라 적극적이고도 교묘한 외교활동을 통해 자주적이고도 민족적인 통일정책을 모색해야 할 것이다.

　　베트남 통일이 가지는 시사점과 교훈을 생각해 보면 먼저 남베트남 주민들의 민심이 정부로부터 완전히 분리됨으로써 공산세력이 승리를 거두었다는 점이다. 남베트남 정치체제의 모순으로부터 오는 비민주적, 반민족적 정치제도의 운영과 미국 등의 외세 개입이 주민의 정서를 고려하지 않고 독재체제의 유지에만 초점을 두었기 때문에 민심은 이반

---

26) 김국신·김도태·여인곤·황병덕, 『분단극복의 경험과 한반도 통일 2』 (서울: 한울 아카데미, 1994), p. 235.

되었다. 한국의 경우에도 오랜 기간 민주화에 대한 요구와 주한미군의 철수문제가 북한의 정치선전 대상이 되어 왔다. 민주화에 대해서는 문민정부 이후 논란이 많이 사라졌으나 정치분야뿐만 아니라 경제 및 사회분야에서도 민주화를 실천하는 노력이 계속되어야 한다. 확고한 민주주의의 정착과 부정부패의 말소는 국민 통합력을 담보하는 가장 기본적인 요소라는 것을 베트남의 사례는 잘 보여 주기 때문이다.

현시점에서 한반도 통일이 어떻게, 또 어떠한 상황에서 가능할지 어느 누구도 예측할 수 없다. 그러나 북한이 어느 정도 경제, 사회, 정치적으로 변화된 상황에서, 또 남북간에 어느 정도의 이해와 신뢰가 구축된 상황에서 통일이 이루어지는 것이 바람직하다는 것은 분명하다. 그러므로 우리는 교류와 대화를 통해 민족구성원 전체를 묶어 내는 끈을 만들어 내야 한다. 이 작업은 정부와 시민사회의 결합 없이는 가능한 일이 아니다. 그러므로 통일은 정부와 시민사회와의 관계, 남북한 간의 관계, 한반도와 주변국 간의 관계를 전면적으로 정상화시키는 역사적 대사건이며 이런 희망의 미래가 우리를 기다리고 있는 것이다. 통일은 한 발짝 한 발짝 조금씩 다가오고 있으며 그러하기에 우리에게 더욱더 불요불굴의 의지를 요구하고 있다.

---

| 토의주제 |

1. 독일 통일의 시사점과 교훈은 무엇인가?
2. 예멘 통일의 시사점과 교훈은 무엇인가?
3. 베트남 통일의 시사점과 교훈은 무엇인가?
4. 위 사례로부터 한반도 통일은 어떻게 하는 것이 바람직할까?
5. 한반도 통일을 위해 나는 무엇을 해야 할까?

이 주제와 관련 동영상
〈통일보다 '분단 체제 해소'를 위해 정부가 해야 할 일〉
출처: JTBC

1. 대한민국의 통일정책 및 통일방안이 수립된 배경에 대해 이해한다.
2. 분단 이후부터 변모해 오고 있는 통일정책에 대해 정권별·시기별로 공통점과 차이점에 대해 이해한다.
3. 각 정부에서 제시하는 통일정책의 내용을 설명할 수 있게 한다.
4. 통일정책 수립과정과 방안에 대한 이해를 통해 통일정책 추진의 일관성과 지속성에 대한 필요성을 확인하고, 현재의 시대적 상황에 맞는 통일정책 방향을 제시할 수 있게 한다.

# 통일정책 및 방안 분석

내
용
요
약

　　우리나라는 동족상잔의 비극으로 일컬어지는 6·25전쟁의 상흔과 빈곤 속에서 우리 국민들은 반세기 만에 산업화를 달성하고 민주화를 성취하면서 기적과 같은 성공의 신화를 이루어 냈다. 그러나 분단체제의 지속에 따른 불안정성은 우리 민족의 지속 가능한 경제적, 사회심리적 발전 및 사회통합의 지체를 초래하고 있다. 한반도의 통일은 영토의 분단과 민족의 분단으로 말미암아 영속되는 아픔을 종결할 수 있는 유일한 희망이다. 분단 상황을 하루 속히 극복하고 하나 된 영토의 회복과 민족의 통합을 통해 우리 민족의 숙원인 통일을 이룩해야 할 것이다.

　　한반도에서의 통일은 항구적인 평화와 남북한 국민 모두의 번영과 행복을 위해 선택과 가능성의 문제를 넘어선 필수불가결한 민족적 과제이다. '우리는 통일의 길로 나아갈 것인가', 아니면 동북아 지역의 중화적 질서 속에서 '새로운 분단체제를 받아들인 것인가'라는 기로에 서 있다. 이를 위해 분단 상태의 평화적 관리 차원을 넘어 미래지향적인 통일정책이 제시되어져야 한다. 정부는 지난 70여 년 동안 새로운 남북관계의 정립과 통일을 위한 다각적인 시도를 해왔다.

　　분단을 극복하고 평화와 통일을 달성하기 위해서는 통일의 상대인 북한과 협력을 모색해야 한다. 통일정책은 통일에 유리한 환경을 조성하면서 남북관계를 관리하고 개선하려는 정부의 정치적 선택인 동시에 그것의 구체적 표현인 것이다. 한편, 통일방안은 통일에 대한 정부의 입장, 통일의 원칙, 통일에 대한 접근방식 등을 포괄해 행동지침으로 구체화한 밑그림이다. 이러한 통일정책과 방안은 대체로 공익에 기초한 국가의 다른 정책과 마찬가지로 시대적 상황, 국민의 요구, 정부의 정책적 의지 등에 따라 변화되어 왔다.

　　남북은 분단체제 속에 민족 간 전쟁으로 인해 오랜 기간 동안 서로를 향해 적대감과 불신을 키워 왔다. 따라서 남북한이 상호 이해와 신뢰를 구축하기 위해서는 상당한 기간이 필요할 것으로 예상되며, 상호간의 입장 차이를 좁히기 위한 대화와 교류협력 등 일련의 노력이 필요하다. 최근 통일에 대한 인식이 당위론적 차원에서 현실적 차원으로 변화되고 있는 모습에 주목할 필요가 있다.

　　21세기 세계사적 흐름에 부응하고 평화적인 한반도의 미래를 열어가기 위해서는 국제정치적 역학 관계의 현실을 중시하면서 한반도 및 동북아의 평화와 공동번영의 길을 찾아야 하겠다. 오늘날의 한반도 통일정책이 평화구축과 남북협력을 토대로 하여 방향을 수립할 이유가 여기에 있는 것이다.

# 01

## 통일정책의 담론

### (1) 정책의 이해

정책이란 현실정치에서 정무를 시행하는 방침이라고 할 수 있다. 정책은 결정 사항을 안내하고 합리적인 결과를 수행할 수 있게 하는 원칙이나 규율을 가리킨다. 국가정책의 최종 목적은 국민의 이익이라고 할 수 있다. 국가는 국민적 이익이라는 목표에 실질적으로 부합될 수 있도록 다양한 선택안 중에서 최적의 방법을 선택해야 한다. 일반적으로 민주주의 국가에서는 정책 입안의 과정이 중요하다. 정책입안이란 어떤 수단이 어떤 효과를 가져오는가 하는 사실판단과 그 담당 주체에 대한 능력 판단을 종합하여 실현 가능한 최상의 선택안을 설정하는 과정이라고 할 수 있다.

따라서 정책을 결정하는 지도자의 정책적 사고가 매우 중요하다. 정책적 사고는 모든 집단과 사회에서 정치적 사고의 기본적 요소라고 할 수 있다. 정책을 결정하는 정치지도자에게는 정책입안을 위해 정보 수집, 선택안의 판단, 결정의 효과적 수행을 담당하는 전문 인력을 필요로 한다. 여기서 전문가로 구성된 전문 인력이 각각의 역할을 담당하는 제도가 관료제이다. 근대 민주주의 국가에서 정치적 결정은 집단 구성원 전체의 요구에 부응해야 한다는 전제가 강화됨에 따라 관료제는 상대적으로 비대해져 왔다. 관료제가 지니고 있는 순기능과 함께 역기능으로 볼 수 있는 관료의 비대화와 고착화는 민주주의 체제가 안고 있는 한계라고 볼 수 있다.

통일정책(統一政策, unification policy)이란 분단된 남북한을 정치·경제·사회적으로 통합, 하나의 정치단위로 재통일하려는 정책, 즉 '대한민국'이라는 정치적 단위와 '조선민주주의인민공화국'이라는 정치적 단위가 하나로 합쳐지는 것과 관련된 이념과 방안을 말한다. 통일정책은 통일에 유리한 환경을 조성하면서 남북관계를 관리하고 개선하려는 정부의 정치적 선택인 동시에 그것의 구체적 표현이다.

## (2) 통일정책의 방향

통일은 개인의 자유와 복지 그리고 민족의 생존 및 번영이 보장되는 민족공동체를 만드는 과정이다. 그러나 오랜 기간 동안 고착되어 온 분단의 상태를 고려할 때 상호간의 이해와 동질성 회복을 단기간에 이루어지게 하는 것은 현실적으로 쉽지 않다. 통일은 영토, 제도, 법적인 통일과 함께 남북 주민 간의 이질감이 극복된 상태를 의미한다. 그러므로 완성된 통일로 가기 위한 통합의 과정에서는 서로의 다름을 인정하고 공동의 이익을 추구하는 상호이해의 정신이 필요하다. 만약 이러한 과정 없이 한반도의 통일이 예상치 못한 상황에서 급작스럽게 찾아온다면, 우리 사회는 다양한 양상의 혼란들을 직면하게 될 것이다.

통일은 일차적으로 분단 극복을 의미하지만 그렇다고 분단 이전의 상태로 돌아가는 것을 의미하는 것은 아니다. 통일은 평화롭고 풍요로운 환경 속에서 인간다운 삶을 영위할 수 있는 새로운 민족공동체를 건설하는 것을 의미한다. 우리에게 있어서의 통일은 단순히 과거로의 회귀가 아니다. 남과 북이 함께 어울리며 더불어 잘 살 수 있는 미래를 향한 새로운 역사의 창조 작업이라고 할 수 있는 것이다. 그러므로 한반도 통일의 담론은 국민들 다수의 절대적인 지지와 공감을 얻을 수 있는 선에서 제시되어야 할 것이다.

남과 북의 분단은 민족적인 문제이면서 동시에 국제문제로서의 성격을 띠고 있다. 따라서 우리에게 통일은 남과 북의 주도적인 노력과 국제사회의 지지와 협력이 동시에 요구되는 복잡한 문제라고 할 수 있다. 하지만 한반도를 둘러싼 강대국들은 한반도의 평화를 지지하면서도 다른 한편으로는 통일 이후 재편될 동북아의 국제질서를 경계하는 모습을 보이며 통일의 양상을 더욱 복잡하게 만들고 있다. 따라서 우리의 통일을 위해서는 국내·외 정치적 환경과 질서에 부합한 고도의 통일정책이 요구된다.

통일방안(統一方案, unification formula)은 통일에 대한 정부의 입장, 통일의 원칙, 통일에 대한 접근방법 등을 포괄하여 행동지침 또는 행동계획으로 구체화한 것을 말한다. 대체로 공익에 기초한 국가의 다른 정책과 마찬가지로 통일정책과 방안 역시 그 시대적인 상황, 국민의 의식수준 및 열정, 정부의 정책적 의지 등에 따라 변화되기 마련이다. 그렇다고 해서 우리의 통일정책이 시대와 환경의 변화에 따라 완전히 새로운 모습으로 예전과 단절된 형태로 제시되었다는 것은 결코 아니다. 오늘에 이르기까지 우리 정부의 입장은 통일정책의 기본을 분명히 견지하는 가운데, 보다 현실에 부합되는 방향으로 보완·발전되어 왔다고 할 수 있다.

# 02

# 1950~1960년대 전후 통일정책

## (1) 해방 이후 이승만 정부 통일정책

해방 이후 들어선 이승만 정부의 초기 통일정책은 북진통일론이었다. 이러한 통일론은 전근대와 근현대로 이어진 이승만 개인의 인생사와 맞닿아 있는데, 구한말 미국에서 공부한 이승만은 독립된 자주국가는 자유민주공화국으로 나아가야 한다는 분명한 철학을 가지고 있었다.

이승만은 공산주의자들에 있어서의 회담이란 자유진영을 분열하고 정복하기 위한 하나의 도구라고 보았다. 그는 마르크스주의 운동의 역사 이래 공산주의자들은 단 한 번도 협상의 결과로 무엇을 양보하거나 포기한 적이 없다고 비판했다. 이는 공산주의자와는 진정한 협상을 할수 없다는 것으로써, 공산주의자인 그들은 절대로 자신의 것을 내어 주지 않으며 오로지 받기만 한다는 것이 이승만의 입장이었다. 따라서 이승만은 공산세력과의 협상은 강력한 목적, 강한 이상, 강한 무력을 가지고 접근해야 승리할 수 있다고 확신하고 있었다.

이러한 인식을 바탕으로 이승만은 해방 이후 단정노선으로 남북분단을 현실의 정치노선으로 추구하였고 국제적으로는 유엔의 합법적 승인을 바탕으로 하는 평화적 통일안으로 '남북자유총선론'을 무력을 포함한 대결적 통일방안으로 '북진통일론'을 내세웠다. 이승만 정부는 남한만이 한반도에서의 유일 전통의 합법적인 정부이고 북한은 불법 정부라는 인식하에 '1민족 1국가 1정부'만이 존재한다는 인식과 논리를 가지고 있었다.

이승만 정부의 통일정책은 한반도를 대표하는 유일 합법 정부인 대한민국이 소련과 공산주의자들이 불법적으로 점령하고 있는 이북 지역을 대한민국으로 편입시키는 실지회복론(失地回復論)에 바탕을 두고 있었다. 이를 실현하기 위한 구체적인 방법에 있어서는 평화적 통일방안으로 유엔 감시하에 자유총선거를, 무력적 통일방안으로 북진통일론(北進統一論)을 주장했다.

이승만의 통일정책을 두고 지금까지도 많은 논쟁 및 이견들이 존재한다. 이승만의 북진통일론이 북한의 남침을 유도했다는 주장과 함께 북진통일론을 일종의 외교적 '공갈정책'으로 평가해 미국의 지원을 얻기 위한 외교적 수단이었다는 주장이 대표적이다.

## (2) 전후 시기 통일정책

전후 우리나라의 통일정책은 반공 북진통일론에서 크게 벗어나지 못했다. 당시 대한민국은 유엔이 승인한 한반도의 유일 합법정부라는 입장을 유지하고 있었다. 북한을 불법단체의 잠정적으로 점령지로 규정하고 실지적 원상회복을 통일정책의 핵심내용으로 삼고 있었다. 그래서 북한지역의 실지회복과 협상불가론이 제1공화국의 통일정책이었다. 특히 정부는 북한의 '남북협상론'에 대한 대응논리로서 이른바 '북진 통일론'을 지속적으로 개진하기에 이른다. 그런 맥락에서 '유엔 감시하의 인구 비례에 의한 남북한 총선거'를 통일방안으로 제시하였다.

이승만 정부의 통일방안은 장면을 총리로 한 제2공화국에 이르기까지 그대로 계승되었다. 제2공화국의 통일정책은 '선 경제건설 후 통일'의 원칙이었다. 이는 다음 정부의 통일정책의 기조로 계승되었다. 제3공화국의 박정희 정부는 유엔을 통한 자유민주주의 원칙에 의한 통일,

실지회복에 의한 통일, 통일을 위한 제반 문제에 대비하기 위한 연구와 태세의 정비 등을 주요 내용으로 하는 통일정책을 제시했다. 이처럼 실력배양론과 자유민주주의 원칙에 의한 국토통일론은 '선 건설 후 통일'이라는 정책 기조 속에 추진되었다.

한국전쟁 이후 정부는 평화적 방법에 따른 통일방안을 제시한 적이 있었으나 하나의 구호차원에서 제안한 측면이 컸다. 그럼에도 불구하고 이러한 변화는 '선 평화 후 통일'의 정책기조를 수립한 1970년대를 분기점으로 변화되기 시작했다. 이는 6·25전쟁 발발 이후 북한을 대화 상대로 인정한 첫 출발점이 된 것이다.

03

# 1970~1980년대 전후 통일정책

## (1) 박정희 정부의 통일정책: 평화통일 3대 기본원칙

1969년 닉슨 독트린과 미·중 접촉, 일·중 접촉 등으로 인한 국제 정세의 변화 속에서 우리 정부는 북한에 대한 현실적 인식을 토대로 통일정책의 새로운 방향을 모색하기 시작했다. 1970년에 들어서면서부터 '미소 데탕트', '미중 화해', '일중 국교 수립' 등 국제정세의 변화 속에 북한에 대한 현실적 인식을 토대로 통일정책의 새로운 방향을 모색했다. 박정희 정부는 1970년 8월 15일 '평화통일구상 선언'을 통해 북한 정권의 실체를 인정하고 그들과 대화와 협상, 교류와 협력을 통해 평화 통일의 여건을 조성해 나가겠다고 천명하였다.

평화통일구상 선언 이후 분단 26년 만에 '일천만 남북이산가족 찾기 운동'을 위한 남북대화가 개최되었다. 당시 우리 정부가 제시한 '인도적 문제의 해결, 비정치적 문제의 해결, 정치적 문제의 해결'이라는 남북문제 해결의 3단계론은 1970년대 이후 정부의 통일 접근의 주요 시각이 되었다. 또한 남북적십자회담과 병행해 남북 분단 이후 최초의 남북 당국 간 공식문서라 할 수 있는 「7.4 남북공동성명」이 1972년 7월 4일 발표되었다. 이 공동성명의 핵심은 통일의 세 가지 원칙, 즉 자주, 평화, 민족대단결에 대한 남북 간의 합의였다.

「7.4 남북공동성명」발표 이후 남북관계는 인도적 차원의 적십자회담과 함께 정치적 차원의 대화인 남북조절위원회 회의가 진행되는 새로운 단계로 발전했다. 그러나 「7.4 남북공동성명」은 북한이 1973년 8월, 우리 정부의 평화통일의 의지를 표명한 '평화통일 외교정책에 관한 특별선언(6.23 선언)' 등을 이유로 남북조절위원회 회의를 일방적으로 중단함으로써 유명무실화되었다.

또한 정부는 1974년 1월 18일 북한에 '남북불가침협정 체결' 제의에 이어 1974년 8월 15일 남북 간의 평화공존과 평화통일을 위한 '평화통일 3대 기본원칙'을 제안하였다. 이 원칙의 내용은 첫째, 평화통일을 위해서 한반도의 평화정착과 남북 간의 대화와 교류가 필수적 과정이라는 점, 둘째, 남북 총선거를 위해서 남북 간의 신뢰조성과 동질화가 촉진되어야 한다는 점, 셋째, 총선거 실시와 관련해 정부 수립 후 지속되어 온 '유엔 감시하'라는 조건을 '공정한 선거관리와 감시'로 변화시켰다. 평화통일 3대 기본원칙은 종전의 '선 건설 후 통일'에서 '선 평화 후 통일'로 정책기조를 전환하는 계기가 되었으며 이 기조는 우리 정부 통일정책의 기본이 되고 있다.

## (2) 전두환 정부의 통일정책: 민족화합 민주통일방안

제5공화국으로 출발한 전두환 정부는 '남북한 당국 최고책임자 회담' 개최를 북측에 촉구하는 한편 '민족화합 민주통일방안'을 제시했다. 이 통일방안은 "통일은 민족자결의 원칙에 의거해 겨레 전체의 의사가 골고루 반영되는 민주적 절차와 평화적 방법으로 성취되어야 한다"는 기본 원칙에 입각해 통일헌법의 제정으로부터 남북 총선거를 통한 통일민주공화국 완성에 이르는 일련의 과정을 구체적으로 제시했다. 이후 정부는 민족화합 민주통일방안의 실천 차원에서 민족화합 촉진조치의 하나로 1982년 2월 1월 20개 항의 구체적인 시범사업 추진을 북한 당국에 제의했다.

1987년 우리 헌정사에서 처음으로 통일과 관련한 내용을 헌법에 규정하였다. 헌법전문에서는 '조국의 평화통일 사명'을 천명하고 제4조에서 '자유민주적 기본 질서에 입각한 평화적 통일정책의 수립과 추진'을 명시했다. 또한 제66조 제3항에서는 "대통령은 조국의 평화적 통일을 위한 성실한 의무를 진다"고 규정했다.

## (3) 노태우 정부의 통일정책: 한민족공동체 통일방안

새로운 남북관계의 정립을 위한 노력은 노태우 정부에 들어 1988년 7월 7일 「민족 자존과 통일번영을 위한 특별선언(7.7선언)」과 1989년 9월 11일 '한민족공동체 통일방안'으로 구체화되었다.

「7.7 선언」은 남과 북이 함께 번영을 이룩하는 민족공동체 관계를 발전시켜 나가는 것이 통일을 실현하는 지름길이라는 인식에 바탕을 두고 만들어진 것으로써 남북 간의 화해구조를 형성하기 위해 기본방향을 제시한 정책선언이었다. 한민족공동체 통일방안은 남북 간의 교류와 협력을 통해 먼저 민족공동체를 회복·발전시키고, 이를 바탕으로 정치적 통일이 이뤄질 수 있는 상태를 만들어 간다는 것을 주요 내용으로 국회에서 여야 4당 합의로 채택되었다.

이러한 노력을 바탕으로 제1차 남북고위급회담이 1990년 9월 서울에서 개최되었고, 1992년 2월 평양에서 개최된 제6차 회담에서는 「남북기본합의서」와 「한반도 비핵화 공동선언」 및 분과위원회 구성·운영에 관한 합의서가 발효되었다. 또한 같은 해 5월과 9월에 개최된 제7차, 제8차 회담에서는 각종 분야별 부속합의서를 채택·발효시켰다. 그러나 이러한 노력에도 불구하고 북한이 남북대화를 일방적으로 중단시킴으로써 「남북기본합의서」는 실천되지 못했다.

# 1990년대 이후 통일정책

## (1) 김영삼 정부의 통일정책: 민족공동체 통일방안

김영삼 정부가 들어서면서 통일정책이 조금은 진전이 되는 상황을 보였다. 김영삼 정부는 기존의 정부에서 만들었던 한민족공동체 통일방안을 『민족공동체 통일방안(한민족공동체 건설을 위한 3단계 통일방안)』으로 계승·보완되었다. 이 통일방안은 점진적·단계적으로 하나의 민족공동체를 건설하는 방향으로 통일을 이뤄 나간다는 입장의 재확인이었다. 하지만 정부수립 이후부터 김영삼 정부까지 분단관리 시기라고 보는 학자들의 견해가 많이 있다. 1994년 김일성의 사망으로 남북관계는 다시 냉기류를 타게 되었다.

김영삼 정부 시기 남북관계의 개선이 어려웠던 원인을 다음 두 가지에서 찾을 수 있다. 하나는 대내적 원인으로, 남북 간 갈등의 실마리를 풀지 못했기 때문이고, 다른 하나는 대외적 원인으로, 세계를 지배하고 있던 냉전체제 영향으로 남북관계를 진전시키는 데 한계를 가질 수밖에 없었기 때문이다. 따라서 이 시기 역대 정부는 분단의 고착화를 깨기 위해 노력하였으나 결과적으로 분단관리 수준을 벗어나지 못했다.

## (2) 김대중 정부의 통일정책: 대북 화해협력 정책(햇볕 정책)

김대중 정부는 남북관계 개선을 우선적 목표로 설정하고 대북 화해·협력 정책을 추진했다. 화해·협력 정책은 우리가 먼저 남북관계 개선에 전향적인 자세를 보임으로써 북한이 스스로 변화의 길로 나올 수 있도록 도와줘야 한다는 것이다.

이러한 기조에서 통일을 이루기 위해서는 남과 북이 공존·공영이라는 기치 아래 협력을 통해 분단 상황을 평화·통일지향적으로 관리해 간다는 인식하에 남북관계 개선에 역점을 두고 대북정책을 추진시켰다. 2000년 6월 처음으로 남북정상회담을 개최해 남북관계 개선방향과 당면 실천과제 5개 항을 담은 「6.15 남북공동선언」을 채택했다.

「6.15 남북공동선언」이후 남북관계는 합의 이행 차원에서 분야별 남북회담 추진을 통해 인적·물적 교류를 증대시킴으로써 한반도 평화와 화해 분위기를 모색하는 방향으로 전개되었다. 그러나 남북교류의 약적 증가에도 불구하고 2002년 10월 제2차 북핵 위기의 발발로 인해 남북관계의 실질적 진전은 심각한 도전에 직면하게 되었다.

결론적으로 김대중 정부는 남북관계 개선을 일차적 목표로 삼고 북한의 무력도발 불허용, 흡수통일 배제, 남북한 화해와 협력추구 등의 세 가지 원칙을 제시했다. 이는 북한과의 협력강화를 통해 남북한 신뢰를 강화하여 적대관계를 우호적 관계로 변화시켜 공존공영 한다는 것이었다. 따라서 정경분리원칙에 따라 경제협력과 교류를 적극 추진하였고 인도적 차원의 대북식량지원을 확대했으며 이산가족문제 해결을 위해 노력하였다.

김대중 정부의 통일정책 추진방향의 핵심사항으로 △남북한 대화를 통한 남북기본합의서의 이행과 실천 △정경분리원칙에 입각한 남북경제협력의 활성화 △남북이산가족 문제의 우선적 해결 △북한식량문제 해결을 위한 대북지원 △대북 경수로 지원사업의 차질 없는 추진 △한반도 평화환경 조성 이상 6가지를 제안했다. 김대중 정부 출범 이후 남북한 교류, 특히 남한 국민의 북한 방문은 이전 정부와 비교해 볼 때 급속히 증가하였다. 남북관계 개선을 중심으로 한 김대중 정부의 통일정책을 바탕으로 남북정상회담이 이루어졌다. 남북정상회담을 기본으로 하여 개성공단이 착공되었고 이산가족만남행사가 확대되었으며 인도적 대북지원 사업이 활발하게 전개되었다. 이러한 일련의 교류와 협력을 통한 남북관계 변화는 한반도의 안보위기를 줄이는 데 크게 기여했다는 평가를 받기도 했다.

　하지만 김대중 정부에 대한 대내외적 비판도 많이 제기되었다. 투명성을 담보하지 못한 채 일방적인 대북지원을 통해 북한의 미사일과 핵무기를 개발하는 데 일조했다는 비판을 받았다. 그리고 통일정책과 관련해 김대중 정부와 미국의 부시 정부 사이에서 이견이 발생해 마찰을 빚기도 했다. 이는 김대중 정부가 한반도 문제의 당사자 해결 원칙을 주장하면서 북한과의 교류협력을 강화하였으나, 북미 간 적대관계가 해소되지 않은 상황에서는 한반도 문제의 획기적 변화를 가져오기 어렵다는 점을 인식하게 하였다.

# 05

## 2000년대 이후 통일정책

### (1) 노무현 정부의 통일정책: 평화번영정책

2003년에 출범한 노무현 정부는 1991년의 남북기본합의서와 2000년의 6.15남북공동선언을 기본으로 남북교류와 협력을 통해 평화적 공존을 이룩해 나가고자 했다. 노무현 정부는 북한과의 공동번영을 통해 한반도 평화와 안정을 위해 노력하며, 나아가 동북아 중심국가를 건설하겠다는 통일정책을 제시했다. 역대정부의 통일정책이 남북관계와 북한에 한정되어 있었으나, 노무현 정부의 통일정책은 동북아로 시야를 확대하였고 군사·안보분야의 진전도 중시한다는 점에서 이를 포괄적 국가발전전략의 일환으로 해석할 수 있다.

노무현 정부는 통일정책 추진원칙으로 △북한과의 대화를 통한 문제해결 △상호신뢰 우선과 호혜주의 △남북당사자원칙에 기초한 국제협력 △동북아국가 간 평화와 협력추진 △국민과 함께 하는 정책 등을 제안하였다. 그리고 이를 위한 추진전략으로 북한 핵문제 해결, 한반도 평화체제 구축, 그리고 동북아 경제협력체 구성 추진 등을 제시하였다. 이러한 통일정책 추진원칙과 전략을 통해 북한과의 교류 협력을 확대해 나갔다. 또한 북한 핵문제해결을 전제조건으로 삼아 남북교류와 협력을 추진했다.

2차 핵위기의 부정적 영향에도 불구하고 비핵화를 엄격한 전제조건으로 삼지 않았기 때문에 북한과의 경협과 교류를 확대해 나갈 수 있었다. 노무현 정부는 한반도 평화와 통일을 위해 가장 필요한 것은 실질적인 남북관계의 개선이라고 판단했다. 이러한 노력을 통해 개성관광의 문이 열렸고 남북회담이 확대되었으며 이산가족만남도 증가하였다. 남북만남의 확대는 남북한 신뢰도를 높이는 데 일조했으며 남북한 군사적 충돌을 방지하는 데 큰 기여를 했다.

노무현 정부는 한반도 평화증진과 남북한 공동번영 실현 및 동북아 공동번영 추구를 목표로 하는 평화번영정책을 추진했다. 2007년 제2차 남북정상회담을 개최하여 「남북관계 발전과 평화번영을 위한 선언(10.4 선언)」을 채택하고, 남북의 상호 존중을 토대로 정치, 군사, 경제, 사회문화, 인도주의, 외교 등의 영역에서 통일을 위한 공동사업을 추진할 것에 합의했다.

김대중·노무현 정부의 통일정책은, 교류와 협력을 통해 남북 간 군사적 긴장을 완화하고 평화적 통일의 기초를 다지는 데 목표를 두었다. 두 정부는 대북 경제지원에 대해 국민의 비판을 많이 받았음에도 남북관계 개선을 위해 교류 협력 우선정책을 추진해 나갔다. 남북한은 그 어느 시기보다 많은 교류와 협력이 이루어졌고 또 서로 신뢰할 만한 우호적 관계를 형성하였다. 따라서 이 시기를 남북관계 개선시기로 평가할 수 있다.

## (2) 이명박 정부의 통일정책: 상생·공영의 대북정책(비핵·개방·3000)

이명박 정부는 '상생·공영의 대북정책'과 구체적 추진 전략으로서의 '비핵·개방·3000'구상을 제시했다. 상생·공영의 대북정책과 비핵·개방·3000구상은 한반도의 평화와 안정을 위해 필수적인 북핵문제 해결을 국제사회와의 긴밀한 협조 속에 우선적으로 추진하고, 북한의 무력도발에 단호히 대응하면서 정상적 남북관계 정립 및 실질적인 관계

발전을 통해 통일의 기반을 마련하고자 했다.

2008년 초 출범한 이명박 정부는 북한에 대해 적극적인 교류 협력 정책을 추진한 지난 10년간의 통일정책이 북핵문제를 해결하지 못했고 일방적 대북지원에 대한 국민들의 우려가 큰, 우리 현실에 맞지 않은 정책이라고 평가했다. 즉, 당시의 이명박 정부는 남한의 국력이 커짐에 따라 북한경제의 대남의존도가 증가하였고 북한주민의 대남의식이 변화하고 있는 상황에서 남한정부가 적극적으로 남북관계의 변화를 견인할 필요성이 있다고 판단했다.

이명박 정부는 남북관계가 실질적으로 진전되기 위해서는 관계적 노력, 즉 남한이 주는 것에 상응하는 대가를 북한으로부터 받아야 한다는 엄격한 상호주의원칙이 필요하다고 주장했다. 지난 10년간의 대북지원은 핵무기 개발과 군사력을 증대시키는데 이용되는 등 득보다 실이 훨씬 컸으며, 한미관계를 약화시켜 안보상 문제를 가져왔다고 주장하면서 이명박 정부는 남북관계의 재정립을 위한 새로운 통일정책을 제안하였다.

이명박 정부의 통일정책은 평화공동체, 경제공동체, 행복공동체 건설을 목표로 삼아, 실용과 생산성, 원칙에 철저하되 유연한 접근, 국민의 합의, 그리고 남북협력과 국제협력의 조화라는 4가지 원칙하에 추진되었다고 분석할 수 있다.

# 06

# 2010년대 이후 통일정책: 박근혜 정부의 "한반도 신뢰프로세스"

박근혜 정부는 남북 간 신뢰형성을 핵심으로 하는 "한반도 신뢰프로세스"와 실행계획으로 '한반도 평화통일을 위한 구상'과 '3대 통로'를 제안했다. 한반도 신뢰프로세스는 튼튼한 안보를 바탕으로 남북 간 신뢰형성을 통해 남북관계를 발전시키고, 한반도에 평화를 정착시켜 통일 기반을 구축하고자 한 정책이다. 한반도 평화통일을 위한 구상(드레스덴 구상)과 3대 통로는 환경·민생·문화 분야 등 남과 북이 현재 여건에서 함께 추진할 수 있는 사업을 통해 남북 간에 신뢰에 기반한 공동체를 형성해 나가고자 한 것이다.

박근혜 정부의 국정비전은 '국민행복 희망의 새 시대'였다. 박근혜 정부는 이러한 비전을 구현하기 위해 5대 국정목표로써 △일자리 중심의 창조경제, △맞춤형 고용복지, △창의교육과 문화가 있는 삶, △안전과 통합의 사회, △행복한 통일시대 기반구축 등을 제시하고 있다. 특히, 그중에서도 '행복한 통일시대의 기반구축'이라는 국정목표 실현을 위해 3가지 국정추진전략으로 △튼튼한 안보와 지속가능한 평화실현, △행복한 통일로 가는 새로운 한반도 구현, △국민과 함께하는 신뢰외교 전개 등을 제시하였다.

박근혜 정부의 '행복한 통일시대의 기반구축'을 위한 시대적 소명으로 △안보의 측면에서는 튼튼한 국방력과 국제협력을 바탕으로 대한

민국의 주권과 안전을 확실히 확보하고, △통일의 측면에서는 한반도 신뢰 프로세스를 통해 행복한 통일을 지하며, △외교의 측면에서는 전통우방, 주변국 등과의 상생외교 및 외교 지평 확대를 제시하였다. 구체적인 실현을 위해 △한반도 신뢰프로세스를 통한 남북관계 정상화, △작은 통일에서 시작하여 큰 통일을 지향, △통일 대비 역량강화를 통한 실질적 통일준비를 국정과제로 제시하였다.

박근혜 정부가 추진한 '한반도 신뢰프로세스를 통한 남북관계 정상화'라는 국정과제는 남북간의 신뢰형성을 기본적인 전제로 하고 있다. 신뢰는 어느 한쪽의 노력만으로 유지될 수 있는 것이 아니다. 더욱이 남과 북은 정치제도 및 지향하는 정치 목표에서부터 근본적으로 다르기 때문에 체제 간의 경쟁과 대립의 관계를 분단이후부터 현재까지 지속해 오고 있다는 점을 인지하여야 한다는 입장이다.

# 07

# 문재인 정부의 통일정책: "문재인의 한반도 정책"

## 1) 문재인 정부의 통일정책

북한의 핵개발 이후 우리 정부의 통일·대북정책은 핵문제 해결에 노력하면서 통일의 기반을 마련하는 방향으로 추진되었다. 북한의 핵개발을 저지하기 위해 지난 정부들이 다양한 노력을 기울였음에도 불구하고 북핵문제의 미해결 등 한반도의 냉전구조가 해소되지 않은 상황에서 불안한 평화가 지속되고 있다. 또한 정권의 교체에 따라 대북정책의 일관성과 지속성이 유지되지 않아 남북관계도 부침을 되풀이해 왔다.

이에 문재인 정부는 한반도의 항구적인 평화정착을 위한 새로운 전략적 요구를 반영하여 '평화'를 최우선으로, '상호 존중'의 정신에 입각하여, '일관성과 지속성' 및 정책의 영역을 동북아와 국제사회로의 확장을 통해 평화와 번영을 추구하는 "문재인의 한반도정책"을 마련하였다. 문재인의 한반도정책은 다음의 네 가지 배경을 바탕으로 추진되었다.

첫째, 문재인의 한반도정책은 한반도의 평화실현을 최우선으로 강조하고 있다. 현재 한반도는 불안정한 정전체제와 동북아에 남아 있는 냉전적 갈등구조에 북한의 핵과 미사일 문제로, 평화가 보장되지 않고 있으며 이로 인해 우리 사회의 안정도 경제성장도 이뤄지기 어렵기 때문에 평화실현을 최우선으로 추구하게 된 것이다.

둘째, 문재인의 한반도정책은 상호 존중 속에 한반도문제와 통일문제를 풀어가고자 한다. 남북한은 평화통일의 파트너로서 상호 인정과 존중이 남북관계 발전에 기초라는 점에서 상호 존중 속에 북핵문제를 비롯한 남북 간 현안 해결과 호혜 협력의 남북관계를 발전시키고자 한다.

셋째, 문재인의 한반도정책은 정책 시행의 일관성과 지속성을 추구하고 있다. 그동안의 남북 간에는 많은 대화와 합의가 이루어졌음에도 불구하고 남북관계가 전진과 후퇴의 반복 속에 지속적으로 발전하지 못했다. 이에는 북한의 소극적이고 비타협적인 태도 이외에 우리 정부의 교체에 따른 변화된 정책 시행에서 연유된 측면도 있다. 독일 통일의 성공에는 '동방정책'의 일관된 추진이 한 몫을 담당했다는 측면에서 지속가능한 대북정책을 국민적 합의와 지지 속에 추진하고자 한다.

넷째, 문재인의 한반도정책은 정책의 영역을 동북아와 국제사회로 확장하고 있다. 우리 경제는 압축적 성장모델의 구조적 한계와 저성장, 저출산, 고령화시대 진입 등의 경제발전의 지체로 새로운 성장 동력의 확보가 요구되는 상황이다. 이에 남북을 하나의 경제로 연결하고 한반도를 넘어 동북아, 유라시아 지역까지 경제협력의 범위를 확장하여 새로운 성장 동력과 기회를 창출하고자 하는 것이다. 또한 북핵문제를 비롯한 통일문제 해결에는 주변 국가와 국제사회와의 협력이 필요하다는 측면에서 남북한을 넘어 이들과 평화공존과 공동번영을 모색하는 새로운 질서를 창출하고자 한다. 대북정책이 아닌 '한반도정책'이라고 명명한 것도 남북관계 차원에서 벗어나, 지역적 범위·시야를 넓혀, 동북아 주변 국가와 국제사회까지 고려하면서 정책을 추진해 나가겠다는 의지를 반영한 것이다.

이상의 특징을 지닌 문재인의 한반도정책은 국민과의 쌍방향 소통으로 완성되는 '열린 정책'을 지향하고 있다. 과거와 같이 정부가 일방적으로 정책을 결정하고 확정된 내용을 발표하는 형식이 아닌, 국민들의 참여와 소통을 통해 구체적인 정책 내용을 채워 나가고자 한다.

문재인의 한반도정책은 북핵문제를 해결하고 한반도에 항구적인 평화를 정착시켜 남북이 함께 번영하는 새로운 한반도를 만들어 가고자 하는 '평화공존'과 '공동번영'의 전략적 비전과 이를 달성하기 위한 3대 정책목표와 4대 전략, 5대 원칙의 체계로 구성되어 있다.

## 2) 문재인 정부의 통일정책 비전

문재인의 한반도정책은 평화공존과 공동번영을 양대 비전으로 제시하고 있다. 남과 북의 평화공존은 한반도의 불안정한 분단구조 속에 평화공존은 우리 민족의 생존 문제이자 국익의 문제로 최우선으로 만들어가야 할 과제이자 비전이다. 평화는 단순히 전쟁이 없는 상태유지를 넘어 한반도 평화의 최대 위협 요인인 북핵문제를 해결하고 평화체제의 구축을 통해 제도적으로 보장되는 평화구조의 정착을 의미한다. 남북이 평화롭게 공존하는 상태를 실현해 나가는 것은 평화통일로 나아가는 과정이다.

남과 북은 서로에게 이익이 되는 호혜협력의 관계형성을 통해 함께 번영하는 한반도를 만들어 가고자 한다. 이를 통해 우리 경제의 성장 동력을 창출함과 동시에, 남북주민 모두 혜택을 누리는 새로운 경제공동체를 형성해 나갈 것이다. 우리가 추구하는 공동번영은 남북관계에 국한된 것이 아닌 한반도를 넘어 주변국가 지역까지 확장된 비전으로, 경제 협력의 범위를 한반도를 넘어 동북아 등으로 확장시켜 이들과 함께 공동번영을 추구하고자 한다.

## 3) 문재인 정부의 통일정책 목표

문재인의 한반도정책은 평화공존과 공동번영의 비전을 실현하기 위해 3대 목표를 설정하고 있다. 북핵문제 해결 및 항구적 평화정착, 지속 가능한 남북관계 발전, 한반도 신경제공동체 구현 등 이 세 가지 목표는 서로 연관되어 있으며, 서로를 촉진시키는 관계에 있다.

한반도에 항구적 평화를 정착시키기 위해서는 우선 우리 민족의 생명과 안전은 물론 국제사회의 평화와 안정을 위협하고 있는 북한 핵 문제를 평화적으로 해결해야 한다. 북핵문제는 국제사회의 협력 속에 우리가 주도적인 자세로, 제재·압박과 대화·협상의 병행 등 포괄적인 접근을 통해 해결해 나가고자 한다. 한반도 평화체제는 남북 간은 물론, 국제적으로도 평화가 실질적·제도적으로 보장된 상태가 되므로 한반도는 물론, 동북아 전체의 평화와 공동번영에 기여할 것이다.

남북관계가 지속적으로 발전할 수 있는 기반을 구축하고자 한다. 국내외 정치 환경의 변화에 따라 기존 남북 간의 합의가 지켜지지 않았던 경우가 있었고, 그 결과 남북관계는 진전과 후퇴의 과정을 거쳐 왔다. 남북 간 합의의 기본정신인 상호 존중·화해 협력·신뢰 증진이 계승되고 발전되어야 남북관계의 지속적인 발전이 가능할 것이다. 남북관계의 지속가능한 발전을 위해서는 무엇보다 국민적 합의와 지지가 필요하다.

남북이 공존·공영하는 하나의 시장을 형성하고 3대 경협벨트를 통해 새로운 경제성장 동력을 창출하고, 더불어 잘사는 남북 경제공동체를 만들고자 한다. 남북 간 상호신뢰와 호혜성에 기반한 경제협력은 우리 경제의 새로운 활력을 확보하고 북한의 변화와 북한 주민의 삶을 실질적으로 개선하는 등 남북 공동번영와 경제통합의 기반을 다져 나갈 것이다.

# 08

# 결론

분단 이후 지난 70여 년 동안 통일정책은 반공을 국시로 한 북진통일론에서 민족공조, 민족화해 협력과 포용정책을 넘어 봉쇄·압박정책에 이르기까지 다양한 의제와 전략이 중첩되어 추진되었다. 예컨대 포용정책이 '당근과 채찍' 가운데 선택적 압박인 '채찍'을 활용하기도 한다면, 압박정책도 압박·제재만 중요시하는 것이 아니라 '조건부 포용' 정책을 구사하기도 했었다는 점이다. 그럼에도 불구하고 어느 쪽도 비핵화를 비롯한 한반도의 공고한 평화 구축과 북한체제 변화의 정책 목표를 온전히 달성하지는 못했다는 사실을 받아들여야만 한다. 오히려 진보와 보수라는 이념적 가치를 잣대로 남남 갈등을 증폭시켰고, 이는 국론의 분열 및 내부적인 갈등을 양산시키는 원인으로 지목되고 있다.

특히, 대통령 선거가 있을 때 한반도의 통일정책에 대한 공약들은 유권자들의 후보자 선택에 대한 중요한 기준이 되었다는 점이다. 이러한 통일정책들은 남한사회 내부에 존재하는 의견과 시각의 다양성을 확인할 수 있는 긍정적인 한 예로 볼 수도 있지만, 보수와 진보 사이의 과도한 대결과 대립으로 인해 남한사회 내에서의 협력과 내부의 통합을 저해하는 분열의 결과를 가져왔다는 사실을 부인할 수 없다.

또한, 정도의 차이는 있지만 역대정부의 통일정책이 통일의 실질적인 발판을 구축하기 위한 것이라기보다는 대내외적 정치용으로 이용되었다는 점이다. 과거의 정부는 국내외적으로 각각 자신의 정통성을 강화하기 위해 다양한 노력을 기울였는데, 이 과정에서 대내적인 정부의 위기를 극복하기 위한 수단의 하나로 통일정책을 이용하였다. 그런 의미에서 정부의 통일정책이 남북통일이라는 목표를 달성하는 데 초점을 두었다기보다 분단상황의 관리를 통해 정치적 이익을 얻는 데 더 큰 목적을 두었다고 할 수 있다.

또 다른 측면에서의 문제점은 정권이 교체될 때마다 통일정책이 변화되었다는 점이다. 정부가 출범하면 국내외적 상황에 따라 통일정책을 바꿀 수 있다. 하지만 국민들의 다수의 의견을 수렴하지 않은 채 주로 정부담당자의 정치철학이나 입장에만 의존한 통일정책의 변화는 대내외적으로 신뢰를 얻기 어렵다. 또한 국민과의 충분한 의사소통 없이 입안된 통일정책은 우리 사회 내의 남남갈등을 더욱 확대시킨 적이 많았다.

우리의 통일정책에서 일관되게 견지해 온 기조는 민주적 절차에 의한 평화적 통일과 민족성원 모두의 자유와 인권 및 민족의 번영이 보장되는 통일 등으로 요약할 수 있다. 통일은 새로운 민족공동체를 건설하는 과정이며, 미래를 위한 우리의 선택이다. 우리 정부의 정책은 국민의 요구에 부응하여 그것을 효율적으로 실현하는 데 초점을 두고 있다. 이러한 점에서 통일정책은 국익과 합리성에 기초한 정치적 선택이라고 할 수 있다. 통일정책은 통일된 민족국가의 확립을 목표로 설정하고, 통일에 유리한 환경을 조성하면서 남북관계를 관리·개선해 나가려는 정부의 정치적 선택인 동시에 구체적 표현이다.

이 시점에서 대북·통일정책의 패러다임의 전환이 요구되는 이유는 다음과 같다. 기존의 대북포용정책이나 '힘의 우위'에 기반 한 대북 압박·제재 정책 역시 성과를 얻는 결과와 함께 적지 않는 한계를 안고 있다. 21세기 세계사적 흐름에 부응하고 미래를 열어가기 위해서는 국제정치적 역학 관계의 현실을 중시하면서 한반도와 동북아의 평화와 공동번영의 길을 찾아야 한다. 즉, 한반도의 지정학적·지경학적 위상을 적극 활용하는 한편, 민족과 동맹의 조화를 모색해 나아가야만 한다. 오늘날의 한반도 통일정책이 평화구축과 남북협력을 토대로 하여 방향을 수립할 이유가 여기에 있는 것이다.

---

토의주제

1. 민족공동체 통일방안은 어떻게 마련되었는가?

2. 민족공동체 통일방안의 단계적 이행을 위해 우리가 실천할 수 있는 것들은 어떠한 것이 있는가?

3. 분단과 통일을 경험한 국가들(베트남, 예멘, 독일 등)의 역사적 사실과 정치적 상황에 대해 논의해 보고, 한반도의 통일은 어떻게 완성되어야 하는지에 대해 토론한다.

4. 통일정책의 일관성을 유지하기 위해 어떠한 방식이 도입되어야 하는지에 대해 논의한다.

# 참고문헌

김강녕. "박근혜 정부의 통일정책과 남북교류협력문제"(전남대학교세계한상문화연구단국내학술회의, 2013), pp.213-238.

박광기, 박정란. "한국의 통일 대북정책 60년: 회고와 전망", 정치정보연구, 제11권 1호(한국정치정보학회, 2008), p.173.

박명림. 『한국전쟁의 발발과 기원』(서울 나남, 1996).

브루스 커밍스 저, 김주환 역. 『한국전쟁의 기원』(서울 청사 1986).

서중석. "이승만과 북진통일", 『역사비평』, 제9호(서울: 역사문제연구소, 1995).

성장환. "노무현 정부와 이명박 정부의 통일정책평가와 방향," 『초등교육연구논총』26(2) 2011, p.11.

성장환. "역대정부의 통일정책 검토와 이명박 정부의 통일정책 변화 방향", 『국제정치연구』14(2) 2011, pp.247-265.

송건호, 진덕규, 김학준, 오익환, 임종국, 조동걸, 백기완, 김도현, 이동화, 유인호, 이종훈, 염무웅. 『해방 전후사의 인식』(서울 한길사 1980).

여현철. "한반도 통일과 평화·통일교육의 방향 연구: '평화'와 '안보'의 균형적인 관점을 중심으로", 『세계지역연구』 37(3) 2019, pp.170-171.

오영섭. "현대 한국학 연구소 소장 이승만 전대통령 기록물 현황"(성남 국가기록원, 2010), p.58.

외무부. 『한국외교30년 1948~1978』(서울 신흥인쇄, 1979).

외무부. 『한국통일문제 약사와 문헌1943년~1960년』(서울 외무부 1961).

이승만. 1955.6·25., "6·25사변 제3주년 기념사" 공보실 『대통령 이승만박사 담화집-제2집』, p.77.

이호재. 『한국 외교정책의 이상과 현실』(서울 법문사 1988).

조민. "국가비전과 통일정책," 『저스티스』 134(2) 2013, pp.483-502.

최광영. "한국전쟁의 원인에 관한 연구; 미국의 대한공약의 변동을 중심으로", 『軍史』, 20권 서울 국방부 전사편찬위원회 1990).

탄 홍 메이. "한국정부의 대북정책에 대한 검토적 연구", 글로벌정치연구 제3권 1호(한국외국어대학교 글로벌정치연구소, 2010), p.97.

공보실. 『대통령이승만박사담화집』(서울공보실 1953).

공보실. 『대통령이승만박사담화집제집』(서울공보실 1956).

통일부. "통일정책과 통일방안", 통일교육원 2019, pp.107 − 108.

통일부. 통일백서 2005 (서울: 통일부 통일정책실, 2005), pp.19 − 22.

통일부. 통일교육지침서 2011 (서울: 통일부 통일교육원, 2011), p.58.

이 주제와 관련된 영화
〈국제시장〉, 〈크로싱〉

이 주제와 관련된 동영상
〈탈북민 대한민국 생존보고 1부 – 길 떠나는 가족〉
〈탈북민 대한민국 생존보고 2부 – 중국에서 온 이방인〉
출처: 극동방송

1. 남북분단과 통일정책을 통해 통일의 절실함을 이해한다.
2. 분단으로 인한 갈등내용을 이해하고 갈등해결 의지를 갖도록 한다.
3. 갈등해결에 용서가 급선무임을 이해하고 용서를 통해 기독교적
   화해에 이르는 과정을 파악한다.
4. 화해하며 샬롬/평화의 상태를 유지하는 과정을 고찰한다.
5. 성경에서 말하는 통일을 살펴보며 통일에 대한 비전을 키운다.

# 통일 한반도의 기독교적 비전

내
용
요
약

남북분단 이후 통일을 목표로 각 정권마다 통일방안이 발표되었다. 비록 상징적 차원의 통일방안이지만 통일이라는 목표를 가지고 추진해왔다는 긍정적인 면이 있음도 사실이다. 통일정책을 실현하기 위해서는 먼저 남북 분단으로 인한 갈등을 해소해야 한다. 남과 북이 분단되고 교류도 없고 남한은 남한대로 북한은 북한대로 정권을 유지하며 지내온 것이 벌써 70년이나 되었다.

분단이 장기화되면서 남한은 남한대로 북한은 북한대로 체제유지를 위해 자기합리화를 하고 상대방을 비하하는 정치적 행보가 지속되었다. 이런 상황에 전쟁을 경험한 남한과 북한의 주민들은 상대에 대한 미움과 적대감을 갖게 되었다. 상대방에 대한 이해없이 일방적인 비난과 폄하가 같은 민족으로서의 동질감을 약화시키고, 마치 서로 다른 민족인양 차이점만 벌어지는 형국이 되었다.

통일을 생각한다면 통일을 이루려는 의지가 있다면 이것을 극복하려는 노력이 필요하다. 통일을 이루기 위해 먼저 우리 마음속에 있는 미움을 제거하고 서로를 용서하는 마음을 품어야 한다. 서로 용서하고 화해를 할 때 평화가 오기 때문이다. 무엇보다 그리스도인들은 화해자로서의 사명이 있음을 인식하고 화목케 하는 일에 앞장서야 한다. 또한 그리스도인들은 평화를 만드는 자로서 남북갈등을 해소하고, 평화를 이루어가며 또 그 평화를 유지하는 일을 감당해야 한다.

통일은 하나됨이다. 서로 다른 너와 내가 하나가 되기 위해 서로 사랑으로 용납하고 조화를 이루어야 한다. 좌로나 우로나 치우치지 않는 균형된 인식을 가지고 나눔을 실천하며 통일을 준비해야 한다. 아울러 통일이후도 준비하는 그리스도인이 되어야 한다.

'우리의 소원은 통일'이라는 노래가 있다. 과거에는 초등학교에서 이 노래를 자주 불렀다. 요즘은 잊혀져가는 듯하여 아쉽다. 그러나 통일은 과거나 현재나 우리의 소원임에는 틀림없다. 이 소원은 통일이 될 때까지 지속될 것이다. 우리가 분명히 인식해야 할 것은 통일은 정치권에서만 논의하는 주제가 아니라는 점이다. 통일은 교회 안에서도 논의하고 기도해야 할 중요한 주제. 통일은 우리 모두의 염원이기 때문이다.

우리가 '통일'을 논하는 것은 우리나라가 분단되어 있기 때문이다. 다시 말해 우리나라가 남과 북으로 분단되어 있기 때문에 우리는 통일을 주제로 연구도 하고, 토론도 하고, 정책을 만들기도 하는 것이다. 통일은 정치체제와 경제제도의 일치만을 의미하지 않는다. 통일은 남북 분단으로 이질화된 남북 문화의 통합을 포함한다. 뿐만 아니라 분단으로 인해 갈라진 두 마음을 하나로 모으는 일이기도 하다. 이 일을 선두에서 실천할 사람들이 바로 그리스도인들이다.

남북분단 이후 남한과 북한에서 제시된 통일정책의 흐름을 짚어 보고, 분단의 후유증으로 발생한 갈등관계를 알아보며, 어떻게 하면 갈등을 해소하고 남과 북이 서로 용서하며 화해할 수 있을지를 찾아보자. 그리고 그리스도인의 입장에서 한반도를 샬롬 공동체로 구성하는 문제를 논의하고, 성경이 말하는 통일이 무엇인지 우리는 어떤 통일 비전을 가질 것인가를 생각해 보자.

# 01

## 남북분단과 통일정책

우리나라는 1945년 일본제국주의의 식민지로부터 해방되면서 남과 북으로 분단되었다. 그 당시 한국인들은 왜 한반도가 둘로 나누어져야 했는지 알지 못했다. 우리가 원해서 분단된 것이 아니었기 때문이었다. 분단 이후, 소련은 한반도의 북쪽을 통치했고, 남쪽은 미군정 아래로 들어갔다. 남한에서는 1948년 8월 15일 대한민국 정부가 수립되었고, 북한에서는 1948년 9월9일 조선인민공화국이 수립되었다.

해방 이후 분단이 되었을 때부터 남과 북은 나름대로의 통일정책이 있었다. 1945~1960년까지의 분단 고착화 시기에는 이승만의 '선 정부 수립, 후 통일,' 여운형의 '좌우합작정책,' 김구의 '남북협상론,' 김일성의 '혁명적 민주기지론,' 박헌영을 중심으로 한 남로당의 '인민전선 계획' 등이 있었다.

통일문제의 재개 시기인 1960~1961년까지는 4.19로 인해 학생들은 "가자 북으로! 오라 남으로!"의 구호를 외쳤고, 남북 학생들의 대화와 중립적인 통일 등이 논의되었다. 북한의 '혁명 기지론'은 '남조선 혁명론'으로 발전되었고, 1960년 8월 14일 처음으로 연방제를 한반도 통일방안으로 주장하였다. 이것은 북한의 흡수통일방안으로 평가되기도 한다.

통일논의에 대한 비활동 시기인 1961~1969년까지는 경제건설에 치중하여 우월한 경제력을 갖추고 정치적 안정을 이룬 다음 북한과 협상하겠다는 '선 건설 후 통일'이라는 현실적인 정책으로 변화되었다. 1969년 3월 1일 남한에 통일원이 설립되었다. 이것은 정부차원에서 통일문제를 다루겠다는 의도로 풀이된다. 1970~1979년까지는 통일논의의 해빙시기로 정부 주도로 남북대화가 시작되었고, 1972년 7월 4일 '남북공동성명'이 발표되었다. 북한에서는 1973년 6월 23일 '고려연방공화국안'이 제시되었다.

1980~1987년의 기간은 분단 현실을 일깨우는 시기였다. 전두환 정부는 1982년 1월 22일 '민족화합 민주통일 방안'을 발표하였고, 북한은 1980년 10월 10일 노동당 제6차 당 대회에서 '고려민주연방공화국 창립방안'을 제시하였다. 통일논의가 활성화된 1988년 이후 노태우 정부는 1989년 9월 11일 '한민족공동체통일방안'을 발표하였고, 그 후 김영삼 정부는 1994년 8월 15일 '민족공동체 통일방안'을 제시하였다. 김대중 정부에서 햇볕정책으로 불리는 대북포용정책 발표 이후, 남과 북은 낮은 단계의 연방제를 논의하였다. 그 후 노무현 정부에서 평화번영 정책이 제시되었고, 이명박 정부에서 상생 공영 정책으로 발전되었다.

분단 이후 남과 북은 각각 통일정책을 제시하여 왔으나, 정권과 체제 유지를 목적으로 이용되기도 하였다. 그럼에도 정치적 차원의 통일 정책이 실질적 통일방향에 기여하기도 하였다. 각 정권의 통일정책에 통일을 지향하는 기본정신이 계승되어 감을 볼 수 있다.

북한의 경우, 통일 전략이 먼저 설정되고 그 다음 통일방안이 수립되었다. 북한은 연방제를 지속적으로 주장하고 있는데 여기에는 전제조건이 있다. 그것은 일차로 주한미군철수이다. 그 다음 남조선혁명을 유발한 후 인민정권을 출범시키는 것이다. 세 번째는 연방제 통일로 가는 것이다. 북한의 통일 방안에는 적화통일을 통한 혁명의 완수라는 이념이 현재까지 지속적으로 유지되고 있다.

문제는 그 다음이다. 2000년대에 들어와 남한에서는 특별한 통일 방안이 제시되지 않고 있다. 그것은 무엇을 말하고 있는가? 그것은 우리

사회에서 통일방안에 대한 공감대나 사회적 합의가 부족하다는 것을 의미한다. 아울러 통일에 대한 관심이 과거보다 현저히 떨어져 있음을 보게 된다. 안타까운 일이다. 지금 우리 사회는 전쟁으로 인한 분단이나 분단과정을 경험하지 못한 세대가 주류를 이루고 있다. 이런 상황에서 기성세대와 젊은 세대의 통일인식은 다를 수밖에 없다. 통일이 개인의 문제인가 공동체의 문제인가 하는 시각에서부터 차이가 나기 때문이다. 경험의 유무가 판단을 다르게 할 수 있는 요인으로 작용하기도 한다. 따라서 이런 차이를 극복한 통일에 대한 국민협약을 정하기는 그리 수월하지 않음을 알 수 있다. 그럼에도 불구하고 국민적 합의가 이루어진 그리고 남북 주민들의 호응을 얻을 수 있는 보편적인 정책이 제시되어야 한다. 아울러 실현 가능한 통일론이 제시되어야 할 것이다.

# 02

## 분단과 갈등

　남북분단은 남과 북이라는 지리적 분리를 가져왔다. 지역적으로 분리가 되면서 남한은 남한대로 북한은 북한대로 각각 다른 정치체제와 경제제도를 만들었다. 남한은 민주주의와 자본주의를 지향하고, 북한은 사회주의와 공산주의 노선을 따랐다. 두 체제의 이념적 대립이 긴장감과 적대감을 양산하였고, 제도의 분리는 동족끼리의 대화와 교류마저 단절시켰다. 대화와 교류가 없다보니 같은 민족일지라도 동질감은 감소되고 이질감만 증가하는 상태가 되었다. 언어의 사용이 달라지며 언어의 차이가 심화되었고, 삶의 방식의 차이도 증대되었으며, 문화적 차이도 확대되고 있다. 남과 북은 상이한 사회에 살며 상대방을 격하 또는 폄하하기 위한 비방을 지속하였고, 냉전적 대립 속에서 상대방에 대한 불신과 증오의 감정을 키워 나갔다. 특히 6·25전쟁이라는 치열한 전쟁을 경험하였고, 서로 적대시하며 군사적 대치의 세월을 보냈다. 전쟁과 분단을 겪으며 전쟁의 상흔이 깊어지고, 남과 북은 서로의 체제에 대한 반감이 증대되었다. 남이든 북이든 전쟁 피해자와 그 가족들은 상대를 원수로 여기며 적대감을 갖게 되었다. 이런 상황에서 남과 북의 대화나 교류는 생각할 수도 없는 일이었다. 장기간의 단절로 남과 북의 긴장관계는 지속되었고, 상대방에 대한 몰이해는 깊어갔다. 분단으로 인한 비극이라 하겠다.

　문제는 분단 이후 남과 북은 서로의 정당성만 주장하고 차이점만 부각시켰지 그것을 극복하려는 시도를 거의 하지 않았다는 점이다. 뿐만 아니라 서로의 공통점을 찾아 알리려고 하지도 않았다. 이런 상황에서는 갈등만 증대하지 평화를 모색하거나 통일을 추구하는 일에 마음이 모아지기 어려운 한계가 있다. 남북간의 심화된 차이점이 우리는 '같은 민족이니까' 라는 이유로 해결되는 것은 결코 아니다. 사실 2000년 6월 남북정상회담 이후 남북간 교류협력이 급증했다. 그러나 남한사람이 허가를 얻어 북한을 방문하는 일은 있어도 북한주민이 남한을 방문하는 경우는 거의 없었다. 이것은 거주이동의 자유가 제한된 북한에서, 북한주민의 남한 방문을 북한정부가 허용하지 않았기 때문이었다. 적어도 서로 만나는 교류를 통해 상대에 대한 편견과 오해를 줄여야 한다. 그럴 때 긴장이 완화되며 이해의 폭이 넓어지며 신뢰가 형성될 수 있다. 서로 이해하려는 마음, 서로를 알아가려는 노력, 서로를 용납하려는 의지가 없이는 차이점을 줄이고 동질성을 회복하기 어렵다는 점을 인식해야 한다.

요즘 세대는 통일이 되면 내가 가질 것이 줄어든다는 막연한 불안감과 내가 가진 것을 나누어야 한다는 부담을 갖고 있는 듯하다. 그래서인지 굳이 통일할 것 없이 남한은 남한대로 북한은 북한대로 그냥 살면 되지 않느냐고 항변한다. 같은 민족이니까 필요할 때 서로 도와주고, 가끔 교류하는 정도면 되지 않겠느냐고 한계를 설정해 버린다. 이처럼 전쟁을 경험하지 않은 세대, 태어나 보니 분단된 나라에서 살게 된 요즘 세대들은 통일이 자신의 이익과 관계가 있는가를 먼저 따진다. 통일이라는 국가 이익을 위해 개인의 희생을 당연하게 여겼던 과거와는 현격한 차이가 있음을 보게 된다.

이처럼 통일에 대하여 공감대나 사회적 합의를 도출하기 어려운 상황에서 통일이 되면 계층갈등, 지역갈등, 세대갈등이 지속적으로 야기될 것으로 우려된다. 예를 들어, 경제적 차이로 인한 남북 주민들 간의 계층화가 심화될 것으로 예상되고, 상대적 박탈감으로 인한 반목이

표출될 수도 있다. 새로운 통일사회의 적응 정도에 따른 갈등과 생활방식의 차이로 인한 갈등도 심화될 것으로 보인다. 남북 청소년들과 기성세대간의 갈등과 이로 인한 사회문제가 발생할 수도 있다.

그렇다면 이런 갈등과 적대감을 어디에서부터 풀어야 할까? 무엇보다 상호신뢰가 전제되어야 하지만 이것이 결코 쉬운 일은 아니다. 먼저 남과 북의 차이를 인정하고 서로 관용하는 사회적 분위기가 형성되도록 노력해야 한다. 그런 노력을 통해 신뢰를 구축하여 민족동질성을 회복하고 사회문화적 통합을 이루어야 할 것이다.

# 03

# 용서와 화해

　서로 상처가 있다면 그 부분에 대해 서로 용서할 수 있어야 화해가 이루어진다. 남한과 북한은 6·25전쟁으로 인한 상처가 깊다. 피해자의 가족들은 상대에 대한 분노와 적대감을 갖고 있다. 문제는 이런 분노와 적대감을 해소하여 화해를 이루기 위해서는 용서가 선행되어야 한다는 점이다. 용서 없이 화해를 이루기는 어렵기 때문이다. 용서는 가해자가 잘못을 고백하고 용서를 구할 때 가능하다. 그런데 문제는 서로 피해자라고 할 경우 누가 누구를 용서할 수 있을까? 남북한 문제를 떠나 인간 역사를 통해 볼 때 많은 경우, 가해자 대부분은 잘못을 인정하지 않고 회개도 하지 않는다. 이런 상황에서 누가 누구를 용서한다는 것은 쉬운 일이 아니다. 용서는 피해자가 일방적으로 용서한다고 용서가 되는 것은 아니다. 또 용서는 피해자가 과거를 잊어버린다고 해결되는 것도 아니다. 가해자의 사과가 없다면 언젠가 다시 기억날 수 있기 때문에 그것은 진정한 용서라 할 수 없다. 이것이 남북관계의 용서의 딜레마이다.

　여기서 우리는 그리스도인의 용서를 생각해 보아야 한다. 인간은 하나님에게 불순종의 죄를 지었다. 인간역사에서 인간은 끊임없이 하나님을 대적하였다. 인간이 부여받은 하나님의 형상은 파괴되었고, 인간과 하나님의 관계는 단절되었다. 인간은 죄성이 지배하는 존재가 되었다. 그럼에도 불구하고 하나님이 인간을 먼저 찾아오셨다. 그리고 하나님이 먼저 화해를 하신다. 하나님의 화해를 통해 손상된 인간성이 회복되는 것은 바로 은혜의 체험을 통해서이다. 하나님의 은혜를 체험한 피해자는 하나님의 사랑을 통해 가해자를 용서할 수 있게 된다. 이런 과정을 통해 화해가 이루어지는 것이다.

『화해(Reconciliation)』라는 책과 『화해의 목회(The Ministry of Reconciliation)』라는 책을 쓴 슈라이터(Robert J. Schreiter)는 화해를 신학적으로 조명한다. 화해는 예수 그리스도의 대속적 죽음을 통한 구원을 의미한다. 죄로 인해 하나님과의 관계가 깨어지고 하나님과 분리되어 소외된 인간은 심판을 받을 수 밖에 없는 존재가 되었다. 그러나 예수 그리스도가 하나님과 인간 사이의 화목 제물이 되었다. 로마서 3:24−25은 이렇게 말한다. "그러나 사람은, 그리스도 예수 안에서 얻는 구원으로 말미암아, 하나님의 은혜로 값없이 의롭다는 선고를 받습니다. 하나님께서는 이 예수를 속죄 제물로 내주셨습니다. 그것은 그의 피를 믿을 때에 유효합니다. 하나님께서 이렇게 하신 것은, 사람들이 이제까지 지은 죄를 너그럽게 보아 주심으로써 자기의 의를 나타내시려는 것이었습니다" 예수 그리스도의 대속적 죽음을 통해 인간의 죄는 용서되었고, 하나님은 예수 그리스도를 믿는 사람들에게 "죄가 없다"고 선언하셨다. 예수 그리스도의 죽음은 대속과 화해를 제공해 주었다. 이것이 그리스도론적인 화해이다.

화해는 기독교의 중요한 교리로 기독교 목회와 선교에 있어 매우 중요한 부분이다(고후 5:18−20). 그것은 화해가 나와 너 사이의 가로막힌 장벽을 헐고 우리가 되는 길이기 때문이다(엡 2:16−17). 신약성서 마태복음 5:23−24에 이런 말씀이 있다. "그러므로 제단에 제물을 드리려고 하다가, 네 형제나 자매가 네게 어떤 원한을 품고 있다는 생각이 나거든, 너는 그 제물을 제단 앞에 놓아두고, 먼저 가서 네 형제나 자매와 화해하여라. 그런 다음에 돌아와서 제물을 드려라" 성전에 예물을 드리러 갔다가 형제에게 화나게 한 일이 있으면 먼저 가서 그 형제와 화해하고 다시 와서 예물을 바치라는 말씀이다. 여기에 '화해'라는 단어가 나온다. 이것은 사람과 사람 사이에서 이루어지는 것을 말한다. 화해는 나와 너 사이뿐만이 아니라, 내가 속한 공동체의 영역을 넘어 유대인과 이방인을 차별없이 화해시켜 새 공동체를 만든다(롬 10:12). 또 사람과 사람 사이의 인종차별, 지역차별, 계층차별 등 다양한 차별을 극복하는 것이다. 뿐만 아니라 원수와 원수, 형제와 형제, 민족과 민족, 국가와 국가 간의 화해함을 의미한다. 화해를 통해 갈등이 해소되며 깨어진 관계가 회복되고 상처가 치유된다. 이것이 교회론적 화해이다.

또 화해는 골로새서 1:20를 보면 단지 사람들 사이에서의 화해뿐만이 아니라 우주적 화해로까지 나아간다. "그분의 십자가의 피로 평화를 이루셔서, 그분으로 말미암아 만물을, 곧 땅에 있는 것들이나 하늘에 있는 것들이나 다, 자기와 기꺼이 화해시켰습니다" 하늘에 있는 것이나 땅에 있는 것을 다 그리스도 안에서 화해케 하는 것은(엡 1:10) 우주론적 화해이다(『화해』, 42 – 59).

하나님의 화해는 서로 용서하고, 용납하고, 사랑하는 일을 통해 얻게 된다. 오늘의 역사 현실 속에서 모든 문제를 해결해 주는 분은 오직 '화해자' 그리스도뿐이며, 하나님 안에 계시된 하나님의 화해는 정신적, 신앙적 차원에 머무르는 것이 아니라, 구체적인 사회적 차원에까지 이어져야 한다는 것임을 암시한다. 하나님의 사랑과 은혜를 체험한 그리스도인들은 먼저 우리 사회에 존재하는 문화적, 이념적, 감정적 장벽을 허물어야만 한다. 그리고 깨어진 관계를 회복해야 한다. 깨어진 관계를 회복하는 일은 상처를 치유하고 소외에서 벗어나며 대립을 극복하는 것이다. 이런 관계회복을 통해 신뢰회복을 하게 된다. 그럴 때 비로소 화해를 이룰 수 있다. 하나님의 사랑과 은혜를 체험한 그리스도인들은 용서를 통한 화해를 이루어 나가도록 힘써야 한다.

그러면 우리는 화해가 이루어진 세상에서 살기만 하면 되는가? 아니다. 고린도후서 5:18은 우리에게 화목케 하는 사람(reconciler)이라는 직책을 주셨음을 말한다. "이 모든 것은 하나님께로부터 옵니다. 하나님께서는 그리스도를 내세우셔서, 우리를 자기와 화해하게 하시고, 또 우리에게 화해의 직분을 맡겨 주셨습니다" 화해하게 하는 일은 그리스도인들이 해야 할 직분이라는 말이다. 현 시대를 사는 그리스도인들에게는 남과 북이 서로 화해하게 하는 사명이 있음을 잊지 말아야 한다. 그리하여 전쟁의 상흔을 치유하고, 오해를 이해로 바꾸고, 아픔을 위로하고, 미움을 사랑으로 바꾸며, 다툼이 있는 곳에 화목을 가져다주는 일에 앞장서야 한다.

# 04

# 샬롬

통일은 두 개의 다른 체제를 하나로 합치는 일이고, 두 개의 다른 사회를 하나로 통합하는 일이며, 두 개의 다른 문화를 하나로 만드는 일이다. 무엇보다 두 마음을 하나로 합치는 일이다. 이런 과정에서 심적 갈등이 없을 수 없고 물리적 충돌이 없을 수 없다. 그러나 그런 갈등과 충돌을 최소화하고 평화를 유지하기 위해서 우선적으로 용서를 하고 화해를 이루어야 한다. 그래야 평화를 유지할 수 있기 때문이다.

일반적으로 우리가 '통일하자'고 말할 때 그저 통일하자고만 말하지 않는다. '평화통일을 하자'고 말한다. 그것은 통일을 준비하는 과정이나 통일을 실현하는 과정 모두 평화스러운 방법이어야 한다는 말이다. 어떠한 방법으로든 통일만 하면 되는 것이 아니라 평화로운 방법으로 통일을 이루어야 하고, 그 통일이 우리에게 평화를 가져다줄 수 있어야 한다. 그래서 우리는 평화통일을 주장하는 것이다.

평화라는 용어는 단순히 갈등이나 분쟁이 없는 상태를 의미하지는 않는다. 평화는 지배하기 위해 만들어진 의도적인 질서도 아니고, 지배자가 물리력으로 굴종시킨 상태도 아니다. 진정한 평화는 힘의 논리에 의해서 또는 무력으로 형성되는 것이 아님을 분명히 인식해야 한다. 힘으로 이루어진 평화는 더 센 세력이 등장하면 무너져 버리게 된다.

성경이 말하는 평화는 세상에서 말하는 평화와는 다르다. 성경이 말하는 평화는 무력으로 얻어지는 평화가 아니라 희생으로 얻어지는 평화이다. 성경이 말하는 평화는 사랑으로 감싸고 정의를 기반으로 구현된다. 이점이 세상의 평화와 극명하게 다른 점이다.

평화라는 단어가 구약성경에서는 히브리어인 샬롬(shalom)으로, 신약성경에서는 헬라어인 에이레네(eirene)로 사용되어 있음을 볼 수 있다. 여기에서 샬롬은 평화보다는 더 포괄적인 의미를 담고 있는 용어로 크게 세 가지의 영역을 포함한다. 첫째, 샬롬은 하나님과 인간의 바른 관계에서 나타난다(고후 5:19-20). 인간은 불순종으로 하나님께 죄를 짓고 하나님으로부터 분리되었다. 그러나 예수 그리스도의 십자가에서의 죽음으로 죄인이었던 인간이 의롭다고 인정을 받게 되었다. 칭의(justification)된 인간은 의로운 삶을 통해 샬롬을 구현하게 된다. 이렇듯 샬롬은 하나님과의 수직적 관계가 회복됨으로 주어지는 선물이다. 하나님의 자녀인 그리스도인들은 용서받은 죄인들이다. 이 사실을 직시하고 하나님의 은혜에 감사하며 하나님과의 바른 관계를 이어나가야 한다.

둘째, 샬롬은 사람들과 사람들 사이의 수평적 관계가 화목할 때 나타난다(사 32:16-17). 남과 북은 6·25전쟁으로 인한 상흔이 아직도 남아 있다. 전쟁으로 수많은 사람들이 죽거나 행방불명되었고, 1,000만 명의 이산가족이 양산되었다. 생사를 알 수 없는 이산가족을 만나고 싶은 열망과 한을 품고 지내는 분들도 많다. 그렇다 보니 지속적인 분단으로 인해 불신과 반목과 미움도 존재한다. 이것이 그리스도인들이 앞장서서 화해와 치유를 위해 기도하고 노력해야 할 부분이다. 무엇보다 용서받은 죄인들인 그리스도인들은 하나님의 은혜에 감격하며 그 은혜를 전하는 일에 앞장서야 한다. 화해와 치유가 선행되어야 사람과 사람사이의 샬롬이 구현될 수 있음을 잊지 말아야 한다.

셋째, 샬롬은 하나님과 인간 사이, 또 인간과 인간 사이뿐만이 아니라, 자연과의 조화를 통해서도 나타난다(사 11:6-9). 우리가 간과하기 쉬운 부분이다. 자연은 하나님 창조의 일부분이고 우리 인간의 삶의 터전이다. 하나님은 우리에게 자연을 관리하라는 청지기직을 주셨는데, 인간은 자연의 정복자로 행세했다. 자연에 의지하며 살던 인간들은 자연을 남용하고 오용하고 훼손하는 일을 서슴지 않았다. 자연이 훼손되고 환경이 오염되면서 생태계의 균형도 깨지게 되었다. 결국 이런 일로 사막화, 미세먼지, 대기오염, 스모그 현상, 지구 온난화, 기후의 변화, 산성비, 수질오염 등이 발생하여 인간의 생활을 위협하고 있다. 이제는 자연보호, 환경보호, 생태계 보존을 해야 하는 상황이 되었다. 인간은 위임된 자연을 존중하는 일을 통해 하나님의 창조세계를 회복하고 보존해야 한다. 인간도 자연도 모두 하나님의 창조물임을 기억하고 사랑을 기저로 자연과의 샬롬을 형성해야 한다.

이처럼 샬롬은 통일준비에 중요한 기반이 됨을 기억해야 한다. 김영한은 샬롬을 통일과 연계하여 한국 기독교를 메시아적 샬롬 공동체로 본다. 메시아적 샬롬 공동체인 한국 기독교에 세 가지 사명이 있는데 그것은 민족의 화해와 구원과 통일이라고 지적한다. 이것을 이루기 위해 예수 그리스도의 3중직인 대제사장으로, 예언자로 그리고 왕의로서의 직분을 한국교회가 수행해야 한다고 주장한다(김영한, 『평화통일과 한국기독교』, 17, 71). 이것은 통일을 바라보는 그리스도인들의 비전이 될 수도 있다. 눈여겨볼 대목이다.

통일은 한반도에 샬롬을 구현하는 일이다. 평화통일은 이산가족들이 재회하고, 민족 동질성을 회복하는 길이다. 남북한 사람들은 분단으로 인한 상처와, 상대에 대한 적대감과 전쟁 공포증을 갖고 있다. 분단으로 인한 아픔, 오해, 불신, 이념을 초월하여 과거를 뛰어넘어 신앙 안에서 용서하려는 노력과 화해하려는 시도가 지속되어야 한다. 그리하여 깨어진 관계를 회복하고 서로 화해하며 민족동질성을 회복하도록 힘써야 한다. 그리하여 통일된 이 땅에 샬롬 공동체를 만들어 가야 할 것이다.

무엇보다 우리에게 "화평케 하는 자(peace maker)"(마 5:9)의 사명을 있음을 기억하고 남북 갈등을 해소하고, 평화를 이루어 가며 또 그 평화를 유지(peace keeper)하는 역할을 감당해야 할 것이다. 성경은 우리에게 모든 사람과 더불어 화평하라고 하신 것을(롬 12:18; 히 12:14) 기억해야 한다.

# 05

## 성경적 통일준비

자, 그러면 성경은 통일을 어떻게 말하고 있는가? 하나님은 선지자 에스겔에게 통일의 사명을 주셨다. "그 막대기들을 서로 합하여 하나가 되게 하라 네 손에서 둘이 하나가 되리라"(겔 37:17). 둘로 나누어져 있던 민족이 하나님 중심으로 하나로 연결되어 한 공동체가 되는 것이 하나님의 뜻임을 밝히고 있다. 뿐만 아니라 사도 바울은 "너희는 유대인이나 헬라인이나 종이나 자유인이나 남자나 여자나 다 그리스도 예수 안에서 하나이니라"(갈 3:28)고 그리스도 예수 안에서 하나됨을 강조하고 있다.

통일의 기저에는 사랑이 있다. 하나님은 유대인이든, 헬라인이든 모두가 하나님의 자녀가 되기를 원하신다. 이것이 하나님의 보편적 사랑이다. 하나님의 사랑에는 남녀의 차이나, 나이의 차이나, 인종의 차이나, 빈부의 차이나, 사회계층의 차이가 없다. 하나님은 모든 사람을 사랑하신다. 죄인조차 사랑하시는 사랑이 하나님의 사랑이다. 성경은 우리에게도 "원수를 사랑하고 박해하는 자를 위해 기도하라"고 권고한다(마 5:44). 아무리 그리스도인이라 하지만 그것이 가능할까? 결코 쉬운 일은 아니다. 그럼에도 그렇게 하라는 것이다. 하나님은 악인이나 선인 모두에게 동일하게 해를 비추시고, 의로운 자나 불의한 자 모두에게 동일하게 비를 내리시는 분이다(마 5:45). 이처럼 하나님은 편견없이 모든 사람에게 동일하게 은혜를 베푸시는 분이다. 사랑이신 하나님은 모든 사람이 구원받기를 원하신다(딤전 2:4). 하나님이 원하시는 통일은 조화 (harmony)라고 여겨진다. 이것은 획일화(uniformity)가 아니다. 다양성을 인정하며 그 가운데 조화를 이루는 것이다. 통일은 나와 너만의 화합만을 의미하는 것이 아니다. 통일은 남한과 북한의 공생을 의미한다. 통일은 나와 다른 너, 너와 다른 내가 조화를 이루는 것이다. 이웃을 사랑하는 마음으로 용서하고 용납하고 조화를 이루는 것이다.

통일은 하나됨이다. 통일의 궁극적 목적은 한 민족 한 국가를 이루는 것이다. 분단된 땅을 하나로 합치고, 두 개의 다른 제도를 하나로 만들며, 갈라졌던 사람의 마음을 하나로 모으는 일이다. 그리스도인들에게 통일은 하나됨의 신학을(엡 4:3-6) 이루는 일이다. 평안으로 하나됨을 이루어 가야 한다. 막힌 담을 헐고 화평하게 되어 하나를 이루어야 한다(엡 2:14-15). 그리하여 자유롭게 남과 북을 오고가며 그리운 가족들을 만나고 마음의 장벽을 헐고 사랑으로 하나가 되는 일을 실천해야 한다.

하나됨을 이루기 위해 우리가 갖추어야 할 것은 "좌로나 우로나 치우치지 않는"(신 5:32) 균형적인 자세를 견지해야 한다. 좌로나 우로나 치우치게 되면 통일이라는 입체의 모든 면을 보기 어렵고 한 면만을 보게 된다. 문제는 한 면만을 보고 그것을 전체라고 주장하는 오류에 빠지는 일이다. 또 한 면만을 보게 되면 감정적으로 대응하거나, 주관적으로 판단하거나, 이념적으로 해석하는 편향적인 일이 발생하게 된다. 남북분단이후 우리는 이런 현상을 지속적으로 목격해 왔다. 통일은 감정적으로 대응할 문제가 아니다. 또 이념의 틀 안에서 다루어야 할 문제도 아니다. 통일은 이성의 눈으로 신중하게 관찰하고, 냉철하게 분석하고, 객관적으로 다루어야 할 중대한 문제이다. 통일은 특정한 개인이나 특정한 집단만을 위한 일이 아니라 민족 전체를 위한 일이어야 한다. 그리스도인들은 통일문제를 신앙의 눈으로 바라보고 성경을 통해 설명할 수 있어야 할 것이다.

통일은 나눔을 실천하는 일이다. 사람들은 자기 것을 움켜쥐기 쉬워도 자기 것을 이웃과 나누기는 쉽지 않다. 나누는 일은 사랑을 실천하는 일이다. 사도 바울은 넉넉한 자는 부족한 자에게 나누어 주어 궁핍함을 채워 주어 서로 균등하게 하라고 권면한다(고후 8:13 – 15). 물론 나누어 준다고 부족함이 다 채워지는 것은 아니다. 또 나누어 준다고 부족한 자가 넉넉한 자와 같아지기도 어렵다. 그러나 나눔을 통해 최소한의 것을 채워 주는 사랑의 실천이 필요하다는 것이다. 조금 더 가진 자가 부족한 이웃에게 나눔을 실천하며 그리스도의 사랑을 전할 수 있어야 한다. 무엇보다 그리스도인들은 사랑의 빚을 갚는다는 마음으로 나눔을 실천할 수 있어야 할 것이다. 그리하여 모두가 더불어 사는 사회를 만들어야 한다.

무엇보다 그리스도인들이 가져야 할 통일의 비전은 통일을 준비하는 일 뿐만이 아니라 통일 이후도 준비할 수 있어야 한다는 점이다. 통일 이후의 상황은 어느 누구도 예측할 수 없다. 그러나 그리스도인들은 기도하며 통일 이후를 성경말씀을 기초로 준비해야 한다. 통일 이후의 대한민국은 서로 용서하는 공동체를 이루어 서로 화해하는 공동체가 형성되는 비전을 가져야 한다. 그리고 그 비전을 이루기 위해 기도하고 실생활에서 용서하고 화해하는 일을 통해 준비해야 한다. 그리하여 서로 존중하고 함께 살아가는 샬롬 공동체를 구현해야 할 것이다.

뿐만 아니라 통일 이후 대한민국은 평화로운 나라 자유로운 나라가 되는 비전을 품어야 한다. 우리가 원하는 것은 평화통일이다. 무력을 통한 통일이나 전쟁을 통한 통일을 해서는 안 된다. 한쪽은 정복자가 되어 다른 한쪽을 지배하는 통일을 원하는 것도 아니다. 통일은 우리 민족에게 평화를 가져오고 자유를 가져오는 일이어야 한다.

끝으로 '우리의 소원은 통일'이라고 노래하는 '우리들은 과연 통일을 맞이할 준비가 되어 있는가?' '통일을 노래하며 통일을 이루기 위해 책임감을 느끼고 있는가?' 하는 질문을 자신에게 해보아야 한다. 무엇보다 그리스도인들은 우리의 소원인 통일을 위해 얼마나 기도하고 있는지 자성해 보아야 한다. 통일은 일차적으로 우리가 준비해야 하지만 하나님이 우리에게 은혜로 허락하셔야 가능하다는 사실을 기억해야 한다. 통일은 나의 소원이라는 고백과 기도가 통일이 되는 그날까지 우리 가운데 지속되어야 할 것이다.

---

토의주제

1. 각 정부에서 제시되었던 통일정책에 흐르는 공통점은 무엇인가?
2. 분단으로 인한 부정적인 면에 무엇이 있을까?
3. 용서를 하고 서로 화해한 경험이 있는가?
4. 하나님의 자녀로 화평을 위해 어떤 노력을 해야 할까?
5. 그리스도인으로 통일에 대해 어떤 비전을 갖고 있는가?

## 저자약력

### 안인섭

총신대 교수(역사신학) / 기독교통일학회 회장 /
  남북관계발전위원회(통일부) 위원 / 남북사랑네트워크(사) 이사장
신학 박사(네덜란드 캄펜신학대)
대표 논저: 『칼빈과 어거스틴』, 『칼빈』, "통일신학 정립을 위한 개혁주의적
  고찰", "The Presbyterian Churches of (South) Korea and the
  Reunification Issue: A Matter of Reconciliation"

### 김병로

서울대 통일평화연구원 교수
통일연구원 북한연구실장 역임
아세아연합신학대학교 교수 역임
제22대 북한연구학회 회장 역임

### 박현선

이화여대 북한학과 초빙교수
사회학 박사(이화여대 사회학과)
대표 논저: 『현대 북한사회와 가족』(저서), 『선군시대 북한여성의
  삶』(공저), 『북한이 변하고 있다』(공저), "탈북자 국내 정착정책의 현황과
  발전 방향"(논문), "The Impact of Inter−Korean Tourism Exchange and
  Cooperation on Change in North Korea"(논문)

### 여현철

국민대 교수
사회학 박사(고려대학교 사회학과)
전국대학통일문제연구소협의회 사무총장
통일교육위원 서울협의회·서울통일교육센터 사무처장
대표 논저: 『통일·북한의 공간적 이해』(공저)

## 임상순

평택대 조교수(통일외교통상 전공 주임교수)

정치학 박사(동국대 북한학과)

대표 논저: 『국제정치에서 전쟁과 변화』(역서), 『인권의 정치학』(역서),
   『김정은 시대 조선로동당』(공저), "유엔 안보리 대북제재와 김정은
   정권의 대응전략"(논문), "The Engagement of United Nations human
   rights regime and the response of North Korea"(논문)


## 정은찬

통일부 통일교육원 교수

경제학 박사(경북대)

북한 정준택원산경제대학 학부, 동 대학 박사원 졸업

경북대, 대구대, 영남신학대, 경일대 강사, 경북대 경제학 겸임교수 역임.

대표 논저: 『북한경제, 시장화와 불평등』(저서), 『북한경제, 변화와
   기회』(저서), 『북한이해』(공저), 『통일문제이해』(공저), 『북한시장의
   경제사회적 기능과 한계』(논문), 『신북방경제협력의 경제적 효과』(논문)
   등 다수


## 정지웅

ACTS, (사)코리아통합연구원장

정치학 박사

대표 논저: 『통일학 1』, "김일성 저작집을 통해 본 북한의 기독교 인식과
   대응논리 연구"(ACTS 신학저널), "한반도의 평화정착
   방안"(사회과학연구), "북한붕괴론 논쟁 연구"(통일과 평화)


## 조은식

숭실대 교수 / 기독교통일학회 부회장

선교학 박사(미국 유나이티드 신학대학원)

대표 논저: 『통일선교: 화해와 평화의 길』, 『삶에서 찾는 문화선교』,
   『선교와 통일』, 『내 안에 갇힌 하나님』(역서), 『성경으로 읽는
   북한선교』(공저), 『선교학 개론』(공저)

## 채경희

총신대 교수
통일부 하나원 주무관
청진제1사범대학 수학과(5년) 졸업
북한대학원대학교 박사 졸업
(북) 남문고등중학교 수학교사

## 최규빈

서울대 통일평화연구원 책임연구원
국제정치학 박사(University of Leeds, UK)
대표 논저: "베트남에 대한 중국의 경제지원과 경제제재, 1960~1978",
　　"North Korean Refugees in South Korea: Change and Challenge in
　　Settlement Support Policy"

## 현인애

이화여대 북한학 초빙교수
이화여대 북한학 박사
전 북한 대학 철학교원 / 김일성종합대 철학과 졸업

## 홍석훈

통일연구원 연구위원
정치학 박사(미국 조지아대학교 국제관계학과)
대표 논저: 『12개 주제로 생각하는 통일과 평화, 그리고 북한』(공저),
　　"North Korea's Transition of its Economic Development Strategy: Its
　　Significance and the Political Environment of the Korean
　　Peninsula"(논문)

12개 주제로 생각하는
기독교와 통일, 그리고 북한

초판발행      2020년  3월  10일
지은이        안인섭·김병로·박현선·여현철·임상순·정은찬
             정지웅·조은식·채경희·최규빈·현인애·홍석훈
펴낸이        안종만·안상준

편 집         배규호
기획/마케팅    김한유
표지디자인      조아라
제 작         우인도·고철민

펴낸곳        (주)**박영사**
             서울특별시 종로구 새문안로3길 36, 1601
             등록  1959. 3. 11. 제300-1959-1호(倫)
전 화         02)733-6771
f a x        02)736-4818
e-mail       pys@pybook.co.kr
homepage     www.pybook.co.kr
ISBN         979-11-303-0944-6   93340

copyright©안인섭 외 11인, 2020, Printed in Korea

정 가         17,000원